やわらかアカデミズム・〈わかる〉シリーズ

よくわかる現代家族

第2版

神原文子・杉井潤子・竹田美知 編著

ミネルヴァ書房

はじめに

■よくわかる現代家族［第2版］

　本書を手にとっていただきありがとうございます。

　初版から7年が経ち，このたび，第2版を刊行する運びとなりました。

　おかげさまで，初版は，毎年のように多くの大学や短大でテキストとして採用いただき，版を重ねることができました。しかし，年月が経つにつれて，引用されている官庁統計などが"古い"と感じられるようになり，家族や家族を取り巻く社会情勢に新たな徴候が顕れてきたり，家族に関わる法改正があったりするなかで，編者として，改訂版の必要性を痛感するようになりました。

　そこで，2015年当初から，編者と編集担当者と一緒に，1年後の刊行を目指して，改訂版を出そうと取り組み始めました。

　改訂版とする以上は，初版の編集面の良い点は活かしながらも，少なくとも2015年時点での"現代家族"を読み解くことのできる項目群と内容になるように，そして，初版よりもテキストとして，あるいは，自学自習用としても，より使いやすくなるようにという思いを，編者の間で確認しました。

　ただ，初版において，次のように明記しております編集のねらいは変更しておりません。

　第1に，大学，短期大学，専門学校などで，家族論，家族関係論，家族福祉論，家族問題論などのテキストとして用いることができる内容にしたい。そのために，必ずしも，「家族社会学」にこだわらなくてもよいだろう。

　第2に，受講生である学生たちの視点で家族を考えるテキストにしたい。学ぶ主体である学生たちに，家族はどのような存在として映っているのかという問いかけは，これまでのテキストでは，あまりされてこなかったのではないだろうか。学生たちが，自分の育ってきた家族像やいだいている家族イメージを確認することからスタートし，家族についての思い，家族についての疑問，そして，学生たちひとりひとりが自分にとって家族ってなんだろうと正面から問う時，その問いに自ら答えを見出す手がかりとなるような内容にしたい。

　第3に，本書をとおして，家族の過去，現在，未来について，自分の生き方と社会のあり方とを絶えず関連づけながら学び，考えることのできる内容としたい。

　第4に，第3と関連して，学生たちが，「これまで過ごしてきた家族生活」という「選べなかった家族」をふまえながら，「家族の相対化」，「家族の多様化」，「個々人のライフスタイル化」，「家族のライフスタイル化」という視点を学習するなかで，自分の生きてきた家族が多様な家族の一形態であるという事実の確認と，これからの家族の選択可能性，さらに，選択不可能性についても考えることができるような構成をめざしたい。

第5に，現代社会において，さまざまな差別，格差，不利益などを被っている家族やその一員の方々が存在すること，また，外からは幸せそうに見える家族のなかで暴力に曝されている人びとが存在する事実などを，まずは知ってほしい。そのうえで，自分はどのように関わるのかと考えるきっかけになるような項目設定をしたい。

　第6に，本書は，いわば，現代家族に関わる「家族事象の解説集」であり，およそ100項目の事象を2頁に収める体裁をとっている。しかも，個々の項目の執筆者には，専門的な内容について，できるだけ簡潔にわかりやすく解説するようにお願いする。

　第7に，執筆者の選定にあたっては，それぞれの項目に関して，すでに立派な研究や実践をなしえておられ，私たち編者がぜひこの方に執筆をお願いしたいと強く希望する方々に，ダメモトであっても依頼したい。

　結果的にお願いしたほとんどの方々が執筆をお引き受けくださいました。総勢30名の執筆者が確定した時には，原稿が集まる前から，きっと良いテキストになるに違いないと確信できました。そして，全執筆者から出そろった原稿を，編者のひとりとして真っ先に読ませていただいた時は，心底，おもしろいテキストができると，小躍りしたい気分になりました。今も，その当時の感動が蘇るほどです。

　それでも，改訂において，いくつか変更を加えることになりました。

　第1に，現代家族を捉えるための新たな項目を追加する一方，初版のいくつかの項目をやむなく削減しました。新たな項目については，新しく執筆をお願いすることになり，こたびもぜひご執筆いただきたいと思う方々にダメモトでお願いしたところ，すべての方々にお引き受けいただくことができました。

　第2に，初版と同じ項目の同じ執筆者の方々にもすべて，加筆や修正をお願いしました。項目の追加や変更に伴い，ほとんど一から執筆いただくことになった方々も少なくありません。無理をお願いして申し訳なかったです。

　第3に，学生たちに卒業するまでに，家族に関する基本的な法律を学んでほしいという強い思いから，各章の最後に，家族法に関わる項目を配置し，初版と同様に，弁護士の方々に執筆をお願いしました。ちなみに，初版では，1つの章に家族法をまとめて配置しておりました。

　第4に，全部で5部構成になっていますが，各部の学びに"すんなりと"入りやすくするために，扉の頁に，prologue として，日本の古くからのことわざを引用して，家族について少しでも"とっつきやすく"なればと考えました。

　そして，第5に，各部の最後に epilogue として，exercise を用意し，ふりかえりと学習の発展に役立てていただければと工夫しました。

　改訂版でも，すべての原稿を読ませていただきながら，小躍りしたい気分になりました。手前味噌ですが，本心から，よいテキストになると思えたのです。

「第1部　いま，家族ってなんだろう」は，「Ⅰ　家族？」と「Ⅱ　家族のイメージと実像」からなっています。だれもがわかっているつもりの「家族」について，「本当に家族のことがわかっているの？」と問いかけています。「第2部　歴史と家族」の「Ⅲ　近代につくられた家族」では，私たちが当たり前と受け止めている家族像は，実は，明治以降に形成された近代家族，すなわち，近代という時代に生まれた家族形態であることが解説されています。「第3部　社会構造と現代の家族」の「Ⅳ　個人化と共同化」と「Ⅴ　功罪・諸相・変わるもの変わらないもの？」では，現代社会の変動に伴う家族の変化や現代家族と外部環境との相互関連について解説されています。「第4部　家族の相対化」では，学生の立場で，今の自分にとっての家族を捉え直し，そして，これからの自分にとっての家族について考えていただくうえでヒントになるように章立てをしています。「Ⅵ　青年を生きる」「Ⅶ　夫になる，妻になる」「Ⅷ　夫であること，妻であること」「Ⅸ　父になること，母になること」「Ⅹ　父であること，母であること」，そして，「Ⅺ　家族であること，ひとりになること」です。「第5部　家族のこれから」の「Ⅻ　社会が排除している家族そして個人」と「ⅩⅢ　開かれた家族」では，現代社会において，特定の家族を排除する社会，そして，個人を生きづらくしている家族の実相をみすえるとともに，家族の新たな方途をも探っています。

　以上のような章立てですが，本書は，どこから読んでも理解していただける構成になっています。関心のある章，あるいは，関心のある項目から，まず読んでいただければ幸いです。本書が，読者のみなさまの学びに，少しでもお役にたつことを願っています。本書をとおして，学生のみなさんが，自分自身のこれからの生き方や家族生活の営み方について考え，広く深い視野を持てることができれば，編者として何よりも嬉しいことです。

　最後になりますが，ご多忙のなか，無理なお願いにもかかわりませず，原稿をお寄せいただきました執筆者のみなさま，本当にありがとうございました。と同時に，早くから原稿をお寄せいただきながら，刊行が予定よりも大幅に遅れてしまいましたこと，ひとえに編者の責任です。この場をお借りしてお詫び申し上げます。

　そして，初版から引きつづき原稿のとりまとめや編集作業にたいへんなご苦労をおかけした編集部の涌井格氏にも心より感謝申し上げます。

2016年早春

編者一同

もくじ

■よくわかる現代家族［第2版］

はじめに

第1部　いま，家族ってなんだろう

I　家族？

1　家族が家族であるための条件 ……4
2　家族を選ぶ／選ばない／選べない …6
3　人口変動と家族・世帯 ……………8
4　世界における日本の家族の相対化 …10
5　家族と法律 ………………………12

II　家族のイメージと実像

1　家族らしさとは …………………14
2　形態としての家族・
　　意識としての家族 ………………16
3　客観的家族・主観的家族 ………18
4　家族の範囲 ………………………20
5　実像とイメージの家族変容 ……22

第2部　歴史と家族

III　近代につくられた家族

1　前近代の家族 ……………………26
2　日本の近代家族のおこり ………28
3　近代家族とイエ制度 ……………30
4　家庭の生成と主婦の誕生 ………32
5　近代と家族の生活 ………………34
6　戦前の家族から戦後の家族へ …36
7　戸籍と住民票 ……………………38

第3部　社会構造と現代の家族

IV　個人化と共同化

1　個人化・個別化・
　　私事化・私秘化 …………………42
2　親族ネットワークと
　　近隣ネットワークの変容 ………44
3　個人化と単身化 …………………46
4　セクシュアリティの多様性 ……48
5　過疎地域における集落と家族 …50
6　家族のグローバル化 ……………52

V　功罪・諸相・変わるもの変わらないもの？

1　都市労働者家族 …………………54
2　教育する家族 ……………………56
3　企業社会と性別役割分業 ………58

4　階層と家族 ……………… 60

第4部　家族の相対化

VI　青年を生きる

　1　社会化とライフコース ……… 64
　2　子どもの人権と子ども差別 …… 66
　3　学校でのいじめ問題 ………… 68
　4　少年非行 …………………… 70
　5　子どもの貧困 ……………… 72
　6　社会的養護のもとで育つ
　　　子どもたち ………………… 74
　7　青年である私にとっての親と子 … 76
　8　若者の生と性 ……………… 78
　9　若者にとっての親密な関係は？ … 80
　10　家族の国際化と子ども ……… 82
　11　民法のなかの「子ども」 ……… 84

VII　夫になる，妻になる

　1　結婚する？　しない？ ……… 86
　2　結婚という選択とジェンダー … 88
　3　結婚とはなんだろう ………… 90
　4　結婚の動向 ………………… 92
　5　多様な性の，カップル
　　　関係の多様性 ……………… 94

　6　結婚にかかわる法律 ………… 96

夫婦とは

VIII　夫であること，妻であること

　1　夫と妻の関係は？ …………… 98
　2　夫妻関係とジェンダー ……… 100
　3　家計を支える ……………… 102
　4　夫婦の距離 ………………… 104
　5　夫妻間コンフリクト ………… 106
　6　ドメスティック・バイオレンス … 108
　7　離婚の動向 ………………… 110
　8　離婚に関する法律 …………… 112

IX　父になること，母になること

　1　子産み動向 ………………… 114
　2　父と子／母と子 …………… 116
　3　生殖技術のもたらすもの …… 118
　4　婚外子・無国籍・無戸籍 …… 120
　5　ステップファミリー ………… 122
　6　非血縁親子 ………………… 124
　7　子どもがいないということ … 126
　8　親になる？　ならない？ …… 128
　9　法律における親子とはなにか … 130

X 父であること，母であること

1 教育とジェンダー ……………… 132
2 親として生きる ……………… 134
　　子育てと子育て支援
3 母性神話と3歳児神話 ……………… 136
4 子ども虐待 ……………… 138
5 教育格差 ……………… 140
6 ひとり親家族 ……………… 142
7 両親の離婚と子ども ……………… 144

XI 家族であること，ひとりになること

1 高齢期の夫と妻 ……………… 146
2 親として，子どもとの
　　つきあいや交流 ……………… 148
3 祖父母と孫 ……………… 150
4 同居・扶養 ……………… 152
5 介護 ……………… 154
6 高齢者虐待 ……………… 156
7 家族と墓 ……………… 158
8 人生の終わり方 ……………… 160
9 親族扶養と相続 ……………… 162

第5部 家族のこれから

XII 社会が排除している家族そして個人

1 日本のマイノリティ家族 ……… 166
2 被差別部落の家族 ……………… 168
3 現代社会の貧困と家族 ………… 170
4 障害者家族 ……………… 172
5 個人と家族を排除する
　　社会の仕組み ……………… 174
6 リスク社会と家族 ……………… 176

XIII 開かれた家族

1 家族内暴力を超える ……………… 178
2 ケアの社会化 ……………… 180
3 社会的格差を超える
　　家族支援とは ……………… 182
4 多様なライフスタイルを生きる … 184
5 次世代の家族法とは …………… 186
6 「家族」が変わる？
　　「家族」を超える？ ……………… 188

さくいん ……………… 191

やわらかアカデミズム・〈わかる〉シリーズ

よくわかる
現代家族

第 2 版

第1部 いま，家族ってなんだろう

> **Prologue**
>
> 生みの親より育ての親
> きょうだいは他人のはじまり
>
> 　昔から，名付け親，義兄弟，仮親など，家族にまつわる言葉が多く，血縁で繋がる家族のネットワークをコミュニティまでさらに広げて，相互扶助の絆を保つ工夫がされてきた。
> 　「生みの親より育ての親」という諺(ことわざ)は，そのようなコミュニティにおける社会的絆の中から生まれた。しかし，その一方で「きょうだいは他人のはじまり」のように，成長すれば子どもはそれぞれ離れていく。時間の流れの中で子どもは独立し，ある者は家族をもつ。
> 　集まっては離れるそんな家族の姿を第1部では考えてみよう。

第1部　いま，家族ってなんだろう

I　家族？

家族が家族であるための条件

1　「家族」を科学することの難しさ

ここに3組の家族写真がある（写真1）。「家族とは何だろう」，そう問いかけられれば「知らない」「わからない」と答える人はほとんどいないだろう。しかし，私たちは家族をほんとうに理解し，知っているといえるのだろうか。人の数だけそれぞれに家族生活があることを考えれば，私たちが一生を通して生活場面で経験することができる家族生活はごくわずかに過ぎない。自らの限られた家族経験をもって，家族の総体を理解するのはあまりにも難しく，無謀といえよう。むしろ，それぞれの家族経験を切り離すことによって，はじめて家族という関係性を客観的に問い直し，相対的に理解し，科学的に検討することが可能になるのである。

写真1　家族

出所：『家族いっしょにいる幸せ』Ⓒ全国PGC運動発信委員会編・善本社刊　提供

2　「家族」とはなにかを考えるために

山極寿一は家族の起源を探るなかで「人間の人間たるゆえんは「家族」にある」といい，「家族は人間の社会に特有なもので，動物社会，特にサル社会には見られないもの」「サル的な優劣の原理とは違う行動原理で成り立っている」としている。◁1 ここでは，生きている人間が育み創る関係性という観点から，◁2 家族が家族であるためのさまざまな条件を挙げながら考えていきたい。

①法的関係：家族は社会の基本的単位とされ，現代日本の家族は婚姻によって生まれ，夫婦双方の死によって消滅する夫婦関係を基軸とする夫婦家族制家族に属する。◁3 婚姻届を出すことによって法律婚夫婦が形成され，生まれる子どもは嫡出子として出生届が提出されることにより，制度としての「家族」が認識されることとなる。ただし現行民法によると，親族の範囲および直系血族及◁4 び同居の親族の相互扶助の記載はあるが，明治の旧民法第732条「戸主ノ親族◁5 ニシテ其家ニ在ル者及ヒ配偶者ハ之ヲ家族トス」のような「家族」の規定は見

▷1　山極寿一，2014，『「サル化」する人間社会』集英社インターナショナル。なお，山極は霊長類研究者である。

▷2　家族には生別もあれば死別もあり，亡くなった方との思い出とともに生きることも考えられる。また，ペットとして動物を家族に組み込むことも多い。

▷3　家族形成規範に基づく家族類型は，既婚子は独立し，核家族が単独で存在する夫婦家族制家族，イエ制度に代表される既婚子が継承する直系家族制家族，複数の既婚子が継承する複合家族制家族に分かれる。

▷4　第725条　次に掲げる者は，親族とする。
1.　6親等内の血族
2.　配偶者
3.　3親等内の姻族

▷5　第730条　直系血族及び同居の親族は，互いに扶け合わなければならない。

4

当たらない。

　②血縁関係：血がつながっているから家族であるとみなす出自の原理は，家族の条件としてきわめて根強く存在する。しかし，夫婦関係はそもそも血縁を根拠とする関係ではなく，養親子関係，継親子関係や継きょうだい関係も血縁に拠らない。

　③世帯：同一の住居で起居し，生計を同じくする者の集団として，居住および家計を共同する世帯概念は家族と結びつけて考えられることが多い。しかし，家族は同居親族に加えて単身赴任や下宿などの他出の家族員を含むのに対して，世帯は同居親族に加えて同居非親族を含む概念であり，必ずしも一致しない。家族（Family）は，住居としての House と，世帯としての Household，さらに家庭としての Home を区別したうえで理解する必要がある。

　④姓の共同：夫婦は同じ氏を称し，子または養子は父母または養親の氏を称すると法的に規定されていることから，家族は同じ名字であるという，いわゆるファミリーネーム意識が根強い。しかし，「家族の法制に関する世論調査」（内閣府2013年）によると，夫婦・親子の名字（姓）が違うと夫婦を中心とする家族の一体感（きずな）に何か影響が出てくると思うかを聞いた結果，「家族の名字（姓）が違っても家族の一体感（きずな）には影響がないと思う」と答えた者は59.8％となり，その割合は上昇している。

　⑤性の社会的承認と禁止：異性と異世代が生活を共有し，子産みが社会的に期待される家族では，夫婦は社会的に性関係が承認された関係である一方，夫婦以外の家族員間の性関係はインセストタブー（近親相姦禁止）とされる，他の社会集団にはない規範を有する。しかし，婚外性交，家庭内の性的暴力・虐待などの逸脱行為がみられるのも事実である。

　⑥家族意識：「家族する」家族，「家庭のない」家族，「家族ペット」の存在が叫ばれるようになって以来，「私たちは家族である」という家族意識は家族の絆の欠かせない条件と考えられている。制度や規範，形態を超えた次元で，親密さを前提として主観的に家族をとらえることの重要性が指摘されている。

　⑦長期的時間軸：私たちの生活には短期的な生活時間行動のほか，ライフコースを見通した長期的生活時間行動がある。「家族になること／家族であること」は，とりあえずの関係ではなく，「これまで→いま→これから」を結ぶ長期的時間軸のうえになりたっている。しかし，その関係性もまた永続する保証は何もない。

　以上から，家族が家族であるための条件は単一ではなく，複合的かつ多面的なものからなり，社会・文化，歴史を通して絶対的かつ普遍的ではないことがわかる。現代日本の家族を理解するには，「家族だから～でなくてはならない」という必要条件ではなく，むしろ「～であるから，家族である」という十分条件として，家族であることの意味を考える視点が有効である。　　　　　（杉井潤子）

▷6　第750条　夫婦は，婚姻の際に定めるところに従い，夫又は妻の氏を称する。
第790条　嫡出である子は，父母の氏を称する。
第810条　養子は，養親の氏を称する。

▷7　中野収，1992，『「家族する」家族』有斐閣。

▷8　小此木啓吾，1992，『家庭のない家族の時代』筑摩書房。

▷9　山田昌弘，2004，『家族ペット――やすらぐ相手はあなただけ』サンマーク出版。

I 家族？

2 家族を選ぶ／選ばない／選べない

1 個人の選択・選好によって創られる家族

「家族生活は人の人生の中で，つねにあたり前の経験ではなく，ある時期にある特定の個人的つながりをもつ人々とでつくるものとしての性格を濃くしてきた」[1]と指摘されているように，「一緒にいるから家族」「血のつながりがあるから家族」が自明なのではなく，家族は個人が日々育み，努力して維持する関係性へと変化し，関係の質が追求されるようになってきた。「家族をつくる」ことそのものにおいても，結婚や出産などのライフイベントを含め，個々人の選択や選好が優先される傾向を強めている。

しかしその一方で，近年では，図1に示すように，職場や親せき，隣近所などとの人間関係が希薄している一方，むしろ家族が一番大切だと思う傾向が強まる傾向を示している。このような動向は，「多くの人は，『家族が家族らしくなくなる』と感じるようになる。その中で，人びとは選択不可能，解消困難な関係性を求め，それを『家族』と呼ぼうとする，つまり，現実の家族が家族らしくなくなると同時に，象徴としての家族が求められるようになる」という「家族の本質的個人化」[2]の指摘とも合致する。

個人の意思や尊厳を尊重することは自分の選択・選好の自由を保障すると同時に，相手の選択・選好をも尊重しなければならないことを意味する。このことは関係性の実現や維持に関しても保障が効かなくなったことにつながる。「選ぶ／選ばない」という選択肢はときに私たちに魅力的な輝きを放つが，同時に「選びとった」家族に対する責任と自覚が求められ，さらには「選べる」人と「選べない」人という，さまざまな格差を生み出すことにもなったといえる。

2 「家族」は個人のもの／社会のもの

先に述べたように，近代以降，家族は私的領域として位置づけられ，とりわけ結婚することや子どもを産むことは私事と考えられ，個人の幸福追求に基づく選択や選好に委ねられるようになった。しかし，家族には社会の基本単位として期待される役割もあり，個人と社会いずれの判断が優先されるかは時代背景によって異なる。

例えば，1941年に出された「人口政策確立要綱」[3]では，戦時下での人口政策の観点から，いわゆる「産めよ殖やせよ」と3年早婚・5子出生が奨励された。

▷1 目黒依子，1987，『個人化する家族』勁草書房。

▷2 山田昌弘，2004，「家族の個人化」『社会学評論』54(4)：pp. 341-354。

▷3 1941（昭和16）年1月22日閣議決定「出生増加ノ方策」より抜粋。原文は次の通り。「出生ノ増加ハ今後ノ十年間ニ婚姻年齢ヲ現在ニ比シ概ネ三年早ムルト共ニ一夫婦ノ出生数平均五児ニ達スルコトヲ目標トシテ計画ス」

当時の国家社会の、私事に直接介入する判断である。

近年の「少子化社会対策大綱」(2015年)では、「個々人が希望する時期に結婚でき、かつ、希望する子供の数と生まれる子供の数との乖離をなくしていくための環境を整備し、国民が希望を実現できる社会をつくることを、少子化対策における基本的な目標とする。……もとより、個々人の決定に特定の価値観を押し付けたり、プレッシャーを与えたりすることがあってはならないことに留意する」と記されている。社会政策としては、次世代育成の観点から個人の選択・選好を尊重しつつ「安全かつ安心して子供を生み育てられる環境を整備」することが標榜されている。個人は自らの希望と社会からの期待のはざまに揺れながら、公私のバランスのなかでライフデザイン選択を行うこととなる。

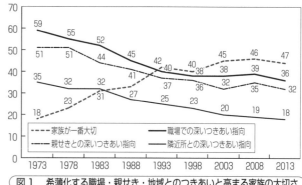

図1 希薄化する職場・親せき・地域とのつきあいと高まる家族の大切さ

出所：統計数理研究所「日本人の国民性調査」(2015) 20歳以上85歳未満
職場・親せき・隣近所における人間関係における全面的つきあいの割合。
NHK放送文化研究所「日本人の意識調査」(2014) 16歳以上
一番大切なもので家族と回答した割合。
本川裕氏「社会実情データ図録」(http://www2.ttcn.ne.jp/honkawa/2412.html)
をもとに最新データを加筆して作成。

▷4 内閣府「少子化社会対策大綱——結婚，妊娠，子供・子育てに温かい社会の実現をめざして」2015年3月20日。

③ 「家族」を切る／切れない／つながる

「人と人がつねに仲良くいられるわけはなく、仲が悪かったり、関わりが少なくなったり、ストレスがコントロールできなくて不当で酷すぎる暴力を振るったり振るわれたり、利用したり利用されたり、姿を長い間見なかったり、時には暴力など虐待や殺傷に及んだりということが起こることはごくあたりまえのことだと思います。そんなことが起こるたびに家族でなくなったり、仲直りするたびに家族となったり、そんなに家族は変えられる関係ではないと思います。嫌な人でも、醜い関係でも、家族でいるしかないから、いろいろな問題が深くなるのだと思います」。これはある学生のコメントである。

家族は幸福なものかどうか、それは個人によって、見方はそれぞれに異なる。あたたかい家族という、いわば固定的なイメージが先行する中で、現実にさまざまな家族問題を目の当たりにしたとき、家族の幸福が理想にすぎないことも指摘できる。家族は、生まれてきた子どもの立場からみたときに、切れないでつながらざるを得ない関係性の苦悩をもかかえているのである。

夫婦であること、親子であること、きょうだいであること、祖父母や孫であることは喜びであるとともに呪縛でもある。また選び取った結果であると同時に選べなかった結果でもある。切れる関係でもあり切れない関係でもある。家族は社会の中で絶えず影響を受ける存在であるため、個々人が家族に対する自らの選択可能性の範囲と機会をできるだけ増やすこと、見守りと寄り添いというアベイラビリティ（availability）をもつことが期待されている。　（杉井潤子）

第1部　いま，家族ってなんだろう

I　家族？

人口変動と家族・世帯

最初の『国勢調査』が実施された1920（大正9）年の人口は5596万人だったが，2015（平成27）年では1億2660万人にまで増えている。年齢構成も変わっており，15歳未満の年少人口の割合は36.5％から12.7％へと減り，65歳以上の高齢人口が5.3％から26.4％へと増加した（図1）。こうした「少子高齢化」は今後ますます進行し，2050年には人口の4割ほどが高齢者になると見込まれる。

家族も時代とともに変化している。それは，世帯の変化から知ることができる。世帯とは，住居と生計を共にする人の集まりである。例外もあるが，そのメンバーは夫婦関係ないしは親子関係にある家族とみなしてよいだろう。統計にて，その変化を概観してみよう。

1　小規模化

図2にみるように，世帯は小さくなってきている。1920年では，一般世帯の半分以上が世帯員5人以上であったが，高度経済成長を経た1970年ではその割合は2割に減り，2010年では単身世帯が最も多くなっている。平均世帯人員数でみても，1920年の4.89人から2010年の2.42人へと半減している。

世帯の小規模化の要因として最も大きいのは単身化であるが，それ以外には2つ考えられる。1つは，数世代が同居する世帯が減っていることである。もう1つは，子どもの数の減少である。戦前期は4人以上の兄弟が大半であったが，近年では「少なく産んで大事に育てる」志向が強まり，ひとりっ子が最も多い。これには経済的な理由もあるだろう。理想の子ども数は2人という夫婦が最も多いが，理想の子ども数をもとうとしない理由としては「子育てや教育

▷1　今後は，人口は減少することが見込まれる。2050年には9,708万人，2100年には4,959万人にまで減ると予測されている（国立社会保障・人口問題研究所，2012，『日本の将来推計人口』）。

▷2　例えば，非親族が同居している世帯もある。

▷3　1940年では，子ども数4人以上の夫婦が63.1％を占めていた（経済企画庁，1995，『国民生活白書』）。しかし2014年では，18歳未満の子がいる世帯のうち，子ども1人の世帯が46.4％と最も多い（厚生労働省，2014，『国民生活基礎調査』）。

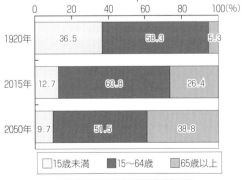

図1　人口の年齢構成の変化

出所：総務省統計局『日本統計年鑑2016』より作成。
注：2050年は将来推計値。

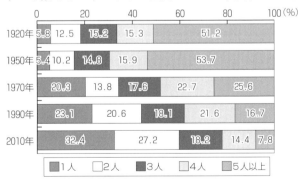

図2　一般世帯の世帯人員分布

出所：総務省『国勢調査報告』より作成。

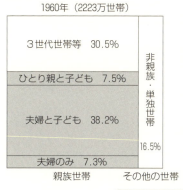
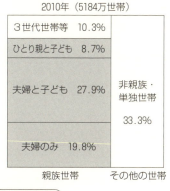

図3　一般世帯の構造変化

出所：総務省『国勢調査報告』より作成。
注：％の数値は，全世帯に占める割合である。色つきは核家族世帯である。

図4　都道府県別の核家族世帯率

出所：総務省『国勢調査報告』(2010年) より作成。
注：親族世帯に占める核家族世帯の割合。

にお金がかかりすぎるから」がダントツの首位である。▷4

❷ 世帯の構造変化

施設等の世帯を除く一般世帯は，親族世帯，非親族世帯，および単独世帯に分けられる。図3によると，1960年から2010年にかけて，単独世帯の割合が16.1％から32.4％へと倍増している（非親族世帯はごくわずか）。単身の若年未婚者や高齢者が増えていることによる。

親族世帯の中では3世代世帯等が減り，夫婦のみ，夫婦（親）と未婚の子ども，ひとり親と子どもからなる世帯の比率が増している。このような夫婦のみ，親子のみの世帯は「核家族」と呼ばれる。▷5 全世帯に占める核家族世帯（色つき）の割合は，1960年では53.0％であったが，2010年では56.4％に微増している。増えているのは，夫婦のみの世帯とひとり親世帯である。子どもをもたない共働き夫婦の増加や，離婚率が上昇していることによる。▷6

❸ 地域差

家族（世帯）の構造は，地域によって異なる。2010年の都道府県別にみると，一般世帯の平均世帯人員数は，最高の山形県では2.94人だが，最低の東京都では2.03人である。都市部ほど，世帯の規模は小さい。▷7 核家族世帯の割合にも地域差がある。図4はその地図であるが，西高東低の傾向で，東京都や大阪府のような大都市では，親族世帯の9割が核家族世帯だ。核家族世帯が多い都市部では，共働き夫婦が子どもを預ける保育所の不足による，待機児童問題が深刻化している。

戦後初期の頃までの家族は，消費のみならず生産（家業），子育て，介護など，多くの機能を担っていた。しかし現在では，ここでみたような家族の構造変化により，それを一手に担うことが難しくなっている。保育や介護など，わが国の福祉は家族（私）依存型の性格が強いのであるが，▷8 社会（公）によるサポートをもっと増やすべき時期にきている。

（舞田敏彦）

▷4　半数以上が当該の理由を挙げている（国立社会保障・人口問題研究所，2010，『第14回・出生動向基本調査』）。

▷5　マードック，G.P.，内藤莞爾監訳，1978，『社会構造――核家族の社会人類学』新泉社。

▷6　DINKSといわれる。「Double Income, No Kids」の略である。

▷7　単身世帯や核家族世帯が多いためである。

▷8　2012年の国際意識調査にて，「就学前の子どもの世話は最初に誰がすべきか」という設問に対する回答をみると，日本では76.5％が「家族」と答えているが，北欧のスウェーデンでは「政府機関」という回答が82.5％と大半を占める（International Social Survey Programme, 2012, Family and Changing Gender Roles IV）。高齢者の世話についても，同じような回答である。

第1部　いま，家族ってなんだろう

Ⅰ　家族？

　世界における日本の家族の相対化

① 「家族であること」を世界軸でみてみる

　世界の家族たち（families）のなかで，日本の家族はどのように位置づけられるのだろうか。そもそも，家族を，時代という時間軸や，国や地域という空間軸を超えて，一言で表し，理解することは難しい。ここでは，世界軸から，日本の家族をみたときに何がみえてくるのかを考えてみたい。

　国連は，2015年「国際家族デー」（The International Day of Families, 毎年5月15日）にちなんで，日本テレビ（日テレ）の，家族をテーマとした企画を特に取り上げて，「日本テレビが，家族をテーマにしたキャンペーンを立ち上げたことを喜ばしく思います。……多様な家族のあり方は，よりよい世界を築く助けとなり，そのような役割を担って下さっている日本中の家族が幸せになるよう願っています」というメッセージを寄せた。その注目を浴びた家族キャンペーンとは，「かぞくって，なんだ。」である（図1）。番組の紹介コラムによると，家族について，答えがない問いかけが次々に並んでいる。日本の家族がまさにいま，家族を問う時代にあり，問うことを通して，つながりを考えることの意味を，世界に向けて発信しているといえる。

▷1　「国際家族デー（5月15日）に寄せて」潘基文国連事務総長メッセージ2015年5月8日付（http://www.unic.or.jp/news_press/messages_speeches/sg/13956/）。

② 家庭教育における「将来，子どもにして欲しくない家庭生活像」

　実態でみるより，社会の価値規範を通してみていくと，国ごとの違いもまた，垣間見えてくる。図2は，0歳から12歳までの子どもと同居している親もしくは保護者に対して，将来子どもにして欲しくない家庭生活像をたずねた結果である。自分の子どもがさまざまな家族の形を実践することは決して他人事ではすまされず，そこにホンネがみえてくる。

▷2　独立行政法人国立女性教育会館『平成16年度・17年度家庭教育に関する国際比較調査報告書』（平成18年3月発行）。

　日本では，同性婚や，未婚，離婚，シングルペアレント，子どもをもたないことへの忌避感は6割を超える一方で，夫婦別居や，事実婚，ステップファミリー，里親や養子縁組，親子同居に対しては許容の程度のほうが高くなっている。同じアジア3ヶ国で比較すると，韓国やタイの伝統的家族規範の強さがみてとれる。また，

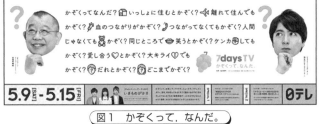

図1　かぞくって，なんだ。

出所：日本テレビ「かぞくって，なんだ。」2015年番組紹介コラムより（http://www.ntv.co.jp/7daysTV/）。

I-4 世界における日本の家族の相対化

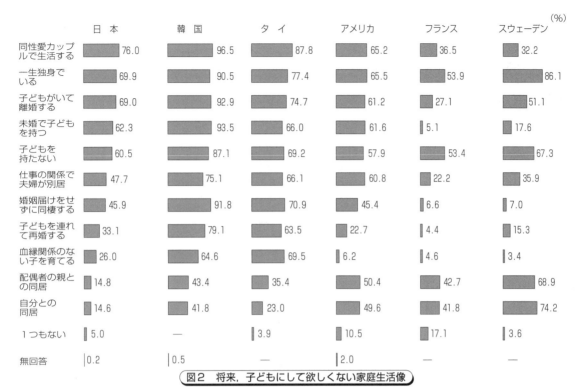

図2　将来，子どもにして欲しくない家庭生活像

出所：独立行政法人国立女性教育会館『平成16年度・17年度家庭教育に関する国際比較調査報告書』（平成18年3月発行）。

各国で共通して5割を超えて望まないのは，「一生独身でいること」や「子どもを持たない」であることにも着目しておきたい。言い換えると，家族のかたちはさまざまであっても，パートナー関係を築き，子どもをもつことによって，安定した生活を営んでもらいたいという親や保護者の思いがそこにはある。

3　脱家族化と社会的ネットワーク

　OECD編著『OECD幸福度白書——より良い暮らし指標：生活向上と社会進歩の国際比較』(2012)が示した最新データでは，人間の幸福を左右する指標として，家族であれ，友人であれ，社会とのつながりの重要性が指摘されている。「必要なときに頼りにできる家族または友人がいる人の割合」の国際比較であり，社会的ネットワークによる支援の程度を示している。日本をみていくと，OECD加盟国の平均よりも低いという結果となっている。自分に集中する傾向が高まり，社会的孤立を招いているとも解釈できる。前述したように，家族のあり方を世界に発信している私たちにとって，何よりも大切なことは，自らの支えとなるコンヴォイ（護衛艦）をつくることであろう。親やきょうだい，子どもや配偶者だけでなく，親友や知人，同僚や近所の人々，福祉や医療専門職などがそのメンバーとなる。家族にとらわれない新たな絆のつくり方である。「誰かのコンヴォイになることは自らのコンヴォイをつくることでもある」と意識し，つながりを築くことが求められている。

(杉井潤子)

▷3　広井は「現在の日本社会は，"「引きこもり」になろうと思えば，簡単になれる"ような社会」であり，「人と全くコミュニケーションをとることなく，一通りのモノを買って，日々の生活を営んでいくことが今の日本では十分可能である。というより，何らかの"組織"ないし"集団"に所属しない限り，むしろ自然にそうなるというべきだろう」と指摘している（広井良典，2006，『持続可能な福祉社会——「もうひとつの日本」の構想』ちくま新書，p. 209)。

I 家族？

家族と法律

1 法律上の家族とはなにか

日常生活の中では，家族というと，親子やきょうだい，親しい親戚等，普段から交流のある者を思い浮かべるかもしれない。現在，正面から家族を定義した法律はないが，「親族」の範囲を定める民法726条では，6親等内の血族（血のつながりのある者），配偶者，3親等内の姻族（配偶者の血族）を親族と定め，加えて，養子と養親およびその血族との間においても，血族と同一の親族関係を生ずると定めている（民法727条）。

そして，民法では，直系血族（親と子・祖父母と孫・曾祖父母と曾孫など）および同居の親族は，互いに扶け合わなければならないと規定されている（民法第730条）。直系血族間や同居をしている親族の間で「扶け合う」ことについては，精神的な結びつきや，相互に密な交流があることから，いわば当然と受け止められていることもある。一方で，密な関係性ゆえに家族内では深刻な対立が生じることもある。そうした中で民法では，あえてそのような義務について明示したのである。

家族というまとまりは，当然，法律より先に事実として存在してきた。過去には，その家族が属する地域それぞれの習俗や道徳によって，家族の構成員どうしの関係や家族と社会との関係が規律され，あるいは影響を受けてきた。また，家族内の紛争も，多くはこうした習俗や道徳によって解決されてきた。しかし，家族法およびその関係法令が制定されることにより，家族の中で紛争が起こった場合に，家族や地域内で自主的に解決できなければ，国家が，裁判等の司法手続きによって紛争を終結させることとなった。

2 家族についての法律の変化

第2次大戦後，日本の家族に関する法律は大きく変化した。憲法で男女平等が定められ，民法第4編（親族），第5編（相続）が全面的に改正された。明治時代に定められた民法では，戸主制度が規定されていたが，これには，国家が家族を管理するため，戸主に権限を集中させ，個々人の権利能力や自由を制限していたという背景があった。また，女性の権利能力は非常に制限されていた。

改正後の民法では，戸主制度は廃止され，少なくとも条文上は，ある程度の男女平等が実現された。ただ，法改正がなされても，イエ制度を前提とする考

▷1 親から子，子から孫へという1世代ごとに1親等と数える（民法725条）。傍系については，同一の始祖に遡り，同様に世代ごとに親等を数えていく。

例えば「いとこ」は，祖父母に遡り（2親等），祖父母から当人まで（2親等）数えると4親等となる。

6親等は「はとこ」（親どうしがいとこ）まで，3親等はおじ・おば，甥・姪までとなる。

▷2 憲法24条は，「婚姻は，両性の合意のみに基づいて成立し，夫婦が平等の権利を有することを基本として，相互の協力により，維持されなければならない。配偶者の選択，相続，住居の選定，離婚ならびに婚姻および家族に関するその他の事項に関しては，法律は，個人の尊厳と両性の本質的平等に立脚して，制定されなければならない」と定める。

▷3 戸主制度とは，新たに戸主となる長男が，前戸主から財産のすべてを相続し，さらに次の戸主へと引き継ぐ制度である。戸主は，家族の婚姻や養子縁組についての同意権を有する等（改正前民法750条），強い権限を有していた。

え方が一掃されたわけではない。現実にはいまでも，婚姻時，ほとんどが夫の氏（姓）を選択し，家事や育児を主に担うのは女性である。女性の社会進出が進んだといわれるが，婚姻や出産，介護などを機に仕事を退職する女性は多く，男女の賃金格差も著しい。

日本は，1995年に「家族的責任を有する労働者条約」を批准している。同条約は，家族的責任を有する労働者が「職業上の責任と家族的責任との間に抵触が生ずることなく，職業に従事する権利を行使することができるようにすること」を批准国に求めている。しかし，上記のような現状は，この条約の要求する水準には程遠い。

▷4 ILO 第156号条約。

その他，男性は18歳，女性は16歳と，婚姻年齢に男女差が設けられていることや（民法732条），女性にのみ6ヶ月の再婚禁止期間が設けられていることなど（民法733条），改正に向けた議論がなされている点は多い。

3 現在の法律の概要

現在の民法では，家族について，結婚・離婚，親子，養子縁組，相続などについて定められている。例えば，妻と夫は，相互に同居・協力・扶助の義務を負い（民法752条），直系血族（親・子など）および兄弟姉妹は互いに扶養する義務を負う（民法887条）。

▷5 扶養について，詳しくは Ⅵ-11 Ⅺ-4 参照。

また，離婚の際には，夫婦が共同で蓄えた財産については財産分与を請求することができ（民法768条），父母を同じくするすべての子は，平等に親の財産を相続できる（民法900条4号）。

▷6 相続について，詳しくは Ⅺ-9 参照。

なお，離婚や子の監護をめぐる紛争，相続や後見といった家事事件については，当事者からの申立があってはじめて，家庭裁判所が審判や裁判といった形で紛争を解決する。特に離婚においては，裁判所が関与しない協議離婚が9割を超えている。また，親権者の指定など，子の利益に関する事項であっても，司法手続きの中で子の意見が尊重されるのはおおむね15歳からであり，国際的に見ると遅い。

▷7 離婚について，詳しくは Ⅷ-7 参照。

民法で定義された親族については，その他の法律においても，特別な扱いを受けることがある。例えば，刑法では，一定の親族間では相手を保護すべき義務があることから，必要な保護をしないことが保護責任者遺棄罪（刑法第218条）に問われる。逆に，親族間には精神的な絆があることが想定されることから，犯人蔵匿罪や証拠隠滅罪（刑法第105条）については，刑が免除される。

近年，家族の構成員の権利保障等のため，「配偶者からの暴力の防止及び被害者の保護に関する法律（DV防止法）」や「児童虐待防止法」，「高齢者虐待防止，高齢者の養護者に対する支援等に関する法律」などが制定されている。こうした立法により，これまで，家族の中で弱者であった女性・子ども・高齢者の権利保障について，法が介入し得ることが可能となった。

▷8 児童の権利に関する条約については，Ⅸ-4 参照。

（角崎恭子）

Ⅱ 家族のイメージと実像

 家族らしさとは

1 「家族」はどのようにしてみいだされるのか

「家族らしさ」という言葉から、どのような事柄を連想するだろうか。◁1

具体的な例から考えてみよう。私たちはさまざまな広告で、「家族のように」みえる写真やイラストを目にする。典型的なのは、「30〜40代の男女１組＋小学生ほどの歳の男の子と女の子」で構成されたものだろう。私たちはほとんど自動的にそれらを「家族」としてとらえてしまうようである（それを「家族として」描きだそうとする、作り手の意図を認識する場合もあるだろう）。そこに描かれているのが人間ではなく擬人化された動物などであったりしても、家族として認識できてしまうほどだ。

しかしよく考えてみると、それらを家族とみなさ「なければならない」理由はない。じっさい、広告写真であれば、登場している人物の多くはモデルであり、「本当の」家族ではないだろう。にもかかわらず、ある種のビジュアル・イメージが家族のようにみえてしまうのはなぜなのだろう。

こうした問いを講義などで投げかけると、さまざまな答えが返ってくる。「顔が似てみえるから」「親子ほどの年齢差があって、一緒にいるから」「皆がにこやかに笑っているから」「家族でなければしないようなこと（食卓を囲む、キャンプに行くなど）を一緒にしているから」などである。逆に、そうした要素を含まない対象は「家族らしくない」と認識されやすい。例えば、皆がそっぽを向いている、ばらばらに行動している、同性の人間ばかりであるなどの場合、そこには「家族」はみいだせなくなる可能性が高い。ここからは、私たちが何らかのビジュアル・イメージをみて「家族らしい」ととらえるとき、そうした認識を支えるような何らかの要素があるということが推測される。

2 「家族らしさ」を支える仕組み

そもそも私たちは、「家族らしさ」とか「家族らしい」という言葉をどのように使っているのだろう。私たちは、ある対象を「家族らしい」「家族らしくない」と表現することがある。「家族らしさ」をめぐるこうした表現は、「家族」はこうあるべきだ（はずだ）、という規準をゆるやかに前提している。こうした規準を**家族規範**と呼ぶことができる。◁2

「家族らしさ」とか「家族らしい」という言葉がどのような表象と結びつい

▷1 「家族らしさ」をめぐる社会学的な研究として、赤川学，1997，「家族である、ということ——家族らしさの構築主義的分析」太田省一編著『分析・現代社会——制度／身体／物語』八千代出版を参照。

▷2　**家族規範**
家族集団や家族上の地位について、特定の状態が達成されることが望ましいとする価値づけ。

て使われるかを考えると、大きく分けて2つのタイプが考えられる。

第1に、家族の「形態」「構成」に結びついた「家族らしさ」がある。例えば単身赴任などで片方の親が同居していなかったり、同居する同性カップルが自分たちが家族であることを主張したりするならば、それらは「家族らしさ」を欠いていると認識されやすいのではないか。広告写真に特定の家族構成が登場しやすいのは、私たちがそうした構成を取る人々を「家族らしい」とみなしやすいということに関係している。

第2に、家族の「関係」「振る舞い」に関連した「家族らしさ」がある。家族全員が一緒に食卓を囲むことが「家族らしい」ものととらえられたり、夫婦は互いにうち解けあい、親子は遠慮無く振る舞うことが「夫婦らしい」「親子らしい」ものと考えられたりする。例えば広告で、家族（らしき人々）は互いに向き合っていたり、共通の目標に目を向けていることが多い。こうした（いわば理想の）「関係」という水準での「家族らしさ」▷3は、「家族のような」などの言葉によって、会社や国家にまで拡大適用されることもある。

「家族らしさ」が成立するのは、家族の「形態」や「関係」にかかわる明確な家族規範が存在しているからなのであろうか。だが考えてみると、現代日本社会では夫婦と子どもからなる核家族が「典型」であるとは言い難い（2010年国勢調査によれば「夫婦と子どもからなる核家族世帯」は一般世帯総数の3割未満に過ぎない）。また、多くの家族がつねに理想の関係にあるわけでもない。「形態」や「関係」にかかわる明確な家族規範、モデルが存在しないにもかかわらず、「家族らしさ」は特定の家族イメージに結びつけられやすい。そうした家族イメージはイデオロギー▷4として作用していると考えることができる▷5。

3 家族の「脱制度化」と家族イメージのゆくえ

実態としての家族は多様であるが、イメージとしての家族はそれほど多様ではない。私たちが何を「家族らしい」と考えるかは、自分自身が実際にどういう家族を経験してきたかに影響を受けるにとどまらず、自分がどういう家族を形成したいと考えるか、「社会」や「世間」（あるいは自分にとって重要な他者）が、どのような「家族」を望ましいものと考えているかについての予期などにも影響されるだろう。実態が変化すれば、イメージも変化していくだろうが、その変化のあり方は単純ではない。

家族の「脱制度化」「多様化」が進み、「家族である」ことが自明でなくなったという主張がある。「家族する」▷6こと、家族を選択することの重要性が増してきたという議論もある。家族がもはや自明なものではなくなり、「家族する」ことが求められるからこそ、「家族らしさ」を求める意識が強まり、象徴あるいはイメージとしての家族の重要性が高まるという、逆説的な状況を私たちは生きているのかもしれない。

（田渕六郎）

▷3 「互いに信頼し合っている」など、社会的に望ましいと評価されていることを指す。

▷4 イデオロギー
特定の価値的立場にもとづく信念や意見の体系。

▷5 こうした家族イメージが近代化の過程で出現したという論点を提示したのが、いわゆる「近代家族論」である。本書第2部や、落合恵美子、1989、『近代家族とフェミニズム』勁草書房などを参照。

▷6 「家族する」ことをめぐっては、中野収、1992、『「家族する」家族』有斐閣を参照。

第1部　いま，家族ってなんだろう

Ⅱ　家族のイメージと実像

 形態としての家族・意識としての家族

1　形態と意識から家族をとらえる

　家族には，「イメージ」としてとらえられる部分▷1もあれば，実態としてとらえられる部分もある。ここでは，家族の実態の一側面としての「形態」と，イメージの一側面としての「意識」とを区別して，家族をとらえる視点を整理する。

　家族の形態という概念は，さまざまな定義が可能であるが，ここではどのような親族関係やパートナーシップ関係にあるメンバーが家族を構成しているか（あるいはそうした規準に基づく類型区分）を指すものとしよう▷2。例えば男女2名からなるカップルでも，婚姻関係にある夫婦と，同棲関係にあるカップルとは，当事者の意識においては同じ程度に「親密なパートナー」とみなされていても，後者は夫婦とはみなされないことがある。

　家族意識という概念については，ここでは石原邦雄の定義に従い，「家族という社会関係について個人および人々がもつ，価値づけと規範および家族行動に対する態度」ととらえる▷3。人々が自分の家族に対して向ける意識としては，Ⅱ-4で触れる家族認知も含めて，家族関係に対する認知や評価が家族意識に含まれうる。また，家族一般についての認識や評価などを指して家族意識という概念を用いることも可能である。

2　形態としての家族・意識としての家族の変化

　形態としての家族と意識としての家族との関係を考えるために，それらを変化という側面から概観しよう。まず家族形態に関しては，「世帯」（家族とは異なる概念である）の家族形態について官庁統計などから経年変化を追うことができる。夫婦と子どもからなる世帯の割合が最も高かった1975年（昭和50）と2010年（平成22）の世帯の家族構成を国勢調査データから比較してみよう（図1）。30年の間に生じた変化として，単独世帯と夫婦のみ世帯の割合が増加し，夫婦と子どもからなる世帯，その他の親族世帯（3世代世帯などを含む）の割合が低下したことがみて取れる。2010年には，単独世帯と夫婦のみ世帯で一般世帯の過半数を占めるに至っている。また，「国民生活基礎調査」から65歳以上の者が子どもと同居する割合をみると，1980年（昭和55）には69％であったものが，2014年には40.6％にまで低下しており，ひとり暮らしまたは夫婦のみで暮らす高齢者が半数を上回るに至っている。

▷1　Ⅱ-1参照。

▷2　家族定義にかかわる主観／客観の問題についてはⅡ-3参照。

▷3　石原邦雄, 1982,「戦後日本の家族意識」『家族史研究』6, p. 122。

こうした家族形態の変化と並行するように，家族意識も変化してきた。調査票調査では，家族意識は「～すべきだ」という一般的な意見に対する賛否の程度として測定されることが多いが，ここでは上記の世帯の家族構成の変化と関連する，老親からみた子どもとの同居をめぐる考え方の変化をみてみよう。内閣府が1980年から実施している，全国の60歳以上男女を対象とする調査では，老後の子どもや孫とのつきあい方として，「子供や孫とは，いつも一緒に生活できるのがよい」と回答した割合は，1980年には59.4％であったが，2010年には33.1％にまで低下した。過去30年ほどの間に，老親と成人した子どもが同居することに対して否定的な意識が強まったこと，そうした意識の変化に並行して，老親と子どもの同居割合も低下したことがわかる。

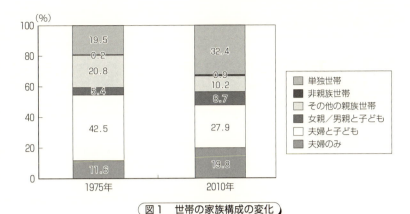

図1　世帯の家族構成の変化

▷4　内閣府ホームページ (http://www8.cao.go.jp/kourei/ishiki/h22/kiso/zentai/, 2016.1)。

3 形態と意識の相互関係

家族をめぐる事実として，家族形態も家族意識も重要なデータとなる。上記からは，家族の形態面での変化は家族意識の変化と関連していること，家族の形態と意識が相互規定的な関係にあることが推測される。家族の形態は，家族の形成，解消，同別居といった家族をめぐる人々の行動の所産である。家族をめぐる人々の意識・選好は，人々の行動をある程度まで規定するだろうし，人々は自分の行動と整合的な意識をもちやすいだろう。また，社会規模での家族観の変化は家族行動の趨勢を変化させるだろうし，逆に，当初は数少ない人々のみに限られていた非伝統的な家族行動が普及していくことを通じて，家族意識の変化が生じる，といった関連も考えられる（欧米における同棲の増大などがそうした関連の例証となるだろう）。

このように，家族の形態と家族意識が相互に規定し合う関係にあるという観点について，家族研究では，こうした変化が生じる詳細なメカニズムを，定量的なデータを用いて明らかにしようとしてきた。人口学者らによる興味深い研究を1つ紹介しよう。2000年に日本全国の20～49歳男女を対象として実施された調査票調査結果に基づき，リンドファスらは，親族や友人の中に同棲経験者がいる者は，同棲に対して寛容な意識をもつ傾向があることなどを明らかにし，人々を取り巻くネットワークの中で「イノヴェーター（新しい家族行動を取る者）」が増えることが家族意識を変化させるメカニズムとして働いていると主張している。今後の研究が注目されるところである。

（田渕六郎）

▷5　Rindfuss, Ronald et al., 2004, "Social Networks and Family Change in Japan," *American Sociological Review*, 69(6): pp. 47-67.

第1部 いま，家族ってなんだろう

Ⅱ 家族のイメージと実像

客観的家族・主観的家族

1 家族は「客観的」か

　家族は「客観的」な存在だろうか。それとも「主観的」な存在だろうか。
　こうした問いを奇異に思われる向きもあるかもしれない。テレビニュースで，「多くの家族連れで行楽地は賑わいました」といった台詞を耳にするとき，私たちの誰もがその意味を理解する。私たちの日常知の水準では，家族は「客観的」な存在である。じっさい私たちは，自分と親密な関係にある人々の一部を「自分の家族」と呼び，ある人々の集まりを「家族（連れ）」と呼ぶ。また，自分の「家族構成」をたずねられれば，何の迷いもなく答えることができる。
　しかしよく考えてみれば，「家族」は，実体として存在している何かを根拠としているわけではない。家族とは何よりも，「家族」と「家族ではないもの」を区分する概念，カテゴリーである。それは，ある人間と人間（ペットの動物なども含まれることがあるようだが）の関係に適用されるカテゴリーである。家族というカテゴリーは，親やきょうだいといった「親族」カテゴリーと不可分であるが，そうした親族概念じたい，生物学的なつながりのみに根拠をもつわけではない。私たちが「家族連れ」を認識するとき，目にみえるのは「家族らしさ」を有する個人の集まりでしかない。家族を構成する個人は目にみえても，それら個人の関係はそうではない。私たちは異なる文脈でさまざまな「家族」を理解するが，それは何らかの「実体」に関連しているわけではないのだ。

2 なぜ「主観的家族」が問題になるのか

　家族とは，私たちのコミュニケーションの中で成立する**相互主観的**なカテゴリーである。だとすれば，「人々が何を・どのようにして家族とみなすのか」を度外視して家族を論じることは困難になる。このような理解に立てば，私たちが日常繰り広げる社会的相互行為の中で，「家族」なるものがどのように立ち現れてくるのかということが，家族研究の対象に据えられるべきだということになる。
　このような，家族の「主観的」側面を重視する理論的視点が近年強調されるようになった。その背景として3点を指摘できる。第1に，社会学における理論潮流として，**エスノメソドロジー**などに代表される**意味学派**のアプローチが，およそ1980年代以降，社会的構築という視点を強調した理論研究，実証研究を

▷1　「ペットの家族化」をめぐる研究として，山田昌弘，2007，『家族ペット──ダンナよりもペットが大切!?』文藝春秋を参照。

▷2　Ⅱ-1参照。

▷3　**相互主観的**
間主観的と同義。対象が複数の主観（主体）の間で共通なものとして経験されること。

▷4　**エスノメソドロジー**
社会の成員（＝エスノ）が日常生活を有意味なものにするために用いる方法（＝メソドロジー）を探求する，社会学の研究方法論。

▷5　**意味学派**
「意味」を鍵概念とする社会学の研究潮流のこと。エスノメソドロジー，象徴的相互作用論などを含む。

展開し，家族理論にも影響を及ぼした。ここで設定する「客観的／主観的家族」という区分も，こうした理論枠組みに由来するものである。

　第2に，**フェミニズム理論**，ライフコース論，ネットワーク論に代表される，現代家族を「個人」の視点からとらえ直そうとする視点が過去30年ほどの間に広く受容されたことが挙げられる。こうした視点は，家族を集団として定義することの問題点を指摘し，異なる利害やライフコースをもつ個人の集まりとして家族をとらえるという視点を広めた。

　第3に，こうした理論面での変化を後押しするように，家族の形態や意識そのものが変化してきたことが挙げられる。家族社会学においてこうしたトレンドは，「個人化」「私事化」「ライフスタイル化」「脱制度化」「多様化」などのキーワードで論じられてきた。

　従来の家族研究は，研究対象としての家族を定義する際に，家族の集団としての側面を強調し，血縁・姻縁や同居などの「客観的」要件に依拠して家族を定義することが多かった。しかしながら，上述した理論および現実の変化は，こうした伝統的な家族定義にも再考を迫っている。

3 「構築される家族」という視点が明らかにするもの

　「主観的家族」を重視する理論枠組みは，家族がどのように「構築」されるのかを明らかにすることを通じて，家族研究に対して実証的貢献を果たしうる。そうした貢献の2つのタイプを指摘しておこう。

　第1に，従来の家族研究では対象とされてこなかったような現象を扱うことが可能になる。例えば法律的には家族関係にない者たちがあたかも家族のように共に暮らすような場合も，そこで何が家族とみなされ，家族がどのように意味づけられていくのかを問うことができる。例えば土屋葉は，障害者とその家族の語りを分析することを通じて，障害者とその家族たちが「家族」というリアリティを紡ぎ出すダイナミズムに迫っている。

　第2に，人々が解釈を通じて作り出す家族の意味が人々にどのような影響を及ぼすのかという関心から，ミクロの場面における人々の家族意識に関心を向けることが可能になる。例えば，**家族ストレス論**の視点にたつポーリン・ボスは，心の病などによって家族成員が「心理的に不在」となることは，家族境界の曖昧性を高めるために他の家族員の適応を困難にすることなどをふまえて，人々にとってのリアリティとしての家族をとらえる必要性を論じている。

　家族に対する主観的な意味づけは，客観的現実の文脈のもとで生じている。家族そのものが大きく変容する時代においては，家族をめぐる新しい変化を客観と主観の両側面からとらえることが求められている。

（田渕六郎）

▷6　構築主義的家族研究をめぐる2000年までの概観として，田渕六郎，2000，「構築主義的家族研究の動向」『家族社会学研究』12(1)：pp. 117-122を参照。

▷7　**フェミニズム理論**
女性解放思想に関連する理論のこと。ジェンダー，家父長制などを主要概念とする。

▷8　日本でのこうした理論展開を牽引した研究として，目黒依子，1987，『個人化する家族』勁草書房を参照。

▷9　篠原聡子ほか編，2002，『変わる家族と変わる住まい――「自在家族」のための住まい論』彰国社は，住居学の視点から，複数のシングルマザーや独身者などが同居する「沈没ハウス」などの事例を報告している。

▷10　土屋葉，2002，『障害者家族を生きる』勁草書房。

▷11　**家族ストレス論**
家族がさまざまな危機や問題状況にどのように適応するのか，適応の程度を左右する要因は何かを明らかにしようとする理論枠組み。

▷12　ボス，P．，南山浩二訳，2005，『「さよなら」のない別れ　別れのない「さよなら」――あいまいな喪失』学文社。

Ⅱ 家族のイメージと実像

家族の範囲

1 家族の範囲とは

　家族をいかに定義するかを論じるとき，メンバーの「同居」が要件として挙げられるのが普通である。だが，同居しているかどうかということと，家族とみなされているかということとは必ずしも一致するとは限らない。同居するメンバーを家族とみなしていない場合や，同居していないメンバーを家族とみなす場合などがありうるからである。家族のメンバーシップを定義する方法にはさまざまなものがありうるが，ここでは，「誰が家族であるのか」をめぐる主観的な認知を「家族の範囲」と呼ぶ。

　家族の範囲とは，ある個人が「誰を家族と認知（同定）するのか」にかかわるものであり，家族意識の一形態である。ある個人が「家族」とみなす対象の総和によって，その個人にとっての家族の範囲（親＋きょうだい，など）が定義されることになる。つまり家族の範囲は，ある個人にとっての「家族認知」によって構成される。

2 家族の範囲をめぐる研究

　およそ1990年代以降，日本では家族の範囲をめぐる研究が注目を集めている。家族の範囲を問うことが重要であると考えられるに至った背景には，Ⅱ-3で触れたように，近年の社会学理論の潮流の変化と，その背景にある社会的状況の変化とが挙げられる。

　その嚆矢は，上野千鶴子の「ファミリィ・アイデンティティ」論である。複数の家族メンバーに家族の範囲を問う質的調査から得られた結果に基づいて，上野は，同居の有無と家族認知が重ならない事例，一方が家族とみなしているのに相手はそうみなしていない事例（認知のずれの存在），ペットのみを家族とみなしている事例などの実例を多く挙げながら，現代家族において「非伝統的」な家族認知が観察されることを明らかにした。

　同様の枠組みを単身者に適用した研究もある。池岡義孝らは，構築主義的な枠組みから，単身生活者がどのようにして自分の家族を語るのかを調査し，同居する家族成員をもたない単身生活者でも自分に「家族」がいると答える者が少なくないこと，単身生活者は同居／血縁／関係性といった，家族であるか否かを判断する原理を使い分けながら，自分にとって誰が家族であるか／ないか

▷1　例えば春日キスヨは，同居する祖父母を家族メンバーとみなさない大学生が少なくないと指摘する。春日キスヨ，2000，『介護にんげん模様――少子高齢社会の「家族」を生きる』朝日新聞社。

▷2　上野千鶴子，1994，『近代家族の成立と終焉』岩波書店。上野はここでファミリィ・アイデンティティという概念を家族の範囲という意味で用いている。

▷3　山田昌弘は，ペットを「家族」と語る人々に対するインタビュー調査結果から，ペットが家族として語られる背景にはどのような社会的文脈が関係しているのかを論じている。山田昌弘，2007，『家族ペット――ダンナよりもペットが大切!?』文藝春秋。

を説明していると指摘した。これらの研究は，小規模な有意標本に基づく質的研究であるが，人々の認知に基づく家族の範囲は研究者の定義する家族の枠組みにはおさまらないような広がりをもつこと，そうした認知は状況に応じて構築されており，そのメカニズムそのものが研究の対象となりうることを示した点で重要である。

大規模無作為標本を用いて家族の範囲を調査する量的研究も存在する。特定の親族カテゴリーに属する個人を「一般的に」家族とみなすかどうかを調べた調査として，国立社会保障・人口問題研究所の「全国家庭動向調査」がある。同データを用いた研究として，西岡八郎と才津芳昭は，回答者（有配偶女性）の年齢（若年層の方が家族とみなす範囲が広い），居住地域などによって，回答に表れる家族の範囲は異なっていることを明らかにしている。

こうした一般的認識ではなく，回答者本人が自分の親族を「家族の一員」と認識するかどうかをたずねた大規模調査として，日本家族社会学会による「全国家族調査（NFRJ）」がある。このデータを用いた研究として藤見純子と西野理子は，親等が近いほど家族と認識される割合が高いこと（例えば配偶者や子どもは95％以上が家族と認知されるが，きょうだいでは40％台に低下する），最年長のきょうだいに対する家族認知は，そのきょうだいとの接触頻度や，親を家族と認知するか否かなどと強い関連を示すことなどを指摘している。

③ 家族の範囲を問うことの意味

人々にとっての家族の範囲をめぐって，量的・質的な研究が積み重ねられつつあるが，まだ多くの研究課題が存在する。量的研究については，家族の範囲が広い（狭い）場合にどのような家族経験をもちやすくなるのかなどを明らかにすることで，家族の範囲を（被説明変数ではなく）説明変数とする研究を展開することが期待される。

また，質的研究についても，「家族と認知する／呼ぶか否か」ということが，どのような相互行為の文脈でどのように生じ，それが当事者たちにどのような意味をもっているのかを，より詳細に問うことが求められる。家族の範囲を構成する家族認知じたいがどの程度安定的なのか，それがどのように形成され発達的に変化するのかについて，私たちはほとんど知識をもっていないからである。

理論面では，家族の範囲という概念を，より豊かな理論構築を可能にする方向で洗練し，操作化のあり方を再検討し，他の概念と関連づけることが求められている。例えば，家族の範囲が複数の家族成員間で一致する程度の検討は，これまでの家族研究が関心を向けてきた集団としての家族をめぐる諸概念・理論との接点を探ることを可能にするだろう。

（田渕六郎）

▷ 4　池岡義孝ほか，1999，「単身生活者による家族の構築」『人間科学研究』（早稲田大学人間科学学術院）12(1)：pp. 75-92。

▷ 5　無作為抽出によって得られた標本を無作為標本，そうでないものを有意標本と呼ぶ。

▷ 6　研究動向の整理として，野々山久也，2007，『現代家族のパラダイム革新——直系制家族・夫婦制家族から合意制家族へ』東京大学出版会を参照。

▷ 7　西岡八郎・才津芳昭，1996，「『家族とは何か』——有配偶女子から見た家族認識の範囲」『家族研究年報』21：pp. 28-42。

▷ 8　藤見純子・西野理子，2004，「親族と家族認知」渡辺秀樹ほか編『現代家族の構造と変容』東京大学出版会，pp. 387-412。

Ⅱ　家族のイメージと実像

実像とイメージの家族変容

① 実像の変容，イメージの変容

　家族が変化しているという言説を頻繁に耳にする。しかし，そうした言説には明確な根拠に基づくものと，そうでないものとが混在している。
　Ⅱ-2 では，形態としての家族，意識としての家族を区別したが，家族をめぐる変化をとらえるとき，「実像」としての家族の変化と，「イメージ」としての家族の変化とを区分することも有用だろう。ここで実像とは，家族行動，家族意識などの調査を通じて研究者らが測定しようと試みる「実態」である。これに対してイメージとは，家族意識の一部も含まれるが，人々が家族とはどのようなものであると認知しているか，信じているかを指す。こうした認知や信念は「イデオロギー」としての性格を強くもつことになるだろう。以下では，このイメージの変容に注目しながら，それが実像の変容とどのような関係にあるのかを考えてみたい。

② 変容する家族のイメージ

　このような意味での「イメージ」に関する調査項目を含む世論調査は少なくない。例えば，内閣府が全国の成人を対象として行っている「国民生活に関する世論調査」は，「あなたにとって家庭はどのような意味をもっていますか」という設問（2つまでの多項選択）を含んでいる。この設問に対して，2015年（平成27）調査では「家族の団らんの場」「休息・やすらぎの場」を選んだ者がそれぞれ6割以上に達したことが報告されている。
　これに対して，特定の家族イメージの変容を追うことができる定点観測的な調査は少ないが，しばしば引用される興味深いデータがある。5年ごとに実施されている全国標本調査である「日本人の国民性調査」（統計数理研究所）では，1958年（昭和33）以降，「あなたにとって一番大切なもの」をたずねてきた（回答者の自由回答を事後的にカテゴリー分けした結果が集計・公表されている）。その回答によれば，「家族」を選択した割合は初回の1958年には12％でしかなかったが（第1位は「生命・健康・自分」で22％），その割合はその後増加し，1983年（昭和58）調査以降は継続して「家族」は第1位に位置するようになった（他方で，「子供」「愛情・精神」の割合は大きく変化していない）。最も新しい2013年（平成25）調査では，44％が「家族」を選択し，第2位の「愛情・精神」「生命・

▷1　例えば，「青少年の非行などの問題行動は，どこに原因があると思いますか」という質問文に対して「主として本人／主として家庭／主として学校」などの選択肢から回答させる調査は，家族が果たしている機能についての人々のイメージを問うている（総理府，平成4年「親の意識に関する世論調査」）。

▷2　内閣府，『国民生活に関する世論調査』http:// survey. gov- online. go. jp/ index-ko.html，2016.1

健康・自分」(各18%)を大きく引き離している。[3]

3 家族の変容をとらえる

　この国民性調査の結果は、過去50年ほどの間に生じた家族の「実像」の変容、特に形態面での変化を考えると、理解しがたいものに映るかもしれない。なぜならこの間に進んだのは、晩婚化・非婚化であり、少子化であり、離婚の増加であり、親子の同居率の低下であったのだから。家族の実像の変容とイメージの変容との間にみられるこうしたギャップは、どのように説明できるのか。

　これについては、Ⅱ-1で論じたように、イメージとしての家族は、実像としての家族の変容に規定されるだけの存在ではないと考えることができるだろう。社会学では、イデオロギー一般について、社会経済的な変化とは相対的に独立した変化のダイナミズムがあることを想定するが、人々が社会を解釈・理解する枠組みである家族イメージについても同じことが指摘しうる。

　家族が実像の水準において安定性を弱め、家族を形成することじたいが困難になるという方向へ変化するとき、イメージの水準ではどのような変化が生じうるだろうか。1つの理論的考え方は、実像としての家族が多様化、相対化を深めるほど、逆にイメージは家族の絶対性、選択不可能性を強調するという方向へ変化するというものである。例えば上野千鶴子は、家族関係における自発性と選択性が強調されるほど、反動的に、「絶対性を付与する幻想」として「家族」という言葉を用いる傾向が強まる、という仮説を提示している。[4]こうした傾向は、政治や教育において家族の価値をめぐる反動(バックラッシュ)が強まることによって助長される場合もあるかもしれない。

　異なる解釈として、実像としての家族が多様化するにつれて、人々が家族に付与するイメージそのものが多元化し、人々はさまざまな仕方で家族に価値を置くようになると考えることもできる。例えば、家族の絆として真っ先にイメージされるものは、配偶者とのつながり、自分の子どもとのつながり、親やきょうだいなど自分が育った家族(定位家族)の成員とのつながり、結婚せずに共に暮らすパートナーとのつながりなど、多様な内容を含みうる。家族という言葉の意味、家族に付与しうる価値の内実があいまいになるほど、それが一種のマジック・ワードとして働く余地も高まるかもしれない。

　いずれにしても、家族の変容を社会学的にとらえる際には、家族の実像とイメージとの両方に留意する必要がある。実像の変化とイメージの変化は、相互に影響し合いながら進んでいくと考えられる。[5]家族をめぐる諸現象について、そうした相互関係を具体的に解明していくことが、家族研究の課題である。

(田渕六郎)

▷3 http://www.ism.ac.jp/kokuminsei/, 2016.1

▷4 上野千鶴子, 1994,『近代家族の成立と終焉』岩波書店。

▷5 Ⅱ-2参照。

---- Epilogue（Exercise）----

1．自分が「これこそ家族の姿」と考える絵を書いてみよう。
   ①A4の白紙を用意する。
   ②まず，どのような人が入るか考えてみよう。
   ③どのような場所が家族を描くのにふさわしいだろうか。
   ④描いた絵をグループで持ち寄って，説明しよう。

2．ペットは家族だろうか。
   ①近くのスーパーのペット売り場をのぞいてみよう。
   ②ペットフード，ペットケア製品の説明書を読んでみよう。
   ③ペット関連商品の売り上げと購入者の性別，年齢などのデータを集めてみよう。
   ④ペットの葬儀や墓について調べてみよう。
   ⑤ペットに遺産を残す方法はあるだろうか。民法1002条（財産を遺贈する代わりにペットの面倒をみてもらいたいという遺言を残す）を調べてみよう。

3．下記のようなグループは家族だろうか？　話し合ってみよう。
　男性5人，女性5人の10人のグループがお互いに財産を持ち寄って，1ヶ所に暮らしている。男性，女性は，特定の相手と恋愛関係になるものの，一時的なもので，絶えずその組み合わせは入れ替わっている。グループの中に子どもが3人生まれた（生物的な父親は誰なのかわからない）。グループ全体で親として面倒をみている。個々人が得てきた収入はグループで財布を1つにして，日常的に使っている。

第 2 部 歴史と家族

Prologue

覆水盆に返らず

　家族が共に食事をする場面も時代の流れで大きく変化した。炉辺を囲んでの団らんの食事から，ちゃぶ台を前にしての家族揃っての夕餉（ゆうげ），さらに家族が揃う時間もなくバラバラで晩御飯を食べる個食へと，食卓の風景はそれぞれの時代の家族の姿を反映している。

　昭和のドラマでは「ちゃぶ台返し」の一コマが，よく登場した。ドラマの中では，家族の中でもめ事があって，夫が「ちゃぶ台返し」をしても，夫婦はまたもとの鞘におさまることができた。

　しかし現代では，ダイニングテーブルでそれぞれがバラバラに食事をする家族では，集う時間もなく，すれ違いの日々が積み重なっていく。そんな現代だからこそ，個と家族の摩擦がクローズアップされる。「覆水盆に返らず」となるのだろうか？

III 近代につくられた家族

前近代の家族

▷1 井上俊ほか編，1996，『岩波講座現代社会学19――〈家族〉の社会学』岩波書店。

　私たちが「家族」だと考える家族意識，家族認識の近代性，歴史拘束性についての研究が進むなかで，家族研究の中心は主に近現代の家族におかれ，前近代の家族については，歴史研究に多くを委ねられてきた。近代家族という概念が，家族意識の新しさと同時に，近代国民国家のもとでの家族という位置づけをなされてきたため，家族史の領域においても明治期以降の家族変容に関心の多くが払われてきた。では，いったい近代とそれ以前の家族にはどのような違いがあったのだろうか。

1 身分社会と地域性

▷2 Ⅲ-3参照

　前近代の家族を考える際にまず押さえておくべきことは，その多様性である。もちろん，近代以降の家族にもさまざまな差異があることはいうまでもない。しかし，前近代と近代の家族を分ける1つの大きな違いは，上位システムとの関係である。明治期以降の家族は，明治民法における戸の規定にみられるように，国家法による統一的，画一的制度のもとにあった。対して，前近代の家族は，幕藩体制下の身分社会と村落共同体，同業者団体等との関連で，身分差のみならず，生業の差や地域差も大きく，いわばローカルルールの世界にあったといえる。もちろん明治期以降にも，こうした差異がすぐに消失したわけではなく，それ以前からの慣習や規範が並存していた。前近代／近代という時代区分によって単純化して家族をとらえることは，特徴を大まかにつかむ上では有効だが，家族の現実や差異，そして家族変動を見失いがちであることにはつねに留意が必要である。

▷3 名字には，苗字，氏，姓などさまざまな呼称がある。坂田聡，2006，『苗字と名前の歴史』吉川弘文館。

2 名字と婚姻

▷4 なお，導入過程に夫婦別姓か同姓かについて議論があったことからもわかる通り，少なくとも大名層においては夫婦別姓が一般的であり，日本が古くから夫婦同姓社会だったということはできない。成長儀礼とともに改名される慣習もあり，今日のように姓名がひとりひとりの個人としてのアイデンティティと結びつくものではなかった。

　明治期以前の社会において，制度上は名字をもつ層は限られていた。しかし，現実には，例えば農家や商家においては屋号等の通称をもち，「家」が確立してくるとともに，代々継承すべきものと考えられるようになっていった。いわゆる通名相続である。家族が1つの姓を共有するようになり，ひとりひとりが姓名をもつことが国民すべてにわたって制度化されるのは，明治民法制定後のことである。

　前近代においては婚姻の形態にもバリエーションがあったが，明治期以降の1つの大きな変化は，婚姻届の提出によって婚姻が成立するという届け出婚主

義が登場することである。庶民の婚姻の多くは，村のなかでの婚姻（村内婚）で，ふたりが夫婦であると認められるのは，役所への届け出によるものではなく，共同体からの承認であった。村内婚が主流であった時代には，そもそもよく見知っている関係のなかでの婚姻であることが多く，婚姻儀礼も簡素であったといわれている。しかし，婚姻や出生の届け出を出すということが慣習として根付くには時間を要し，その過程においては，統計上，婚外子出生率が高くなった。婚外子として数えられた人々の多くは，今日でいう事実婚とは少し異なっていて，共同体の慣習に基づいて婚姻を執り行い，届け出の必要性を感じていなかったということがうかがえる。出生届も同様で，子どもが生まれたらすぐに届け出るということが根付くには時間がかかった。戸籍に記載されている名前と，本人が日常的に用いている名前が異なっていたことも少なくなかったという。

▷5 柳田國男，[1929] 1990，『婚姻の話』『柳田國男全集12』ちくま文庫。

▷6 善積京子，1993，『婚外子の社会学』世界思想社。

▷7 米村千代，2014，『「家」を読む』弘文堂。

3　相続・家長権

　近代以前においては，家長の権限も絶対的なものではなかった。最重視されるべきは「家」の確実な継承であり，そのために家長の存在が重要であったのであり，「家」にかかわる重要な財産は家長であっても自由に処分することはできなかった。その意味では，前近代における家長の権限は，あくまで「家」を確実に継承していくための継承者としてのそれであり，家長個人に帰するものではなかったのである。誰が家長権を継ぐのかということに関しても同様で，長男が継ぐのが一般的ではあったものの，特に経営能力が問われた商家などでは，能力のない長男よりもそれ以外の男子や娘に有能な婿が望まれることもあった。また，継承していくべき地位や家産をもたない層にあっては，家族構成員全員で生産労働や家計を担っていく必要があり，家長ひとりに強い権限を置くことはなかった。

▷8　▷7 参照。

4　前近代へのまなざし

　家族が生活の場であったということについては，前近代も近代も共通している。当該社会の法制度が家族のあり方に影響を及ぼすということも同様であろう。前近代の家族の多様性は，共同体秩序や社会経済的，政治的条件との関連によった。それらは，人々の生業と深く結びついていたため，明治期以降，統一的な国家法が提示されても，すぐさま，上位システムによって提示される家族モデルに統合されることはなかった。家族の変化を，単純な図式でわかりやすくとらえることは悪いことではないが，そこに，どちらか一方の家族を理想化することや根拠のない連続性の強調がすべりこむことがあることにはたえず留意しなくてはならないだろう。

（米村千代）

III 近代につくられた家族

日本の近代家族のおこり

1 近代家族とは

　専業主婦の妻とサラリーマンの夫，子どもは2～3人。夫は外で働き，妻は愛情をもって家事や子育てにいそしむ。私たちが今日「ふつうの家族」として抱きがちな家族の姿だ。しかし実は，この家族の姿は人類社会に普遍的なものではなく，あくまで近代という時代に特徴的な家族，すなわち「近代家族」なのである。それ以前までは，女性も子どもも重要な労働力で，皆で働いて生計が成り立つ社会だった。子どもを愛情の対象とみて，時間やお金をかけるようになるのは，きわめて近代的な現象なのである。

　日本にそういった近代家族の特徴をもつ家族が社会層として現れてくるのは，1910年代以降の都市中間層においてである。近代家族の形成は，いうまでもなく近代社会の進行と深い関係がある。特に，身分社会の再編や産業構造の変化，都市化といった近代社会の展開過程と切り離せない関係にある。落合恵美子は，近代家族の特徴として，①家内領域と公共領域との分離，②家族構成員相互の強い情緒的関係，③子ども中心主義，④男は公共領域・女は家内領域という性別分業，⑤家族の集団性の強化，⑥社交の衰退とプライバシーの成立，⑦非親族の排除，⑧核家族の8つを挙げている。◁1 家族が消費の単位となり，家庭領域の家事や子育ては母親が主な担い手とされる。情緒性が重視され，子どもが愛情の対象として中心的地位を占める家族である。対外的には，家族とそれ以外の社会関係との境界が明確化して，個々の家族世帯の独立性が高まる。西川祐子のように，近代家族が近代国家の単位であるという点をより重視している研究者もいる。◁2

　国家のみならず，企業との関係も日本の近代家族の展開を考える上では重要である。国家や企業と家族の間に介在した近隣や親戚といった**中間集団**の機能◁3 が衰退してくることも近代家族の成立には大きな影響をもっている。都市化と俸給労働者の増加にともない出現したこのような近代家族が社会一般に広まるのは，戦後のことである。

2 近代家族の階層性

　望む，望まないは別として，妻が子育てに専念するには，夫の収入だけで妻子を養えることが大前提である。戦前にあっては，妻が無職であっても生計を

▷1　落合は，日本の場合，核家族以外の家族形態も考慮して，8つめの核家族はカッコに入れている。落合恵美子，2004，『21世紀家族へ［第3版］』有斐閣，p. 103。

▷2　西川祐子，1996，「近代国家と家族」井上俊ほか編『岩波講座現代社会学19〈家族〉の社会学』岩波書店，pp. 75-100。

▷3　中間集団
個人や家族と国家の間を媒介する集団。例えば，地域や親族，学校のコミュニティ，市民活動の集団，ボランティア集団など。

営めた家庭は，階層的にも職業的にも限定されていた。商家や農家では，女性も生産労働に従事していたし，産業化初期には，女性や子どもが工場労働者として働いていたことは内外を問わずすでに知られていることである。子どもが教育されるべき存在として，そして女性が教育する母としてのまなざしをもつのは，それが可能になる社会条件と連動しているのである。それ以前は，そしてこの時代も多くの社会層にとって女性や子どもは重要な労働力であった。

今でこそ働くことが自己実現として語られるが，産業化初期の労働は過酷で，**専業主婦**になる女性は，働かなくとも生活していける層に限定されていた。つまり専業主婦とは中流階層の出現と時を同じくして現れた近代的なものなのである。

子育てに専念する母親と働く母親。近代家族の形成期においても，現在と同様，どちらをよしとするか異なる意見があったが，階層的に中流から上層に限られていた専業主婦は，1つのステイタスであった。仕事が「やりがい」や「自己実現」で語られる現在とは異なり，多くの労働は厳しいものであった。専業主婦になることは，その厳しい労働からの解放であり，さらに子どもの養育という「新しい」重要な役割を得たのである。現在でも専業主婦をあこがれの地位とみる価値観は存在するが，その原点は大正期にさかのぼることができるのである。

③ 共同体の変容と明治国家の台頭

家族とそれ以外の関係との境界が明確化して，**プライバシーの観念**が成立してくることには，明治国家の諸制度や産業化が無視できない影響をもったといえよう。戸籍制度や土地所有，相続に関する制度，教育制度は，家族という単位が共同体の中ではっきりと境界をもたない時代とは異なって，戸としての家族，そして世帯という境界を設定した。家族，家庭という言葉が登場してくるのも明治期以降のことである。学校制度は，教育すべき存在としての子どもという観念を公的に支えるものだったし，良妻賢母教育は，「教育する母」の出現を後押しした。明治という近代国家は，国民統合の単位として戸という形で家族をとらえ，境界を与え，単位としての自律性をもたせた。家族は，近代社会の成立によって共同体から解放されたかわりに，近代国家という新たな上位システムの単位に組み込まれたのである。

ただし，近代家族の成立を明治期の制度変化の結果としてとらえるだけでは不十分である。国家制度はストレートに近代家族の形成を促進する方向にのみ作用したわけではない。都市化や産業化は，大正期の都市に新中間層を生み出したが，当時は，依然階層差や地域差の大きい社会だった。人口学的な変化，そして産業化や都市化といった複合的な変動や人々の家族意識との相克の中から姿を現してきたのが日本の近代家族なのである。

（米村千代）

▷4 **専業主婦**
「主婦」という表現は戦前から存在するが，高度経済成長期に，家事・育児に専従するという意味での「専業主婦」が一般化した。戦前期の大規模でない商家や農家の既婚女性は，家事に従事する，あるいは家内を切り盛りするという意味では「主婦」でありえたが，家業にも従事したため，家内労働にのみ専念する専業主婦にはなりにくかった。

▷5 **プライバシーの観念**
私的な関係を他の関係とは区別して，排他的で親密な関係として重視する意識。

III 近代につくられた家族

近代家族とイエ制度

1 明治国家のイエ制度

近代家族はイエ制度と対置されてとらえられることが多い。確かに，先祖の祭祀を重視し，超世代的存続を希求されるイエは，メンバー間の情緒的結びつきを重視する近代家族とは異なっている。家業や家産をもたない都市中間層の家庭は，近代家族的であり，イエとは無縁の存在であるようにみえる。しかし，明治期におけるイエ制度は，庶民の生活や経験に根ざしたイエとは異なる観念的なものだった。近代以降に再編され，成立をみたという意味では，イエ制度も近代家族も，近代以降の社会の産物なのである。そして両者は，必ずしも一方から他方へと変化するものではなかった。戦前の近代家族は，イエ的な要素も含んだものであったのである。

まず，明治国家によって制定された民法を例にとってイエ制度の特徴をみてみよう。近世社会では，個々の家族は，共同体のさまざまな規制や慣行の中で存在していて，幕藩体制の直接の支配の単位ではなかった。これに対して明治国家は，国家法という統一的な法規範のもと，「戸」を単位として，国民ひとりひとりを掌握することを必要とした。

ところで明治民法は，**民法典論争**という論争を経て1898年（明治31）に施行に至ったのだが，この論争では，それまでの日本のイエの伝統を守るべきだという立場や，欧米に匹敵する近代国家建設のために，近代的，個人主義的家族法を制定すべきという立場など，あるべき家族の姿をめぐってさまざまな意見が対立していた。結果として施行された明治民法は，近代以前の士族の家族制度を下敷きにしつつも，欧米の近代個人主義的な性格をもあわせもっていた。明治に成立した家族制度は，1つの絶対的な家族像でもって国民を統合したというよりも，イエ的要素と近代家族的要素を内包していたのである。

明治民法における戸主は，家族員の婚姻や縁組の届け出義務を負い，家族員を掌握・管理する権限をもっていた。そしてその継承は，男女では男子，出生順では長子を優先とした。いずれにせよ，明治期に成立したイエ制度は，すべての国民に国家規範として統一的，画一的に適用されるものであった。出生順や性別に基づいて生得的に戸主権を与え，「所有権」をもつ個人がその財の権限をもったという意味で，後述の庶民のイエとは異なっていた。これによって，権限を獲得した個人は共同体からの自由を獲得したが，女性のようにその権限

▷1 イエは多義的な概念で，論者によって異なる用いられ方がある。そこで，ここではイエは地域差や階層差を含む多義的な概念として用い，イエ制度は明治国家の家族制度として論じる。

▷2 民法典論争（▷3参照）を経て1898年（明治31）に施行された明治民法をいう。5編からなり，第1から3編は，現代にも共通する民法であるが，第4編（親族），第5編（相続）は，戸主権や家督相続の項目を含み，イエ制度に特徴的である。

▷3 **民法典論争**
1889年（明治22）から1892年（明治25）にかけて，旧民法について行われた論争。結果として，1890年（明治23）に公布された旧民法は，施行が延期され，最終的に廃止となった。民法典論争を経て制定された民法を明治民法，論争によって施行に至らなかった民法を旧民法と呼ぶ。

▷4 夫婦関係を軸とした家族関係，個人の権利の尊重，所有権の確立などの理念に基づく。

を与えられなかった個人は，戸主の管理統制の下におかれることになった。

2 庶民のイエ

　国家のイエ制度に対して，庶民のイエにおいては，たとえ家長であっても，重要な家産や家業を自由にすることはできなかったし，長男にイエを管理統率する能力がないと認められれば，次三男や娘婿にイエを継がせることも珍しくなかった。庶民のイエには，地域や階層によってさまざまなバリエーションがあり，その違いは，共同体の秩序と密接不可分に存在していたのである。

　これに対して国家イデオロギーとしてのイエ制度は，近世の士族のイエそのものでもないし，決して日本固有の伝統的なものでもない。あくまで近代社会において「日本の伝統」として創造されたものである。国家のイエ制度は徐々に，地域や階層によって異なっていた家族慣行に取って代わるようになる。その背景には，国家的な統制に加え，近代社会における人々の空間的，階層的移動の増大という社会経済的条件，さらには士族の家族モデルを，優れた，洗練されたものと考える意識があった。

▷5 米村千代, 1999,『「家」の存続戦略』勁草書房；米村千代, 2014,『「家」を読む』弘文堂。

3 近代家族とイエ

　戦前日本に現れはじめた近代家族は，家産や家業をもたない都市新中間層が主な担い手であるという意味では農家や商家のイエとは異なっていたが，国家制度であるイエ制度の受け皿にはなりえた。農家や商家のイエは生活と結びついていたため急に変化しうるものではなかったが，故郷を離れた都市中間層には，そのような旧来のイエの縛りは存在しなかった。同時に，彼らはそれぞれのイエの観念ももっていた。これに対して，国家制度に現れたイエは，家産や家業がなくとも，家名によってイエがなりたつという観念的なものであった。このイエ制度は，特に財産や能力がなくとも戸主に象徴的承認を与えるものだったし，家産や家業をもたない人々に，家名などの象徴財に基づいて「ご先祖様になる」機会を提供できたのである。さらにイエ制度は，都市中間層が模範にしたい，より上層のイエをモデルにしている。資本家や旧士族においては中間層より早い段階で近代家族が現れており，近代家族的生活を営みながらイエを近代的に再編し，維持拡大しようとしていた。これらの層にあっては，イエを保持しつつ近代家族を形成することが矛盾無く併存している。国家のイエ制度は，明治大正期に現れた小さな家族にこの「新しいイエ」の創設の可能性を提供するものでもあったのである。

▷6 神島二郎, 1961,『近代日本の精神構造』岩波書店。

　さらに，戸主が家族成員を管理掌握する権限をもつという民法に現れた家父長制的性質は，夫がサラリーマン，妻が専業主婦という性別分業型家族にも適合的である。日本の近代家族は，時に矛盾しつつ，時に適合的にイエ的要素を内包していたのである。

（米村千代）

▷7 森謙二, 2000,「近代の家――日本型近代家族論へのプロローグ」宮良高弘・森謙二編『歴史と民族における結婚と家族』第一書房, pp. 86-133。

III 近代につくられた家族

 家庭の生成と主婦の誕生

1 「家庭」の意味とその変容

「家庭」という語は，古くは「ヤニハ」と呼ばれ，今日使われている意味とはかなり異なったものだった。5世紀前後に詠まれた，「千葉の葛野を見れば百千足る家庭（ヤニハ）も見ゆ国の秀も見ゆ」という応神天皇の国見の歌では，家と庭のある場所といった意味で用いられている。川添登によれば，その後はほとんど使われておらず，明治に入り，『家庭叢談』（1876年（明治9）創刊，慶應義塾出版社）という雑誌にタイトルとして登場する。緒言には「家内朝夕親子物語ノ種ニモナルベキ事柄ヲ記サントスルノ故ヲ以テ斯ハ名ケタルナリ」と記され，家の中で親子が話すのに望ましい話題提供を目的として創られたことが述べられている。しかし，家の中をあらわす「家庭」という語はタイトルに登場するのみで本文では，「家庭」の代わりに世帯や家内という語が用いられている。ここで使われた「世帯」という語には「世帯の要ハ家族の心ヲ楽シマシムルニアリト云ヘリ」と，家庭で家族を楽しませること，つまり家族の情緒的関係を重要とみる視点が現れている。

家族の情緒的関係をさらに強調したのが巌本善治で，彼は「スィートホーム（懐故郷）」の詩とともに欧米の「ホーム」概念を紹介し，日本の家族を幸福にするためには「ホーム」における和楽団欒が重要であると論じた。

日本には，和楽団欒によって結びつく家族を示す語がなかったため，「ホーム」には，吾家，家族，家内，家庭などさまざまな訳語が使われていた。1890年（明治23），『小公子』の訳者である若松賤子が「家庭」にホームのフリガナをつけたことから，次第に訳語としての「家庭」が広がっていった。このように，「家庭」は，明治20年代に，それまでの「家督相続」「家名相続」を重視する家族とは異なる，「和楽団欒」をその中核に置く新しい家族像を示す語へと変化した。

2 一家団欒とその担い手としての主婦

「家庭」という空間で重要視されたのが「一家団欒」である。この一家団欒のイメージは，同じく巌本によって「一家の和楽団欒」図として示された（図1）。この時期に多く出版される家庭雑誌，婦人雑誌では，この図1にみられる家族遊戯だけでなく，談話，笑い話，家族旅行など，団欒のための方法が

▷1 『古事記 中巻』，『日本書紀 巻第十』にある応神天皇の国見の歌。

▷2 川添登，2003，「家庭生活の20世紀」日本生活学会編『家庭生活の100年』ドメス出版，p. 12。

▷3 『家庭叢談』
1876年（明治9）9月から1877年3月まで，箕浦勝人，藤田茂吉を発行人として，慶應義塾出版社から週刊で出版された雑誌。

▷4 「世帯ノ事」，1876，『家庭叢談』3，p. 13。

▷5 巌本善治
1863～1942年，教育家，評論家，明治女学校の二代目校長で，『女学雑誌』の主幹も務めた。

▷6 巌本善治，1888，「日本の家族（第二）」『女学雑誌』97。『女学雑誌』は，1885年（明治18）7月から1904年（明治37）2月まで続いたはじめての本格的女性雑誌。

▷7 沢山美果子，[2003] 2013，「『家庭』と『子ども』の誕生──『家』から『家庭』へ」『近代家族と子育て』吉川弘文館，p. 37。

▷8 牟田和恵，1996，『戦略としての家族』新曜社，pp. 51-77。

次々と紹介され，新しい家族のあり方が示された。

牟田和恵の調査によれば，1877年（明治10）頃には，『国民之友』『中央公論』『太陽』などの総合誌，評論誌に家庭や家族に関する記事が多くみられたが，家政書や家庭（ホーム）論の広がりにともない，その姿を消したという。代わって，家庭雑誌などが一家団欒の演出も含んだ家族や家庭のあり方を論じる場となった。1905〜06年（明治38〜39）にかけて家庭向けの辞書が次々と出版され，家庭領域が成立する。『日本家庭百科辞彙』（冨山房，1906年〈明治39〉）では，主婦は「家事を主宰（シメククル）婦人をいう」とされ，その任務に「交際及び応対等」，「家政及び家庭教育」（財務，教育，衛生，防衛，家法）の項目があげられている。こうして一家団欒の演出も含む家事担当者としての主婦像が確立していった。

3 主婦の広がりと衰退

主婦という存在が広がっていく背景には，近代化による就業構造の変化がある。明治末期の東京市では，商人，職人といった都市自営業層や，彼らに雇われた労働者らが多数を占め，そのほとんどは，労働の場とそれ以外の生活の場が未分化な江戸的な暮らしを継続させていた。しかし，資本主義の発展にともない，官公吏，会社員などの**新中間層**が登場し，労働を生活の場と分ける，性別役割分業を前提とした新しい生活様式が生まれてくる。しかし，家事や家政を専業とする主婦，いわゆる専業主婦が成立するためには，夫の収入だけで家計をまかなえる状況が整わなければならない。

千本暁子によると，夫のみの俸給で生活できたのは，明治初期には多額の収入を得ている官吏，中期以降はそれに加えて上層の会社員だけで，下級官吏や会社員，上層の工場労働者は，実家の援助や内職でその生計を補っていたという。その後明治後期から大正期にかけて，社会階層間の生活水準や生活様式の平準化が進み，「通勤雇用者の夫と，専業主婦の妻からなる家族」が広がった。

専業主婦が本格的に一般化したのは，高度経済成長期に入ってからである。図2は15歳以上の女性の労働力率の推移をみたものだが，高度経済成長期に入る1960年から1970年にかけて家族従業者率が大きく減少し，かわりに雇用者率と家事専業者率が伸びていることがわかる。すなわち，この時期に主婦が階層を越えて広がり，女性のあり方としての規範性を強めたのである。しかし，オイルショックを契機としたその後の経済成長の低下は，パートタイムで働き，家事も仕事も行う主婦を増加させ，専業主婦が多くを占める時代は終焉した。

（水島かな江）

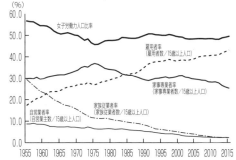

図1 「一家の和楽団欒」図
出所：巌本善治，1888，「日本の家族（第五）」『女学雑誌』100：p. 209。

図2 女子労働力率，雇用者率，家族従業者率，自営業主率，家事専業者率
出所：総務省統計局「労働力調査 長期時系列データ」より作成。

▷9 **新中間層**
頭脳労働，俸給生活，資本家と賃労働者の中間の社会階級，生活水準の中位性といった4つの特徴をもつ階層のこと。寺出浩司，1994，『生活文化論への招待』弘文堂，p. 186。

▷10 千本暁子，1990，「日本における性別役割分業の形成——家計調査をとおして」荻野美穂・田邉玲子・姫岡とし子・千本暁子・長谷川博子・落合恵美子『制度としての女』平凡社，pp. 187-228。

参考文献
小山静子，1999，『家庭の生成と女性の国民化』勁草書房。
オークレー，A.，岡島茅花訳，1986，『主婦の誕生』三省堂。

Ⅲ 近代につくられた家族

近代と家族の生活

1 時間意識の形成と生活

就業時間，時間厳守，時給など，いずれも今日的な時間意識があっての働き方だが，はじまりは，明治政府が1873年（明治6）に太陽暦の施行とともに採用した定時法からである。定時法の採用により時計の輸入も増加したが，どの時計も共通の時刻を示すためには標準時の制定が必要となる。標準時は，1886年（明治19）に制定されたが，時間意識に基づく生活は，すぐには形成されない。

宮本常一は，対馬の農家を訪れたときの記録に，「農家はほとんど時計をもっていない。仮にあってもラジオも何もないから一定した時間はない。小学校に行っている子のある家なら多少時間の観念があるが，一般の農家はいわゆる時間に拘束されない」と記している。これは第2次大戦後のことであるが，時計や標準時が導入されても，それを必要とする労働形態がないと時間意識は変わらない。時計を読む教育は，近代的な生活規律で動く学校で採用され，子どもから大人へと広がった。そして，時計を読む学習は，さらに彼らの意識を変える。「幼稚園へ行く」のが8時だという学習は，やがて，「8時になったら幼稚園に行かねばならない」に変化する。こうして，時間を重視する意識が形成され，規則正しい生活のモデルができあがっていく。

2 子どもの生活の変化

日本の**学制**は，国家の子どもを育成することを目的として，1872年（明治5）に発布された。しかし，「漢学でもなければ，家業継承のための経験知でもなく，国家によって定められた国民教育としての教科」によるものであったため，すぐさま役立つとは考えられず，また小学校で月50銭という受益者負担の学費の高さもあり，就学率は30〜40％と伸びなかった。長期欠席者も加味した通学率は，1878年（明治11）でも30％にも満たなかった。子どもたちの多くは，学校よりも家の仕事や手伝いが優先される生活を送っていたのである。

労働の担い手としての子どもたちの生活は，1900年（明治33）に制定された改正小学校令によって変化する。義務教育期間が明確になり，就学猶予・免除規定の整備とともに，尋常小学校の授業料も免除になった。そのため，明治30年代後半には男女ともに就学率が90％を超えた。

1919年（大正8）の大阪市の余暇調査から小学生の日曜や休日の過ごし方を

▷1 「定時法」は，時間を刻む間隔がつねに一定である時刻法で，1年のどの時期においても，1秒・1分・1時間というのは同じ間隔である。

▷2 宮本常一，[1960] 1971，「忘れられた日本人」『宮本常一著作集10』未來社。

▷3 原田隆司・寺岡伸悟，2003，「身体に巻き付く時間」『ものと人の社会学』世界思想社，pp. 37-40。

▷4 **学制**
日本の近代学校制度に関する最初の法令。

▷5 小山静子，2002，『子どもたちの近代──学校教育と家庭教育』吉川弘文館，pp. 64-68。

▷6 深谷昌志，1996，『子どもの生活史──明治から平成』黎明書房，pp. 67-70。

▷7 大阪市社会部調査課，[1923] 1971，「余暇生活の研究」『生活古典叢書8巻』光生館，pp. 215-220。

みると，男女とも1位に勉学，2位に遊戯を挙げている。男子の5位に雑用，女子の3位に雑用，6位に子守と，家の手伝いもまだあるものの，子どもの生活の中心が，学校へと移ったことを示している。

3 就業形態の変化と娯楽の変容

時間に管理される生活は，工場労働者や俸給生活者の誕生からもはじまっている。これらの生活は，仕事と遊びが一体化していた農家の生活や，職人・商人らの都市自営業的な生活とは異なり，労働と余暇とが空間的にも時間的にも分離した生活である。この新しい就業形態の生活者の増加によって，労働時間とともに余暇時間のあり方も生活問題としてとらえられるようになった。

日本で労働時間の短縮だけでなく，休日や余暇時間の過ごしかたなどが議論されるようになったのは第1次大戦後，1919年（大正8）頃からである。産業の重化学工業化を背景として，工場労働者およびサラリーマンの階層形成が本格化し，労働力再生産のための余暇の確保が社会問題となったためである。

権田保之助によると，日露戦争後に増加する寄席，劇場，活動写真といった大正の「三大大衆娯楽」は，それまでの修練のいる歌，三味線，踊りといった娯楽と異なり，直感的，直覚的に味わえる種類の娯楽である。これらは日露戦争後の資本主義の確立によって生み出された，工場労働者らを中心とする時間に管理される民衆にふさわしい，簡単に消費できる娯楽である。

このように近代化にともなう就業形態の変化は，生活を労働時間と余暇時間に分け，娯楽も消費するものへと変化させた。これらが，その後の大衆消費社会における，モノだけでなく人も消費される生活を生み出していくのである。

4 流通の発達と家族生活の定型化

貴重品であった書籍を消費財へ変えたのは，活版印刷の普及である。活版印刷は，新聞においては1870〜1872年（明治3〜5）頃から，書籍では明治10年代半ば以降に普及した。そして明治20年代後半から30年代にかけての鉄道網の拡大は，「東京・大阪という二大中央都市からの活字メディアの怒濤のような地方への流入現象」を生み，書籍による家族や生活に関する情報の共有化が進んだ。これによって，都市と地域の生活が平準化していくのである。

新中間層の上層の主婦を読者層とした『婦人之友』（1908年（明治41）創刊）は，キリスト教に基づく西洋の生活様式を多く取り入れ，科学的な家事・育児，主婦の教養，家族団欒などの記事を繰り返し載せた。また，新中間層の中・下層を対象とした『主婦之友』（1917年（大正6）創刊）は，浮上する生活問題に対応して，家事や家計管理の実際的記事を多く載せた。これらの女性雑誌の広がりは，政府の進めていた合理的生活への生活改善の一端を担うとともに階層を越えた家族の生活の定型化を促していった。

（水島かな江）

◁8 1933年（昭和8）に来日し，その後日本に住み続けたドイツ人佐野えんねは，当時の日本人の働き方について，「まず一服して，焚き火をして，それから始める。……後で休息や余暇を得るために働くのではなく，息を吸ったり吐いたりするのと同様に，仕事と休息のリズムを持つ」と記している。佐野えんね，1988，「仕事・遊び・休み」『日本に住むと日本のくらし』樹心社，pp. 173-176。

▷9 権田保之助
1887〜1951年。大正から昭和前期の社会学者。家計調査による労働者生活研究の先駆者であるとともに，民衆娯楽研究家としても活躍した。

▷10 権田保之助，[1921] 1974「民衆娯楽問題」『権田保之助著作集第1巻』文和書房，pp. 23〜25。

▷11 永嶺重敏，2004，『〈読書国民〉の誕生』日本エディタースクール出版部，p. 4。

III 近代につくられた家族

戦前の家族から戦後の家族へ

1 戦前・戦後という区分

　戦前，戦後という区分に，私たちはすっかり馴染んでいる。家族研究においても，戦前家族と戦後家族を対比する見方は多く存在する。確かに敗戦は家族の問題を考える上でも大きな転換点であった。戦前と戦後で大きく変わったのは，まずは民法における戸主権の廃止である。戦前日本において，家族は天皇制国家の統合の単位として位置づけられていた。戦後は一転して，民主的な国家建設の礎としての家族の創造が重視されるようになる。

　しかし戦後に一般化する家族のいくつかの特徴は，戦前からすでに現れていた。近代社会の進展の中で家族は変化を遂げつつあり，敗戦は，その大きな流れの中の1つのモメントである。近代家族の形成と変容という点では，転換期の影響と，戦前からの変容過程とをともに射程に含むことが重要であろう。

2 都市中間層の家族

　夫がサラリーマン，妻が専業主婦という近代家族の原型は，1910年代以降の都市中間層家庭において，その姿を現した。この層は，資本家と労働者の中間に位置するということに加え，中小規模の地主層や商業などの自営業に従事する旧中間層と区別して新中間層とも呼ばれている。新中間層の多くは，地方から都市へ流入した人々からなり，これらの人々が俸給労働に就くことで社会層として出現した。夫がサラリーマン，妻が専業主婦という家族は，明治期にも旧士族出身の上級官吏（公務員）や大企業の会社員などの限られた層においてみられたが，大正期以降，時代を経るにともなって，教師や一般企業の会社員へと広まっていった。その主な担い手は，農村から都市へ流入してきた家産，家業をもたない次三男であった。

　都市新中間層家族に現れてくる重要な特徴は妻が無職，すなわち専業主婦であるということだ。女性は昔から家事育児に専念してきたというイメージを抱く人もいるかもしれないが，それは誤りで，妻が専業主婦になり家事・育児に専念するには少なくともいくつかの条件が必要である。その第1が夫の収入だけで生活が成り立つこと，そして生産の場（職場）と再生産の場（家庭）が分離していることである。当時も家族総出で働いて一家の生計を賄う世帯も多く存在したし，職場と家庭が分離していない自営業や農業では，妻が仕事に一切

かかわらないという状況はおこりにくかった。

　専業主婦になることは，子どもに愛情をかけ，教育するという，新しい重要な役割を担うことをも意味した。教育の場でも，明治期以降，妻が家庭に入り，良き妻また母として，夫を支え子どもの養育に専念することを求める良妻賢母主義が現れてくる。家産や家業をもたない都市新中間層が就いたのは公務員や教員，会社員といった職業で，これは，学校教育を媒介として獲得された近代的職業であった。彼らが，社会的地位を獲得し，その地位を上昇させるためには，学歴が重要な意味をもった。都市中間層の出現は，教育熱の高まりをもともなっていたのである。女性は主婦となることで「教育する母」という新しい役割を求められることになった。

　戦前，都市に現れた中間層家族は，戦後大量に出現する近代家族の原型である。むしろ，戦前には階層的に限られていた近代家族が，戦後の経済発展の中で本格的に登場したといえる。専業主婦も同じである。階層的に中層から上層に限られていた専業主婦が一般化，大衆化するのは戦後，高度経済成長期のことである。落合恵美子は，これを近代家族の大衆化，あるいは家族の戦後体制と呼んでいる。戦前，多様な現実をともないながら，理念先行的に存在した近代家族は，戦後になると現実として増加していくのである。

③ 戦前から戦後へ

　戦後になって家族国家観や**戸主権**は理念的にも制度的にも否定され，新しい民法や教育制度が制定される。そこでは，一転**"民主的な"家族**の姿が模索されることとなった。戦前の民法や家族生活が「前近代的」なものとして否定され，社会の民主化のためには，家族生活を刷新することが強く求められたのである。イエ制度の象徴ともいえる戸主権は廃止され，一夫一婦制の徹底や，両性の本質的平等が謳われ，法律の内容は大きく変わった。

　明治民法と戦後民法は，このように対比されて違いが強調されがちであるが継続性もある。祭祀条項と呼ばれる民法第897条では，先祖祭祀にかかわる墓などの財産は，財産相続とは別に「慣習に従って祖先の祭祀を主宰すべき者」が承継すると定められている。イエと近代家族の二重性がはらむ問題は，戦後へともち越されたのである。また，戸主権は廃止されたが，**戸籍制度**は温存された。

　法の改正などの国の政策によってのみ家族の変化をとらえるべきではないのと同様に，戦前と戦後に連続性がみられるからといって，それらをストレートに日本の文化や伝統に由来するとみるべきではない。また，近代家族の形成は，日本に限らず他の社会にもみられる現象である。そうした大きな流れをとらえて，日本という社会的文脈でどのような特徴が現れたのかを比較考察することが求められる。

（米村千代）

▷1　小山静子，1999，『家庭の成立と女性の国民化』勁草書房。

▷2　沢山美果子，1990，「教育家族の成立」叢書〈産む・育てる・教える〉編集委員会編『教育——誕生と終焉』藤原書店，pp. 108-131。

▷3　落合恵美子，2004，『21世紀家族へ [第3版]』有斐閣。

▷4　**戸主権**
明治民法に規定された戸主に与えられた権限。戸主は，家族員を管理掌握し，家族員に対して扶養の義務を負った。家族員の婚姻や縁組には，戸主の同意を必要とした。

▷5　**"民主的な"家族**
自由，平等，個人の権利の尊重など民主主義の理念に基づく家族。しかし，戦後家族も性別分業を内包している家族であった。

▷6　**戸籍制度**
現行の戸籍制度は，夫婦親子を編製単位とし，親子3代で同籍することはない点が，戦前の戸籍制度とは異なる。ただし，戸を単位とした身分登録という点では連続している。

III 近代につくられた家族

 戸籍と住民票

1 日本特有の戸籍制度

戸籍とは，国籍を有する者について，夫婦およびその子を単位として親族的な身分関係を登録し，公証する制度である。日本に独特の制度であり，個人を主体として身分証書を作成する欧米などの方式とは根本的に異なる。

こうした戸籍制度が法で定められたのは1871年（明治4）であり，戸主を中心としたイエ制度を規律し支える役割を担っていた。当時の戸籍には，戸主とその血族（血のつながりのある者）や姻族（配偶者等の血族）等，同一の氏を有する者が多数登録され，身分関係が広く明らかにするものであった。

第2次大戦後，憲法や民法の4編（親族）および5編（相続）が改正され，戸主という身分やイエ制度も消失した。このとき，十分な議論が行われないまま戸籍制度は残り，現在でも，筆頭者と一定の身分関係を有する者が同一の戸籍に登録されている。

ただ，ここでいう筆頭者は検索上の索引という機能しかもたず，戸主とは異なり，特別な権利義務を有する者ではない。また，現在では，同一の戸籍に登録されるのは夫婦とその子の2代までとされており，祖父母と孫は同一の戸籍に入ることはできない（3代戸籍の禁止）。

戸籍は，検索機能を有し，身分関係の変動の確認や相続人の調査に便利であるといわれるが，戸籍制度にそれ以上の意義をみいだすことは難しい。

2 夫婦同氏・同戸籍の原則

法律上の婚姻を届け出る際には，夫と妻のどちらかの氏を選択しなくてはならない。現在でも，96％以上が，夫の氏を選択している。男女平等や夫婦別姓についての議論が進んでいるとはいえ，現実には，法律婚をするほとんどの夫婦が夫の氏を選択している。

夫の氏を選択すると，戸籍の筆頭者は夫（氏の変更がない者）となる。実際には，婚姻をした2人で新しく戸籍を作るのであるが，氏を変更する女性が夫の家に入ると認識されることが多い。日常で頻繁に用いられる「入籍」という言葉も，そのような意識が反映されたものであろう。

なお，本籍地は，実際に存在している地番であればどこに設定してもよく，変更も可能である。従前の夫の本籍地に新たに本籍地をおく場合もあるが，夫

▷1 過去に日本の統治下にあった韓国や台湾も同様の制度をもっていたが，韓国では，2007年に法律の改正が行われ，2008年1月1日から戸籍制度は廃止されている。

▷2 厚生労働省，2006，『平成18年度「婚姻に関する統計」』による。

婦の住所地や有名な場所（例えば皇居など）に本籍地をおく者も多い。

夫と妻のいずれもが氏を変更したくない場合には，法律上の婚姻はできない。そうなると，いわゆる内縁の関係を継続することになり，法律上の保護や便益を受けられないことも多い。そのため，夫婦別姓については度々法改正の議論がなされているが，「夫婦同氏が日本文化の伝統である」といった反対も根強く，法改正には至っていない。

3　筆頭者と続柄

戸籍は，筆頭者と本籍地により特定される。夫婦が離婚した場合は，婚姻の際に氏を変更した者（多くは妻）が戸籍から離脱し，自らが筆頭者となって新たに戸籍を作成したり，親の戸籍に復したりする。また，満20歳に達した未婚の者は，分籍をし，新たに戸籍を作成することができる。

戸籍の筆頭者は，死亡したり，再婚で戸籍を離脱したりしても，死亡や離脱が記録されるだけで，筆頭者に変更はなく，残った者が繰り上がることはない。

筆頭者以外の者については，筆頭者との続柄（妻，長男，長女など）が記載される。この続柄については，2004年10月以前は，法律婚をしている父母から誕生した子については長男・長女などと記載され，法律婚をしていない父母から誕生した子については男・女と記載されていた。この差別的な取り扱いは長年問題とされてきたが，制度が変更され，2004年11月1日以後に出生届けがなされた子については，法律婚をしている父母から誕生した子は，男女別に父母の何番目の子かが記載され，法律婚をしていない父母から誕生した子は，男女別に母の何番目の子かが記載されることとなった。

4　住民票と世帯主

住民票とは，市区町村長が，住民基本台帳法に基づき，住民に関する記録を正確かつ統一的に公文書として作成するものである。住民票は，原則として個人を単位として記載されるが，同じ住所で同居する世帯ごとに世帯主が定められ，その世帯の構成員は，世帯主との続柄（夫・妻・子・夫の母など）が記載される。法律婚をしていない男女であっても，妻（未届）などといった記載が可能である。同一の世帯に入る者に制限はなく，同じ住所で同居している場合には，他人であっても入ることができる。世帯員を増やしたり，世帯を分離したりすることも可能である。

戸籍同様，住民票においても，世帯主には夫が登録されることが多く，企業が支給する扶養手当や住宅補助等は，住民票上の世帯主にしか認められないことも多かったが，現在では男女差別に当たるとして改善が進んでいる。住民票にも子の続柄の記載における差別があったが，1995年3月以降，すべて子と記載されるようになった。

（角崎恭子）

▷3　戸籍謄本とは，1つの戸籍のすべての記載事項を証明したもので，戸籍抄本は，記載事項の一部を抜き出して証明したものである。

▷4　民法の中では嫡出子と呼ばれる。

▷5　民法の中では嫡出でない子と呼ばれる。

▷6　税金や社会保障等の優遇を受けられるかどうかは，それぞれの制度による。

Epilogue (Exercise)

1．第2部の内容を参考に，近代から現代にかけて社会の出来事と家族の変遷を年表の形でまとめてみよう。

	年　代	社会の動き（特徴）	産業構造	家族制度（家族法）	家族の特徴	女性の役割	家族の問題として取り上げられたこと
前近代	江戸時代						
近代	明治時代						
	大正時代						
	昭和（戦前）						
	昭和（戦中）						
	昭和（戦後）30年代まで						
	昭和40年代						
現代	昭和50年代から昭和60年代						
	平成ゼロ年代						
	平成10年代						
	平成20年代						

この年表をもとに，以下のことを話し合ってみよう。

①産業構造の変化は家族の構成をどのように変化させたか。

②その時代ごとに，家族にどのような問題があるだろうか。

第3部 社会構造と現代の家族

Prologue

遠くの親戚より近くの他人
袖振り合うも多生の縁

　都市化が進み，生まれ育った土地を離れる人も多い。団塊の世代の多くは，進学や就職で故郷を離れ，職を得た土地で結婚をして子育てに励み，故郷に残した親の介護を思いつつも日々の暮らしに明け暮れる。

　そんなニューファミリーといわれた人たちは，育児や子どもの相談にはママ友，職場のストレス解消には同僚と，頼りにするのは「近くの他人」である。

　そして今，インターネットの世界で知り合う人たちに助言を求め，その膨大な情報を前に惑わされる人も多い。

　高度情報社会における「多生の縁」は，私たちの前に忽然として現れ，そして消える泡のようなものなのだろうか，それとも希望の星となるのだろうか？

Ⅳ 個人化と共同化

個人化・個別化・私事化・私秘化

1 個人化

「個人化」とは，社会の基本単位を「個人」ととらえる価値原則が，経済，政治，地域社会のみならず，家族にも広がる傾向である。▷1 「個人」が社会の基本単位になるということは，個々人が能力と意思と責任によって，進学，就職，結婚，居住などを選択できることを意味している。ゆえに，個人化の進行は，日々の生活や生き方にかかわるさまざまな事象について選択可能性を増大させ，個々人のライフスタイルの選択を拡大させる。▷2 ただし，「選択可能性」は選択機会や選択肢の増加であっても，誰もが希望する選択肢を希望通りに入手できる可能性の増大を必ずしも意味してはおらず，ライフチャンスに左右される。▷3 ちなみに，2015年10月からはじまったマイナンバー制が個人単位化の表象であるならば，戸籍制度を廃止してよいかもしれない。

▷1 個人化については Ⅻ-6 も参照。

▷2 Ⅻ-4 参照。

▷3 Ⅻ-4 参照。

2 個人化する家族

個人化の進行は，家族のあり方に多大な変化をもたらすことになる。

①個々人は，個々のライフスタイルに応じた家族のあり方を志向する傾向が増す。期待通りの相手と出会わなければ結婚しようとは思わないだろう。仮に，期待通りの相手と出会っても，相手も自らのライフスタイルに応じた家族のあり方を志向しており，相手の期待に沿わなければ相手から選ばれない。

②住居，消費面，娯楽面だけではなく，税制，社会保障制度など，個人単位での生活を可能にする社会の仕組みが増加すれば，単身生活が容易になり，①とも相まって，晩婚化や未婚化が進行する。

③従来の家族規範に縛られない非法律婚カップルや同性カップルが増加する。

④結婚しても，夫婦関係がうまくいかなくなれば，我慢するよりも離婚を選択する傾向が高くなる。

⑤個人化の進行によって，個人と家族，企業，地域社会，さらには，国家との関係が柔軟になり，選択や変更の可能性が高くなれば，それだけ，社会全体が流動化，不安定化し，リスク化する。▷4

▷4 Ⅻ-6 参照。

⑥個人化の進行によって，自らの期待通りのライフスタイルを選ぶための意思，能力，資源など，個々人のライフチャンスの格差が，"自分らしさ"，"豊かさ"，"幸福感"などの格差を広げる。

Ⅳ-1 個人化・個別化・私事化・私秘化

3 家族の個別化

　個人化の進行は，現存家族における日常生活にも影響を及ぼす。ただし，家族の個人化は，家族成員がバラバラになることではない。とはいえ，個々人がそれぞれに家族生活以外の個人生活を重視すると，家族揃って食事をとる回数は減少し，個々人が好きな時間に好きなものを食べる頻度が増加し，一緒に過ごす時間も少なくなる。また，今日では，スマホやパソコンだけでなく，テレビや車さえも1家に1台ではなく，ひとりに1台所有も珍しくない。

　家族の個別化とは，"家族成員はいつも一緒が望ましい"という「共同」をよしとする家族規範が弱くなり，"家族成員が個々別々でもかまわない"という価値観を，家族で容認する傾向の広がりを意味する。家族成員が，時間や空間を共有する機会が少なくとも，ネットで絶えず連絡を取り合ったり，困った時に相談にのってもらえたりすれば，家族満足度は高く維持される。家族の個別化は，家族成員が互いの生活を尊重しあう表れとも言える。◁5

4 私事化

　家族の個別化は家族の私事化と密接なかかわりがある。近代化にともなって社会の公領域と私領域の分離が進行し，国家，政府，官庁といった政治や行政を司る機関は公領域，家族は私領域とみなされることとなった。家族の私事化とは，私領域である家族は公領域である国家や官庁から干渉されることなく自由であるという権利主張が一般化する傾向を意味する。すなわち，現行の家族制度に抵触しさえしなければ，家族の日常生活については個々の家族の選択に委ねられるということである。ただし，家族的営みについて，「公」と「私」の線引きの基準が曖昧なことがらが少なくない。◁6

5 私秘化

　私事化の進行は私秘化と密接に関連する。私秘化とは，私領域に属することがら，すなわちプライバシーが，保護されるべき権利であるとの考え方が社会全体に普及する傾向である。2003年5月に制定された「個人情報の保護に関する法律」は，わが国の私秘化の表徴といえる。

　家族の私秘化については，自己防衛策としてインターホンを設置したり，外壁をめぐらしたりして外部から容易に家内に入りにくくするといった傾向や，近隣の建物から自室が覗かれることや無断で写真を撮られることに異議申し立てをすることなどを例示できる。のみならず，近年では，家族成員ひとりひとりが他の家族成員にプライバシーの保護を主張し，自室に鍵をかけたり，携帯やスマホのロック機能を使用したりといったことも珍しくない。　（神原文子）

▷5　しかし，「家族の個別化」の進行は，家族内の力関係によって，自分らしい時間や機会を満喫している成員の陰で，そのしわ寄せを被る成員を生み出す可能性のあることにも注意を喚起したい。

▷6　婚姻届，出生届，離婚届を提出することは「公的」に決められており，バース・コントロールについても，中絶可能時期は妊娠22週目までと「公的」に決められている。他方で中絶費用のみならず，子育て費用の大半は「私的」なことがらとみなされ，親負担が当然視されている。
　「公」と「私」を線引きする基準や原則について，国家側からも，個人の側からも整理し，整合化をはかる必要がある。

第3部 社会構造と現代の家族

Ⅳ 個人化と共同化

 # 親族ネットワークと近隣ネットワークの変容

1 家族とネットワーク

　産業化・官僚制化した現代社会においては，核家族化・小家族化した家族が，専門機関によって提供される多様なサービスに依存する傾向を強め，別居する親やきょうだいなどの親族組織から孤立した小集団になっている，と繰り返し論じられてきた。1950年代にアメリカの社会学者，T・パーソンズが主張した「孤立した核家族論」◁1などがその代表例である。しかし，海外においても日本においても，多くの調査研究によって，現代の家族が孤立しているという「常識」的イメージは反証されてきた。◁2

　1950年代のロンドンで家族の調査を行ったE・ボットは，都市の「ふつう」の家族は孤立しているわけではなく，多くの人たちと関係をもっていること，またそれら関係の構造はさまざまであることに気づいた。そして彼女は，家族を取り巻く関係構造の多様性を理解するために，「社会的ネットワーク（social network）」という概念をはじめて使用した。◁3その上で，現代の家族が強く連帯したネットワークに埋め込まれた状態から，次第にゆるやかな構造のネットワークを自律的に動員する方向へと変動しつつあると主張した。

　ボットの影響を受けてネットワーク論の観点からコミュニティを研究したB・ウェルマンは，1970年代末にカナダ・トロントの地域住民を対象に，家族単位ではなく個人単位のネットワークを調査した。その結果をふまえて，現代都市住民は，重要な人間関係としてのコミュニティを「喪失」したのではなく，親族や近隣の連帯から「解放」され，空間的に分散した親族・友人・同僚などとの多様な絆を維持しており，複数の生活領域に枝分かれしたゆるやかな構造のネットワークとしてのコミュニティをもっていると主張した。◁4

2 現代日本の親族と近隣のネットワーク

　「無縁社会」という言葉の流行に象徴されるように，現代日本の親族・近隣関係は希薄化し，現代人は孤立した状況に置かれているという「常識」的イメージが社会に蔓延している。とりわけ大都市においては，親族や近隣の絆は薄れ，孤独な人が多いと信じられている。しかし，すでに述べたように，親族や近隣とそれ以外の人間関係の全体像を視野に入れなければ，現代都市居住者の孤立は立証できない。しかも，その長期的な変化を確認するために信頼でき

▷1　パーソンズ, T., [1956] 1981,「アメリカの家族」パーソンズ, T. & ベールズ, R. F., 橋爪貞雄ほか訳『家族』黎明書房, pp. 16-59。

▷2　野沢慎司, 2009,『ネットワーク論に何ができるか――「家族・コミュニティ問題」を解く』勁草書房。

▷3　ボット, E., 野沢慎司訳, [1955] 2006,「都市の家族――夫婦役割と社会的ネットワーク」野沢慎司編・監訳『リーディングス ネットワーク論』勁草書房, pp. 35-91。

▷4　ウェルマン, B., 野沢慎司・立山徳子訳, [1979] 2006,「コミュニティ問題――イースト・ヨーク住民の親密なネットワーク」野沢慎司編・監訳『リーディングス ネットワーク論』勁草書房, pp. 159-200；ウェルマン, B. & レイトン, B., 野沢慎司訳, [1979] 2012,「ネットワーク, 近隣, コミュニティ――コミュニティ問題研究へのアプローチ」森岡清志編『都市空間と都市コミュニティ』日本評論社, pp. 89-126。

る調査データはほとんど存在しない。参考になるのは，人間関係などに対する態度を1973年以降40年間にわたって追いかけた「日本人の意識」調査である。この調査によれば，親族，近隣，さらに職場の場面いずれにおいても，全面的なつきあいを望む人が減少し，部分的なつきあいを望む人が増加してきたことがわかっている。そして，後の世代ほど「あっさりしたつきあい」を望むようになったと分析されている。◁5

　この調査結果は，現代の親族関係や近隣関係が衰退して，孤立が増大したことを意味しているのだろうか。そうとは限らない。別の例を挙げよう。戦後すぐから1990年代後半にかけて結婚した多様な世代の女性たちを対象として育児期に援助してくれた相手のネットワークを調べた全国調査データの分析がある。◁6 それによれば，後の世代ほど多様な親族や非親族から援助を得ており，育児援助ネットワークが大きいという傾向があった。また，孤立育児経験者の比率は最も若い世代で低かった。この研究に基づく限り，必要な援助を提供してくれる親族や非親族のネットワークが貧弱になっているとはいえない。

　かつてよりもつきあいが全面的に希薄になったのではなく，相手ごとに「選択的」につきあい方を変えるようになったと考えるべきなのかもしれない。先ほどの「日本人の意識」調査では，親族，近隣，職場の3つの場面すべてで全面的なつきあいがよいと答えた人は40年間に18％から6％に減少した。3つの場面のすべてが部分的なつきあいでよいと回答した人は1％から5％に増えただけであり，場面ごとにつきあい方の望ましさが異なる人は70％を超えている。◁7 つきあいが全面的に浅くなったのではなく，特定の場面では依然として深いつきあいをしている人も多い。また親族，近隣，職場の各場面内でも，ある相手とは親しく，別の相手とは距離を置くという意味で選択性が高まった可能性もある。その点は十分に検証されていない。より選択的な関係である「友人」が分析に含まれていない点でも検証には限界がある。

　いっぽう，近年では，都市的な場所ほど孤立しやすいという「常識」を否定する研究結果が蓄積されている。例えば，日本の全国データを使って居住地の都市度の違いがネットワークの特徴に及ぼす影響を詳細に検討した最近の研究によれば，居住地が大都市でも小さな町でも，重要な相談相手となる親族の数や会話の頻度に違いはない。都市の居住者は，むしろ友人や近隣を含む非親族の相談相手が多い。そして，相談相手同士が相互に知り合いではない傾向があり，相談相手が共通の趣味をもつという意味で同類結合となる傾向がある。◁8

　こうした研究結果に基づけば，現代日本の都市住民は，親族や近隣の多くと自動的にべったりとつきあうことはなくなったが，少なくともかつてと同程度の親族・近隣・友人のゆるやかなネットワークを「選択的に」維持し，必要に応じて援助を動員するようになった，と推測できる。

（野沢慎司）

▷5　NHK放送文化研究所編, 2015, 『現代日本人の意識構造[第8版]』NHK出版, pp. 197-201。

▷6　井上清美, 2005, 「母親は誰の手をかりてきたのか？――育児援助ネットワークの歴史的変化と影響要因」熊谷苑子・大久保孝治編『コーホート比較による戦後日本の家族変動の研究――全国調査「戦後日本の家族の歩み」』(NFRJ-S01)報告書 No. 2』pp. 127-138 (http://nfrj.org/b/nfrjs01_2005_10)。

▷7　NHK放送文化研究所編, 2015, 『現代日本人の意識構造[第8版]』NHK出版, p. 206。

▷8　赤枝尚樹, 2015, 『現代日本における都市メカニズム――都市の計量社会学』ミネルヴァ書房。

第3部 社会構造と現代の家族

IV 個人化と共同化

 個人化と単身化

1 家族の個人化

現代では家族が「個人化」しているという議論がある。しかし，個人化がどのような変化を指しているのかは必ずしも自明でないため，議論が混乱を招きやすい。家族社会学者の山田昌弘は，家族の個人化には，質的に異なる2つのレベルがあるという。その1つは「家族の枠内での個人化」であり，もう1つは「家族の本質的な個人化」である。▷1

第1の「家族の枠内での個人化」とは，家族が家族以外のシステムからの自由度を高め，「私事化」や「個別化」が進み，自律性の高い領域になる傾向を指す。社会システム論的見地からT・パーソンズはアメリカの核家族が親族システムから「構造的に孤立」していると主張し▷2，社会的ネットワーク論的視点からE・ボットは現代の家族は「個化」していると指摘し▷3，歴史社会学のE・ショーターは夫妻間のロマンティック・ラヴや母子間の愛情が共同体や仲間集団との絆に優先するようになった結果として家族愛のシェルターの中に近代核家族が歴史的に産み出されたと論じてきた▷4。これらはすべて山田のいう「家族の枠内での個人化」に関わる議論である。

日本社会の文脈では，落合恵美子が高度経済成長期に日本型近代家族が一般化したことを「家族の戦後体制」と呼んだ▷5。これは，性別役割分業を前提とした，（初婚継続の）異性カップルとその少数の子どものみをメンバーとした，情緒的に強く結ばれた境界の明確な小集団が「標準家族」として広く社会に浸透したことを指し示している。このようなタイプの家族を作り，維持することこそが，幸福な人生の唯一の作り方であるとする社会規範は，日本では高度経済成長期（1950年代半ば頃から1970年代にかけて）に特に強まり，いまでもかなり根強く存在しているとみられる▷6。

2 家族自体が選択肢となる個人化

いっぽうで，近年こうした社会規範が弱まる傾向に着目する議論もある。山田が「家族の本質的な個人化」と呼ぶ第2の個人化がこれであり，一般化した標準家族を選択しない自由（選択性）の増大を指す。未婚のままでいることの選択可能性，婚姻関係を解消（離婚）する選択可能性，そして標準的家族に代替する「家族」を形成する選択可能性など，最近になって注目されるように

▷1 山田昌弘, 2004,「家族の個人化」『社会学評論』54（4）: pp. 341-354。

▷2 パーソンズ, T., [1956] 1981,「アメリカの家族」パーソンズ, T. & ベールズ, R. F., 橋爪貞雄ほか訳『家族』黎明書房, pp. 16-59。

▷3 ボット, E., [1955] 2006, 野沢慎司訳「都市の家族——夫婦役割と社会的ネットワーク」野沢慎司編・監訳『リーディングスネットワーク論』勁草書房, pp. 35-91。

▷4 ショーター, E., 田中俊宏ほか訳, [1975] 1987,『近代家族の形成』昭和堂。

▷5 落合恵美子, 2004,『21世紀家族へ[第3版]』有斐閣。

▷6 さらに山田は，こうした標準家族の枠内での個人の行動の自由の高まりという意味での個人化もこのカテゴリーに含めている。その例として，次の文献の議論を参照。目黒依子, 1987,『個人化する家族』勁草書房。

なった現象の中に家族の個人化をみようとする。

　未婚・非婚，同性カップルの家族，シェアハウスやコレクティブハウジングなどの生活，親の離婚・再婚によって同別居の親や継親など3人以上の親的な存在と関係をもつ子どもがいる家族（ステップファミリー）など，従来の標準家族に代替する選択肢が論じられるようになった。◁7

　このような選択の結果として，個人の親密な絆やケアの絆が弱まるのかどうかについては議論の余地がある。一方，そのような選択をした個人の家族構造については，「境界の明確な小集団」ではなくなり，居住をともにする世帯集団ではなくなる場合があることに注意しておこう。かなり早くから家族の境界に着目していた上野千鶴子◁8は，人々に誰が自分の「家族」に含まれるかを尋ねた研究で，家族とみなす相手が世帯メンバーごとに異なること，世帯外の相手を自分の「家族」に含めたりするケースが珍しくないことを発見した。つまり，家族はかっちりとした集団ではなく，複数世帯にまたがる個人単位のネットワークという側面をもつことに注意を促した。◁9

③ 単身化と家族のゆくえ

　個人化の議論の中でも，社会の少子高齢化との関連でとりわけ注目を集めているのは「単身化」という現象である。この言葉にも複数の含意がある。1つには，晩婚，未婚，離婚が増え，配偶者との死別後の高齢期も長期化することによって，パートナーのいない単身（シングル）状態として過ごす期間の長期化傾向への着目がある。国勢調査によれば，1970年には，男女それぞれの平均初婚年齢は27.5歳と24.7歳であり，生涯未婚率（50歳時の未婚率）は1.7%と3.4%であった。それが2010年には，それぞれ31.2歳と29.7歳，20.1%と10.6%に上昇した。また，人口動態統計によれば，離婚件数は1970年に約9万6,000件だったが，2010年には25万1,000件を超えた。高度経済成長期には適齢期規範の強い皆婚状態にあった社会が，結婚というライフイベントの選択に多様性がみられるようになっている。

　単身世帯の増加を「単身化」と考える議論もある。特に，「孤独死」の事例がマスメディアで大きく取り上げられたことに端を発して，社会に警鐘を鳴らす，悲観的な論調が高まった。結婚せず単身で暮らす人々を「家族難民」と呼び，孤立のリスクを強調する山田昌弘の議論はその一例かもしれない◁10。しかし，上野千鶴子のように，従来の（標準）家族だけを頼れる存在と考えず，サポート源としての友人関係やコレクティブハウスの暮らしなどの選択肢を強調する，高齢期の単身生活や孤独死に対して肯定的な戦術論も影響力をもっている◁11。「家族を作る／作らない」，「家族と暮らす／暮らさない」をめぐる選択性が増してきた現実をふまえ，標準家族に回帰すべきか否かという二元論ではなく，柔軟な議論を進める必要があるだろう。

(野沢慎司)

▷7　牟田和恵編, 2009,『家族を超える社会学——新しいつながりと生の基盤』新曜社。

▷8　上野千鶴子, 1994,『近代家族の成立と終焉』岩波書店, 第1章。

▷9　野沢慎司, 2009,『ネットワーク論に何ができるか——「家族・コミュニティ問題」を解く』勁草書房, 第7章。

▷10　山田昌弘, 2014,『「家族」難民——生涯未婚率25%社会の衝撃』朝日新聞出版社。

▷11　上野千鶴子, 2007,『おひとりさまの老後』法研。

IV 個人化と共同化

セクシュアリティの多様性

1 セクシュアリティとは

私たちは、性を恥ずかしいもの、いやらしいものとして、正面からまじめに取り上げることを避けてきた。しかし、性は、その人の生き方やライフスタイルなどと深く結びついている。したがって、個々の人間や家族について考えるとき、性に関する部分を無視することはできない。セクシュアリティという言葉は、こうした視点から、性をひろくとらえるときに用いられる。

2 性的少数者：LGBT ほか

セクソロジー（性科学）などの性に関する学問の発展は、性に関する常識を覆している。とりわけ、LGBT（LGBTIQ＋などとも）などの性的少数者（セクシュアル・マイノリティ）に関する認識を大きく変化させた。現在では、LGBT は異常でも変態でもなく、多様なセクシュアリティの1つとみなされる。◁1

セクシュアリティを考えるとき、手がかりとなるものが3つある。それは、①生物学的な性別である「からだの性別」、②自分がどの性別に属しているかという自己認識である「こころの性別」（性自認）、③いずれの性別が性的欲望の対象になるのかを表す「性（的）指向」である。なお、性指向と性自認を合わせて、SOGI と略すこともある。これら3つの組み合わせはさまざまである。典型的なものは、からだの性別と性自認が一致し、すなわち性別違和がなく、性指向が異性に向くヘテロセクシュアル（異性愛者）である（性的多数者ともいう）。一方、自分が自分であるために大切な、性的存在・行動・欲望に関する部分が、この典型的な性的多数者とは異なる人たちを性的少数者といい、その代表が LGBT である。

レズビアン／ゲイ（Lesbian/Gay）は性指向が同性に向き、バイセクシュアル（Bisexual）は性指向が異性、同性のいずれにも向く人のことである。1990年に世界保健機関（WHO）は、『国際疾病分類第10版』（ICD-10）から、同性愛を削除した。1995年には日本精神神経学会も治療の対象から除外している。

トランスジェンダー（Transgender：TG）は、性別違和がある人など、社会的に割り当てられた性別に何らかの違和感がある人の総称である（広義の TG）。TG のなかで、性別適合手術（いわゆる性転換手術）を望む人を、特にトランスセクシュアル（TS）という。また、TS とは異なり、性別違和があるが手術を

▷1 セクシュアルマイノリティ教職員ネットワーク編著, 2012, 『セクシュアルマイノリティ [第3版]』明石書店；薬師実芳ほか, 2014, 『LGBT ってなんだろう？』合同出版。

▷2 性的なファンタジーを意味する性的嗜好 (sexual preference) とは別の概念である。

▷3 性別違和のない人をシスジェンダー (Cisgender) ともいう。

▷4 同性間の性行為は人間のみならず他の動物にもみられる。

▷5 ICD から同性愛が削除された5月17日は、「International Day Against Homophobia, Transphobia and Biphobia」(IDAHOT) として、世界中で行事が開催されている。

▷6 からだの性別が男性で性自認が女性の場合を MTF (Male to Female)、逆にからだの性別が女性で性自認が男性の場合を FTM (Female to Male) という。

▷7 TG も脱病理化されつつある。アメリカ精神医学会の『精神疾患の分類と診断の手引き [第5版]』(DSM-5) では、「性同一性障害」が「性別違和」と変

必要としない人を TG ということもある（狭義の TG）。

性同一性障害（GID）は，TG の医学的な表現，病名である。しかし，GID を病気や障害とすることには疑問の声もある。性別適合手術を含め GID に対する治療には，ガイドラインが設けられている。また，性同一性障害特例法（2014年施行）に基づき，性別の変更が認められるようになった。しかし，未成年の子どもがいる場合は性別の変更が認められないなど，解決すべき課題も残されている。このように，TG の問題もまた，社会的な問題の部分が大きく，手術などの医学的な治療のみでは解決しないのある。

インターセックス（Intersex：IS）は男女両方の特徴をもつか，いずれにも分化していない身体をもつ人のことである。IS は出生時の性別判定が難しく，後に戸籍上の性別と逆の性徴を表すことがある。このように，からだの性別すら単純に男女に分類できないのである。

また，クィア（Queer）には，LGBTI 以外の性的少数者，例えば，性的欲望をもたないアセクシュアル（エイセクシュアル，Asexual）などが含まれる。

こうした性的少数者については誤解が多い。例えば，性的少数者＝性同一性障害者だと思い込んでいる人も多い。ひとことで性的少数者といっても単一の存在ではなく，多様な人たちが含まれている。そして，それぞれにおかれている状況や抱えている問題，ニーズなどが大きく異なっていることに留意すべきである。また，個人差（個別性）も大きいことも忘れてはならない。

③ ヘテロセクシズムをこえて

性的少数者への差別や偏見は根深い。背景にはヘテロセクシズムやフォビアがある。ヘテロセクシズムとは，異性愛が唯一，自然で正常なセクシュアリティと決めつける考え方，言動のことである。また，フォビアとは，性的少数者に対する嫌悪感などをいい，ヘイト・クライム（嫌悪犯罪）の原因ともなる。

どの時代，地域においても，人口の5％程度は同性愛者である。したがって，性的少数者は必ず身近にいる。しかし，差別や偏見は性的少数者を潜在化させ，目に見えない存在にしてしまう（不可視化）。そのため，身近に性的少数者がまるでいないかのように思ってしまう。性的少数者に対する差別や偏見を解消するためには，ヘテロセクシズムやフォビアについて省みることが必要である。

いっぽう，性的少数者もカミング・アウトなどで自らの存在を示し，差別や偏見と闘い，自らの権利の確立する運動，活動に取り組んでいる。欧米などでは同性カップルの法的保護をはじめ性的少数者の人権の尊重が進んでいる。また，わが国を含め世界各地で，パレードを含むプライドと呼ばれる催しが行われている。そのシンボルが，赤，オレンジ，黄色，緑，青，紫からなる6色のレインボーである。さらに，蔑称であったオカマやクィア（変態）などという言葉を，誇りとともに，性的少数者が自称として使うこともある。　　　（大山治彦）

更された。

▷8　日本精神神経学会，2012，「性同一性障害に関する診断と治療のガイドライン［第4版］」。

▷9　IS は性分化疾患，半陰陽ともいう。

▷10　そのため，IS の子どもに対する性器切除やホルモン投与などの治療には反対の声がある。

▷11　社会が性別を男女2つと決めているのである。

▷12　同性愛者の大多数には性別違和がなく，性同一性障害者ではない。異性装をするトランスヴェスタイト（TV），クロス・ドレッサー（CD）の多くにも，性別違和がなく，かつ異性愛者である。なお，ニューハーフは職業名に近く，多様なセクシュアリティの人が含まれる。

▷13　わが国に，ホモネタという形で性的少数者をバカにし，笑いものにする風潮がある。これもヘテロセクシズムである。

▷14　カミング・アウト（カムアウト）は，自らの存在を可視化し，周囲の人たちや社会と新しい関係を結ぶ行為である。

▷15　HIV/AIDS に関するものも含む。もちろん，HIV/AIDS などの性感染症（STD, STI）はすべての人の問題で，男性同性愛者だけの問題ではない。

▷16　「ホモ」や「レズ」，「オカマ」などは，性的少数者の本人以外が使うのは避けた方がよい。

第3部　社会構造と現代の家族

Ⅳ　個人化と共同化

 過疎地域における集落と家族

1 過疎化・高齢化の深化と人口減少

　昭和30年代を中心とした高度経済成長期に，地方の農山漁村地域から都市に向けて，労働人口の大移動が起こった。そのため，都市では人口集中による「過密」が問題になり，一方の地方では急激な人口減少により「過疎」が問題化した。「過疎」とは，地域の人口が減ってしまうことで，その地域で暮らす人の生活水準や生産機能の維持が困難になってしまう状態をいい，そのような状態になった地域のことを「過疎地域」と呼ぶ。

　過疎市町村とは，過疎法第2条第1項に適用される要件に該当する市町村のことであり，過疎市町村の数は817で，全国1,719市町村の47.5％に当たる（平成28年4月1日現在）。面積にして，日本国土の59％と半分以上を占めている（令和2年国勢調査）ものの，過疎地域の人口は約1,088万人（平成27年国勢調査人口）で，全国の人口の約8.6％にすぎない。◁1

　高度経済成長期のような人口減少率はみられなくなってきてはいるものの，過疎地域では若者の流出が止まらず，高齢化が深化している。若者が流出することによる人口の社会減（転出者が転入者よりも多い）に加え，自然減（死亡者が出生者より多い）が重みを増してきている。

　過疎地域では，地域の主産業である農林水産業の衰退や，商店や事業所などの閉鎖といった産業経済の停滞が地域から活力を奪い，耕作放棄地や森林の荒廃，医師不足などがつねに問題になってきた。また，生活に必要な下水道や情報通信施設などのインフラ，公共交通などの生活基盤の基本的な側面についても，いまなお都市に比べて格差がみられ，このような環境面の不便さや格差がさらなる人口減をもたらしている。

▷1　総務省過疎対策室「令和元年度版　過疎対策の現況（概要版）」参照。

2 限界集落と家族

　過疎地域の集落は6万3,237集落あり（平成31年4月時点），過疎地域の多い九州圏や東北圏，中国圏などで集落数も多くなっている。中国圏や四国圏では人口規模・世帯規模ともに小さな集落が多く，特に中国圏では人口100人未満の集落の割合が75％以上を占めている。人口の過半数以上が高齢者（65歳以上）という集落も増え続けて2万372集落（32.2％）を数え，そのうち965集落（1.5％）では集落住民全員が高齢者で，さらに全員が75歳以上の高齢者からな

▷2　総務省過疎対策室「過疎地域等における集落の状況に関する現況把握調査報告書」（令和2年3月）参照。

る集落も339集落にのぼった。

1991年には、過疎地域でのフィールドワークを通じて、大野晃が「限界集落」という概念を提唱した。限界集落とは、「65歳以上の高齢者が50％以上を占める集落」のことで、「集落機能が低下」して共同作業などが難しくなっており、山間部に多くみられる。例えば、四国山地にある高知県大豊町には83の集落があり、限界集落は1992年（平成4）の5集落から、2009年（平成21）には58集落に増加した。平成27年国勢調査によれば、大豊町の総人口は3,962人、高齢化率55.9％で平均世帯員数は1.93人である。高齢夫婦世帯や高齢独居世帯が増加しており、平成27年国勢調査では全世帯数2,050世帯のうち、高齢夫婦世帯が392（全体の19.1％）、高齢独居世帯が642（全体の31.4％）を占め、独居高齢者の孤独や孤立死が問題になっている。また、大豊町ではすでに9世帯以下の集落が12数えられることから（平成22年）、今後、他出した子ども世代の家族がUターンするか、新たに移住者がIターンしてこない限り、集落数の減少は止まらないだろう。つまり、過疎が深化した地域において家族が消滅していくことは、集落が消滅していくことをも意味している。

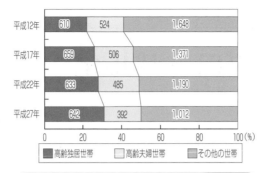

図1　高知県大豊町における高齢夫婦世帯・高齢単身世帯数の推移
出所：国勢調査。

3　「地方消滅」という課題にどう応えるか

近年、地方の高齢化と人口減少、高齢者世帯の増加と集落の消滅という危機感が全国的に広がってきている。日本社会の将来ビジョンを描く日本創成会議人口問題検討会が、若年女性に関する人口動態予測から、今後、全国で869の自治体が消滅する可能性があると発表した。日本が超高齢社会から人口減少社会に移っていく中で、国民は「地方消滅」という課題をつきつけられた。

都会に暮らす人々の中で、地方への移住に関心が高まりつつある今日、地方、とりわけ人口減少にあえぐ過疎地域においては、移住者の受け入れ体制の整備が急がれている。若い世代から「選ばれる」地域になるためには、「生活できる収入が得られる仕事があること」や「安心して子育てができること」などが条件となってくる。若い世代にとって持続的に生活していくことが可能な地域社会づくりができれば、移住者はもとより、他出した子どもたちのUターンも増えてくるのではないかと期待される。高度経済成長期から月日が流れ、今度は都会から地方への人口移動を考える時期が来たのではなかろうか。

（玉里恵美子）

▷3　大野晃，1991，「山村高齢化と限界集落——高知山村の実態を中心に」『経済』No. 327，新日本出版社；大野晃，2008，『限界集落と地方再生』高知新聞社，参照。

▷4　田中きよむ・水谷利亮・玉里恵美子・霜田博史，2013，『限界集落の生活と地域づくり』晃洋書房参照。

▷5　玉里恵美子，2009，『高齢社会と農村構造——平野部と山間部における集落構造の比較』昭和堂参照。

▷6　ある自治体において若年女性が減少すれば、人口の再生産がなされず、また、たとえ子育て支援策等によって合計特殊出生率があがったとしても、出生数が高齢者の死亡数に追いつくことはできず、自治体そのものの維持が不可能になる、という。

▷7　増田寛也，2014，『地方消滅——東京一極集中が招く人口急減』中公新書参照。

▷8　過疎地域には雇用機会が少ないため、仕事を自ら創りだす「起業家」の移住が求められるとともに、自治体には「起業家」への支援が求められる。

第3部 社会構造と現代の家族

Ⅳ 個人化と共同化

家族のグローバル化

　『海外在留邦人数調査統計』令和4年度版（外務省）によると，全世界に在留する日本人の数（長期滞在者と永住者との合計）は，134万4,900人であった。1998年（平成10）58万人程度であった在留邦人数は，2000年（平成12）にははじめて80万人を超え，2005年（平成17）の人口は100万人を突破し，2019年（令和元）には140万人に達し過去最高となり，その後新型コロナウイルスの世界的な感染拡大の影響を受け，少し減少した。在留邦人の最も多い地域は，1985年（昭和60）以降連続して北米地域で，全体の約37.2％であった。次いでアジアの在留邦人は全体の約29.4％であった。在留邦人のほとんどは3ヶ月以上の滞在者である永住権をもたない長期滞在者が約60％と多い。

　人々が，国際移動を，人生を変える重い意味をもった後戻りできない移動としてとらえないで，国内転勤と同様の気軽な「行って帰る」一時的な移動として考えるようになると，国際移動はより身近な事実となり移動への志向性も高まる。交通通信手段の発展は移動時間を短縮した。その結果，例えば，自分の能力を発揮する職場が国内にはなく，海外にあるから国際移動するというように，社命ではなく自分の意思決定で国際移動をするケースも増加し，国際移動への志向が高まっている。

　「移動」に対する認識も，個人個人によって異なる。国内の延長上としての海外就職を考える人なら，海外就職は，転勤や季節的な出稼ぎのパターンの1つとしてとらえることもありうる。もはや個人の意識において，移動はその人のライフコースの中で一時的なものであり，国内と国外との境界が引けないタイプの国際移動も存在する。例えば，海外の一定地域の中に〈リトル日本〉ともいうべき生活環境が整えられ，その中で暮らす限りは国内の転勤となんら変わらない多国籍企業内の海外赴任もみられる。最初に家を探す段階から日本人の不動産屋が活躍することによって，食料品から理容や美容サービスまで完備された日本人地域に住まうことになり，その中で暮らす限りは日本語で日常の生活は充分間にあう。「滞在している国に自ら進んで永住者として加入することがない」者をソジョーナー（sojourner）と呼び，ジンメルの異邦人（stranger）◁1 やパークのマージナル・マン（marginal man）になぞらえて，彼らが，母国との深いつながりをもち同国人と頻繁に交際する特徴からみて，内集団志向であることをシウは指摘した。◁3

　しかし，いかに海外で同国人とのみ交際し，〈リトル日本〉に身を置こうと

▷1　ジンメル, G., 居安正訳, 1970,『社会分化論——社会学』青木書店.

▷2　Park, R. E., 1950, *Race and Culture*, New York: Free Press (The collected paper of Robert Ezra Park).

▷3　Siu, Paul C. P., 1952, "The Sojourner" *The American Journal of Sociology*, 58: pp. 34-44.

も，テンポラリーな移動は，家族や個人に2つの文化に絶えずさらされながら適応していくことを要請する。

① "行って帰ってくる"一時的な国際移動とアイデンティティコンフリクト

モノの移動は人の移動を生み，バブル期にはたくさんの日本人が家族単位で海外赴任をした。その結果，家族で現地の文化を体験し語学はもちろんのこととして，現地の人との交流によって草の根の国際交流もすそ野が広がった。バブル崩壊後は，海外赴任も以前とは異なり，家族全員からコストの低い単身赴任へと，また日本人赴任者中心の経営から現地雇い中心の雇用へと変化しつつあるが，短期間の海外在留は増加しつつある。しかし，滞在期間が短いために，現地に溶け込めず，地域の人々との交流も少ないケースも多い。

交通・通信手段の発達した今日，外国に滞在した人々が，受入国に定住，永住そして帰化という道をたどる傾向は弱まりつつある。すなわち，一時的に長期滞在者となるような個人のライフコース上で「行って帰ってくる頻繁な国際移動」が主流になりつつある。このような状況の中で，多くの人々がそのライフコース上で複数の文化を体験し，帰国後のライフコースにおいても，多文化経験が大きな影響を与えることが考えられる。例えば，多くの国の文化を一時的にも体験することによって，それらの国々の文化の理解が深まるといったプラス面と同時に，一時的な文化適応が短期間に要請されたり頻繁に行われたりすることによって，**アイデンティティコンフリクト**を経験するマイナス面の影響もある。

② 情報化の進展と家族のグローバル化

情報化の進展は，自国にいながら，瞬時に異文化と接触できるバーチャルな体験やEメールなどの通信をもたらし，異文化経験の量も質も変化している。例えば，海外赴任した企業人とその家族は，帰国後も赴任先の友達とメール交換によって友達関係を維持できる環境にある。すなわち，異文化に浸った時期の直接体験のみならず，帰国後も，かつての赴任先の友達との関係を長期に維持ができる間接経験が豊かになっている。また自国でも企業で働く多くの外国人と直接触れ合う機会が増えている。

国際移動を経験しなくても，自国でサブカルチャーとしての異文化と出会う経験も増加している。居住地域の外国人の増加やインターネットを用いた外国文化の接触機会の増加によって，日本にいながらにして家族ぐるみで，あるいは個人単位で異文化経験をすることができるようになった。情報化によって，子どもがどの時期にどのような異文化体験をするかが多様化し，異文化体験の主観的意味づけも個人によって差が出てきている。

(竹田美知)

▷4 アイデンティティコンフリクト
2つの文化にすっかりアイデンティファイすることが不可能なために，2つの価値観とライフスタイルの間でつねに揺れ動くことになる状態。

V 功罪・諸相・変わるもの変わらないもの？

都市労働者家族

1 都市労働者家族の歴史的性格

近代化，産業化とともに都市労働者家族は誕生したが，これがいかに生計を立て，生活の再生産の道を確保していくのかが，社会全体の生活様式に大きな影響を与えてきた。その生活様式の形成にとっては，生活物資のための貨幣を稼得する役割と家事・育児労働を担う役割を男女間でどのように分かち合うのかという性別役割分業がその中核をなす。また都市労働者家族は基本的に地域および親族紐帯から切断されて都市に住まうようになった歴史的経緯から，孤立的に再生産を遂げざるをえず，また不安定な賃労働に全面的に依拠せざるをえないため，国家福祉がいかに展開されるかに大きく依存する存在であった。

2 都市労働者家族の生活様式とその支え手

近代化の過程で，彼らは都市における貧民層としての姿から，賃労働を獲得しつつ家族の再生産を順当に行っていく存在へという過程をたどっていった。そこで彼らの生活様式を方向づけたのは「家族賃金」という観念であり，また彼らの生活基盤を支えたのは福祉国家であった。◁1

家族賃金とは，イギリスをみるならば，労働者階級の上位に立ち，社会全体の経済的・政治的ヘゲモニーをすでに握っていたミドルクラスが，1800年代の前半には実現していた「夫は外で働き，妻は家庭を守る」という性別役割分業を，都市労働者家族が受容していく上での媒介としての役割を果たしたものである。夫ひとりの稼ぎで家族全員が養われるべきだとする「家族賃金」という観念は，イギリスでは1890年代に登場し，労働組合が自らの雇い主に対して賃上げ交渉をする際，好んで用いたレトリックであった。雇い主たるミドルクラスがすでに実現していた専業主婦を擁する生活様式に近づいていき，妻が働かなくてすむための賃上げを要求したのである。◁2

また，労働者家族の生活基盤の支え手としての20世紀における福祉国家形成は，労働者階級とりわけ老齢期における貧困状態への着目に端を発する。自力では貧困の淵からはいあがれない労働者家族を老齢年金，社会保険によって支えるべく福祉国家体制が準備され，「揺りかごから墓場まで」という世界で初の福祉国家がイギリスで成立したのは第2次大戦後であった。このイギリス型の福祉国家には妻を被扶養の家族世話係とみたてる前提が埋め込まれていた。

▷1　福祉国家
20世紀の半ば以降に出現した国家体制であり，その基本理念は，国民を貧困状態から離脱させて幸福な状態に導くのは国家であるとするものである。具体的には失業手当，低所得層への生活保護，老齢年金の給付などによって国民の福祉の増進をはかろうとする。

▷2　この観念の普及を通じて，妻を働かせないことが「男の甲斐性」となり，「女性の居場所は家庭」とされ，「男らしさ」「女らしさ」の社会規範が労働者階級にも根をおろすことになった。

3 日本の都市労働者家族

日本に即していえば，1920年代の都市貧民層にあっては，夫の低収入を妻の内職収入で補い，成長した子どもが就業する条件がある場合には，妻は家にとどまって子どもがもたらす収入を支えとしていた。こうした妻が家にとどまる傾向は一見すると，都市下層においても「夫は外で働き，妻が家庭を守る」という形での近代的性別役割分業がすでにこの時期に成立していたかにもみえる。しかし預け先のない幼子をかかえて妻は育児をこなしつつ，暇さえあれば内職による家計補充に励んでいたとみるべきであろう。また低い学歴のまま仕事に就いて家計補充に励む子どもの存在が，妻・母の外勤形態をおしとどめていたのである。妻は外で働かず主婦になるという体制が，都市労働者家族において大衆的に出現するには，日本では第2次大戦後を待たなければならなかった。

4 家族賃金と日本型福祉社会

日本社会の特徴は，この「家族賃金」という観念が物質的な土台をともなって実現したところにある。第2次大戦後の労働運動が求めたのはまさに，被扶養の家族員数，そして家族のライフサイクルの展開に応じて上昇カーブを描く年功賃金そのものであった。これに加えて，家族生活をフォローアップする企業福祉が，大企業ほど手厚く構築された。こうした堅固な土台を有するがゆえに日本の性別役割分業規範は強力であった。

また労働者家族を支える福祉国家の基礎は，日本では1961年（昭和36）に達成された国民皆保険，国民皆年金によって据えられた。しかしこれは決して高水準のものでなく，企業福祉と地域社会の相互扶助機能に依存・代位されたものであった。加えて1973年（昭和48）のオイルショック後に政府によって喧伝されるようになった「日本型福祉社会」論は，国家福祉を最小限のものにとどめ，独自性と自主性ある企業福祉を上積みし，その上に家族を単位とした自助努力を位置づけるものであった。そこでは家族は，福祉の「含み資産」であり福祉の供給者とされた。1980年代には，専業主婦を優遇する税制や年金制度にかかわる一連の政策がうちだされた。

以上から日本の都市労働者家族の再生産条件に，近代的性別役割分業がいかに深く埋め込まれているかを知ることができるだろう。世界的にみれば，イギリス型福祉国家とは異なって，性別役割分業の固定化をほどいていく北欧型が**福祉国家のオルタナティブ**として注目されている。1990年代以降の女性の就労への意欲の増大，女性と若者の非正規雇用の拡大，90年代半ば以降の離婚率の急上昇は，これまでの日本社会を大きく揺るがすものとして作用している。日本型福祉社会論に先導された日本型福祉国家を克服しなければ，家族の，そして個人の安定的再生産はありえないであろう。

（木本喜美子）

▷3　都市貧民層の就業行動と消費行動の実証的分析については，谷沢弘毅, 2004,『近代日本の所得分布と家族経済』日本図書センター，第5章に詳しい。

▷4　その意味で家族賃金という観念は，強固な物質的土台をともなって戦後の日本社会に普及し定着したということができる。先に触れたイギリスでは日給の賃上げを求めたに過ぎないが，日本では賃金体系自体に家族人数や被扶養者手当が組み込まれた形で構築され，これは生活給と呼ばれた。詳しくは，木本喜美子, 1995,『家族・ジェンダー・企業社会』ミネルヴァ書房を参照のこと。

▷5　職場進出を展開している既婚女性を，家族福祉の支え手たることと両立しうるパートにとどめようとする政策方向が追求された。今日でもパート賃金が低いのは，被扶養者の枠内にとどまりうる年収限度額が低く押さえ込まれる政策による。

▷6　福祉国家のオルタナティブ
福祉国家にはアングロサクソン型，北欧型，日本型などいくつかのタイプがあり，比較福祉国家研究が活発に行われている（エスピン-アンデルセン, G., 渡辺雅男・渡辺景子訳, 2001,『福祉国家の可能性』桜井書店）。また福祉国家の「人間解放のための潜在力」という視点について，深澤和子, 2003,『福祉国家のジェンダー・ポリティックス』有信堂。

V 功罪・諸相・変わるもの変わらないもの？

教育する家族

① 家族における子ども中心主義

子どもを一人前になるまで養育することは，現代の家族において最も重要な「任務」となりつつある。子育てに関する雑誌や本は毎月続々と出版され，子どもの可能性を伸ばし，良い大学への入学と良い就職にたどりつかせるために親は何をすべきかといったタイトルの数々が表紙を飾る。その一方で，青少年の犯罪から「ひきこもり」「フリーター」や「ニート」まで，若者の行動のあれこれが，家族による子育ての「失敗」として語られる。そうした失敗をしないためのハウツー本もまたさまざまに用意されている。

このように子育てが家族の中心的な機能と位置づけられるようになったのはいつ頃からなのだろうか。愛し合って結婚した父と母，ふたりの愛の結晶である子どもたちが1つの家で仲良く暮らす姿は，「普通の人々」の幸福な生活をあらわす基本イメージといえよう。こうした家族という存在やその意味するところは自明視されがちであるが，私たちがイメージする家族像は，実は決して普遍的なものではない。近年の家族社会史研究は，今日の家族像が近代の産物であることを明らかにしている。子ども中心主義が家族のあり方を規定する重要な柱の1つとなったのも，近代以降のことである。

明治末期から大正期にかけて，「少なく生んで大事に育てる」少産少死型社会に向けて，妊娠や出産にかかわる構造の転換が生じたといわれる。人口学的な変化とともに，良妻賢母主義が戦前の女子教育の支柱となり，家族をめぐる価値規範も学校教育やマスメディアを通じて強力に構築されていった。性別役割分業を前提とした近代家族において，心身ともに健やかで賢い子どもを育てることは，主婦・母親の大いなる務めとされたのである。

② 学校教育に伴走する家族

「男は仕事，女は家庭」という性別役割分業とともに，家族における子ども中心主義を先進的に受け入れ実践していったのは，都市の新中間層だった。新中間層は自らがそうであったように，子どもに対しても学校教育システムを活用することによって上昇移動していくことを期待した。

近代家族における子どもは，労働から遠ざけられ，「よく学びよく遊ぶ」べきもの，すなわち学校に通う存在である。近代日本は，学校教育制度の確立に

▷1 沢山美果子，1990,「教育家族の成立」『叢書〈産む・育てる・教える——匿名の教育史〉1〈教育〉——誕生と終焉』藤原書店.

力を注いだ。明治期に初等教育がほぼ全国的に普及するに至り，大正期になると中等教育機関への進学熱が人々の間に高まる。中等教育機関への入学をめぐる受験勉強の激化は，大正期にはすでに戦後の「教育ママ」的な社会現象を新中間層の中に生み出していたといわれる。◁2

　子ども中心主義を組み込んだ近代家族は，子どもを「養育」するだけではなく，学校教育制度の発展を背景に，子どもを「教育」する機能を強めていく。沢山美果子は，学歴社会とともに成立する，教育重視型の家族を「教育家族」と名づけている。◁3

③　教育する家族の階層的分化

　戦後の学歴社会の発展とともに，「教育する家族」の機能もまた展開していく。高度経済成長期，高等学校へ，さらには短期大学・4年制大学へと，人々の進学熱は急速に高まっていった。東大を頂点とする学歴ヒエラルキーの下で受験競争が加熱した時代には，知識詰め込み型の偏差値競争が中心となり，家族，とりわけ母親は子どもの競争を支えるべく，自らのライフスタイルを調整してきた。時に家事育児に専念し，時に教育費補塡のためにパート労働に出た。さらに，低成長がつづく1990年代以降は，自由化・多様化路線の教育改革の流れの中で，従来の受験学力に限定されない，総合的な「人間力」をもとめる声が高まっている。そうした動きに対応することも，現代の家族にはもとめられている。

　家庭教育への社会的要求が高まる中，家族の教育的機能に階層的分化が生じつつあることが指摘されている。本田由紀は，世帯間における所得格差の拡大を背景に，子どもに高い学歴をつけさせるためにさまざまな教育戦略を駆使する母親（および父親）と，そうしたことがらに関心をもたない母親（および父親）との分化が生じているという。◁4 高学歴女性の中には，教育や受験に関する最先端の情報を収集し，学校の選定，小学校・中学校受験，塾通いのサポートなどに，自分のもてる力と時間のすべてを費やすような，「スーパー教育ママ」を演じる層も出てきている。近年では，ビジネスパーソン向けの雑誌を出している出版社から，30代から40代の父親を読者対象とした子育て・教育雑誌が次々と創刊され人気を呼んでいる。つまりは，高学歴男性もまた知育競争のターゲットとされつつあるのだ。

　家庭教育熱の高まりは，家族を破綻させることもある。「良い子育て」をしなければならないとの規範をきまじめかつ強迫的に受け止める母親たち・父親たちと子どもとの間には，緊張や葛藤が強まっていく。近代家族の子ども中心主義が逆に子どもを追い詰めるパラドクスが，そこにある。

　　　　　　　　　　　　　　　　　　　　　　　　　　　　（木村涼子）

▷2　永畑道子, 1982, 『炎の女――大正女性生活史』新評論；広田照幸, 1999, 『日本人のしつけは衰退したか――「教育する家族」のゆくえ』講談社現代新書。

▷3　▷1参照。

▷4　本田由紀編, 2004, 『女性の就業と親子関係――母親たちの階層戦略』勁草書房。本田は同書で，教育に関心をもたない母親を「非教育ママ」と名づけている。

V 功罪・諸相・変わるもの変わらないもの？

企業社会と性別役割分業

1 日本の企業社会と家族

　日本社会における性別役割分業は，企業社会における慣行と深くかかわっている。日本的雇用慣行は，戦前期にルーツをもつが，これが普及し確立したのは第2次大戦後である。その構成要素は終身雇用，年功賃金，企業別組合の3点セットであり，大企業を中心に高度経済成長期にその基盤が形成された。だがこの雇用慣行が前提としていたのは，あくまでも男性労働者であった。長期雇用に耐えうる人材としての男性には，右肩上がりのカーブを描く賃金が与えられた。それは，子どもの教育費やマイホーム購入等の必要に応じての生活費の支出増に対応することができるという大きな特典であった。また企業福祉も，独身寮，社宅，マイホーム資金の貸付に代表されるように，メールブレッドウイナー（男性稼ぎ主）の存在基盤をバックアップする形で構築された。高度経済成長期を経た日本は，1970年代初頭のオイルショックを「減量経営」によってのりきったが，その際，企業が社員の首切りをせずに雇用を守ったことで，企業忠誠心が高められたのである。その頃から**会社人間**という言葉さえ生まれるようになり，男性労働者の私生活を犠牲にした働き方の代名詞になったのである。

　こうして，日本的雇用慣行は男性の長時間労働を前提として組み立てられ，職場への密度の高いコミットメントを自己調達させることに主眼がおかれていた。またそうした会社人間の背後には専業主婦かパートタイマー主婦がひかえており，女性は日本的雇用慣行からは，あらかじめ排除されていた。

2 「腰かけ」「職場の花」としての女性

　企業は，長期雇用が期待される男性とは別に，学卒後間もない未婚期の女性を「腰かけ」程度として短期間雇用を想定して迎え入れ，「職場の花」とする風潮が高度経済成長期に広がった。若年退職制や**結婚退職制**が存在し，女性の早期退職は職場の新陳代謝を高めるという観点から歓迎された。こうしたことが，女性を早期退職へと誘い，恋愛結婚がお見合い結婚を凌駕する1967年をはさんで，恋愛，結婚＝退職，専業主婦化という一連の継起的イベントをくぐりぬけることこそが，「女の幸せ」ととらえられるようになったからである。

　ただいったんは退職した女性は一生涯専業主婦を貫いたわけではなく，そ

▷1　会社人間
これは，その人間から会社生活を引き算するとゼロになるという意味であり，長時間労働に邁進する男性の働き方を表現するものとして1970年代後半に定着した。1980年代半ばになると，「企業戦士」という，より激しい表現に転じている。

▷2　結婚退職制
制度として存在しない場合にも，入社時の念書や肩たたきなどの慣行を有する企業は少なくなく，労働省がこれを除去していくための5ヶ年計画を策定したのは，1977年（昭和52）のことであった（木本喜美子，2004，「現代日本の女性」後藤道夫編『岐路に立つ日本』吉川弘文館）。

の多くは子育てから手が離れるや再び働きに出るというコースをたどったが，彼女たちを待ちかまえていたのは，正社員職ではなく，パートタイマーであった。「腰かけ」ののちは主婦パートと化して，夫の長時間労働体制を支える役まわりになったのである。

③ 企業における女性労働の現実と「女性の活躍」の潮流

　その一方で女性はしだいに正社員としての長期勤続化をめざすようになり，結婚後も容易には退職しない傾向が徐々に強まりながら今日に至っている。1992年に施行された育児休業法以降，出産後も継続就業する女性が増大している。それにもかかわらず職場には厳格な**ジェンダー間職業・職務分離**という壁がたちふさがっており，企業社会において女性が力量を発揮する上での大きな障害になっている。長期勤続の担い手としての男性は，新人時代から有力な人材として育成され，さまざまな職務経験を経て管理職へと昇進していくことが期待されてきた。他方女性は，短期間に職場を去るものという前提から，将来にむけての教育投資はなされず，単純かつ定型的な職務がわりあてられてきた。仕事上の先行き不透明感や働き手としての期待感の希薄さが，女性の退職行動を促す要因となってきたことを看過してはならない。そうしたなかにあっても継続就業してきた女性たちが，賃金も昇進も頭打ちとなる形で冷遇されてきたことが，彼女たちの裁判闘争によって明るみに出されるようになった。

　企業社会の労働慣行が，実は社会全体の性別役割分業を強く規定するものであったことを明記する必要がある。1986年に施行された男女雇用機会均等法，2006年の改正雇用機会均等法はともに，企業社会内部のジェンダー間職業・職務分離を是正する効力は乏しかった。

　だがバブル経済崩壊後，日本的雇用慣行の弱点が露呈し，その見直しが叫ばれるようになった。また1990年代半ば頃から，いくつかの企業が「女性活用」策に意を注ぐようになった。これは，1990年代初頭から問題視されるようになった少子化の進行のもとで将来の労働力人口減少が明らかであることから，女性労働と男女平等を重視しなければ日本社会の未来はない，との認識が強まったことを背景としている。男女共同参画社会基本法（1999年）や「女性活用」「女性の活躍」政策はそうした流れの延長線上にある。これをいっそう進展させるためには，長時間労働体制の根本的是正とワーク・ライフ・バランス（仕事と生活の調和）の実現が，今後の重要な課題となる。従来の日本的雇用慣行において中軸におかれてきた「会社人間」としての男性の働き方に，女性をも参入させるという発想からの離脱が求められているのである。男女ともに家族的責任を果たしつつ持続可能性のある働き方をめざすワーク・ライフ・バランスの視点を内蔵した両立支援政策の充実こそが，性別役割分業体制を変革する突破口になるのではないだろうか。

（木本喜美子）

▷3　ジェンダー間職業・職務分離
男女間で職務配分が明確に隔てられていること。社会的ステータスも報酬も高い仕事に男性が集中し，女性が相対的に下位の仕事に集中する垂直的分離と，上下の格づけ差はないが，家庭内役割の延長線上の仕事（ケアワーク，ウェイトレス等）が女性職，筋肉労働を必要とする仕事（建設労働等）が男性職とされる水平的分離という2つのタイプに分類される。

▷4　例えば住友電工の2名の原告（高卒で事務職として1966年と1969年入社）が提訴した1995年時点では，同期入社の男性が課長クラスに到達していたのに対して彼女たちは平社員のままであった。彼女らは，低い格づけ，大きな年収格差を長期にわたって担わされてきたのである。

▷5　女性活用によって生じた現実の職場におけるジェンダー関係の波紋については，木本喜美子，2003，『女性労働とマネジメント』勁草書房，第5章を参照のこと。

V 功罪・諸相・変わるもの変わらないもの？

階層と家族

1 「一億総中流」時代？

今日の日本は「格差社会」「**ワーキング・プア**」◁1 問題などが注目され，論議を呼んでいるが，かつて「一億総中流」といわれた時代があった。1960年代の後半，すなわち高度経済成長期の末期に，テレビ，掃除機，冷蔵庫，クーラーなどの耐久消費財に囲まれたライフスタイルの達成が，人々の中流への階層帰属意識を広範につくりだしたとされる時代である。しかしこの時代においてすでに，実は大きな階層差が存在していたことを忘れてはならない。

高度経済成長期は，家庭科教育などを通じて女性が専業主婦となることを価値づける意識が強まり，そのもとで主婦という存在形態を獲得していく動き（主婦化）が強くあらわれた時代である。しかしこの時代は家電製品を次々に購入する新たな生活様式が豊かさの証として追求され，また子どもが義務教育段階から高校進学をなしとげていく時代でもあり（1966年で高校進学率は男性69.9％，女性68.4％），夫の稼得能力が，耐久消費財の購入および教育費負担に耐ええない場合には，既婚女性が家計を支えるよりほかに道はなかった。したがって高度経済成長期には専業主婦化の動きも急速に展開するが，既婚女性の雇用労働者化の動きも負けず劣らず，急速に展開したのである。ここに階層差が強力に関与していた。

2 家族間の階層差の現実

この家族間の階層差という問題にいち早くメスを入れたのは鎌田とし子で◁2 あった。鎌田は地方都市（室蘭市）の階層別家族状態を分析するさい，企業規模と雇用形態を基準に典型的な3層（A．大企業常雇労働者，B．下請常雇労働者，C．臨時・日雇労働者）に分け，その家族生活の展開過程をたどった。順調な世代交代をなしうるA層は，安定した規則的な家族生活周期をたどることができるが，B層では家族員の多就労形態によってかろうじて生活が成り立っており，失業や転職などによって生活周期にずれが生じやすく，家族解体の危機をかかえていた。C層には家族解体状況がより顕著に体現されており，家族規模の縮小化と生活周期上の不規則性がめだっていた。この調査時点は1960年代半ば過ぎであり，明白な階層差が日々の生活上の格差のみならず生活履歴上の格差としても刻印されていたことが明らかにされている。また図1によっても，1960

▷1 ワーキング・プア
働いてもなお貧困から免れない貧民を指す言葉。近年のドキュメンタリー番組でこの言葉が用いられているので，現代的な現象と考えられやすいが，実は貧困研究を手がけたチャールス・ブースが20世紀の初頭のロンドン調査で発見していた。現代日本では，フリーターなどの非正規労働者，シングルマザーなどがこれに含まれる。

▷2 階層と家族に関する研究に先鞭をつけた研究として，鎌田とし子・鎌田哲宏，1983，『社会諸階層と現代家族』御茶の水書房。

▷3 ちなみに1960年代末には白黒テレビの普及率は90％台に達しており，階層差にもかかわらず家電購入をこれほどまでに可能とさせたのは割賦販売方式の定着によるものであった。

▷4 フリーターという用語は，1989年にあるアルバイト情報誌がフリーランス・アルバイターの略語と

年代から1970年代半ばにかけて企業規模別の家計充足率には大きな差があることが明白である。

そうであるにもかかわらず，一億総中流という意識に人々が酔ったのは，戦中および敗戦後の厳しい生活体験を経た記憶に照らせば，お茶の間にテレビのある生活は「中流」への到達を錯覚させるに十分であったからだと考えられよう。◁3

3 格差社会論争の現代

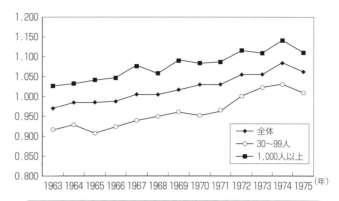

図1 世帯主の勤め先企業規模別世帯主収入による家計充足率の推移

出所：居神浩，1997，「戦後日本における性別役割分等の形成過程」神戸国際大学『経済経営論集』17(1)より作成。

こうした事情も手伝って日本社会は，階層格差の少ない国であるとの認識が実態とはかけはなれて流通する傾向がみられた。ところが，バブル経済が崩壊し長引く不況期にはいった1990年代後半から，にわかに格差社会論が活発に論議されるようになった。特にバブル経済崩壊後の長引く不況下で，若者の就労問題がフリーターをはじめとする非正規雇用問題，ワーキング・プア問題として浮上した。◁4 しかし1990年代後半から実施されるようになった各種のフリーター調査研究◁5 によって，ひとたびフリーター労働市場に参入すると，なかなかそこから脱出できないという困難な現実が浮き彫りにされてきた。

こうしたフリーターをはじめとする若年非正規層をみる際に，地域差とともに家族の階層差の問題にあらためて目が向けられつつある。非正規層の就業条件を規定し，またその親の経済的状態にも強い影響を与える地域的条件とともに，高等教育への進学機会を提供できるリソースの有無を規定する社会階層差に注目しなければ，彼らの現実を把握しがたいからである。特に，大都市の「中・高卒放任型家庭」では，親自身の学歴が低く，若者も低学歴のまま放り出されて金を稼ぐよう迫られる。◁6 こうした階層の世代的再生産という視点は，シングルマザーの研究でも提起されるようになった。ひとり親はふたり親に比べて学歴階層が低い傾向にあり，ひとり親の低学歴・低所得に本人の生育過程における親の低所得が影響していることが指摘されている。またそうしたひとり親世帯の子どもへの影響として，本人の低学歴による稼得の限界や高等教育に対する進学期待の低さをみれば，子どもに十分な教育機会を与えることができない危険性がある。◁7 貧困階層の世代間再生産問題は，今後ますます注目されることにならざるをえないだろう。

（木本喜美子）

して用いたものであり，1990年代初頭には，ミュージシャンや俳優をめざす夢を追いながら，日々の暮らしをアルバイトでしのぐ人々を指し，組織に縛られない気ままな生き方とされた。憧れの対象としても語られ，また同時に若者世代特有の現実感の欠如としてバッシングの対象ともなった。晩婚化・未婚化傾向の深まりも，こうした議論動向とかかわっていた。

▷5 『フリーターの意識と実態』（小杉礼子編，2002，『自由の代償／フリーター』日本労働研究機構として刊行されている）をはじめ，日本労働研究機構による調査が蓄積されている。また部落解放・人権研究所編，2005，『排除される若者たち──フリーターと不平等の再生産』解放出版社も参照のこと。

▷6 宮本みち子，2005，「家庭環境から見る」小杉礼子編『フリーターとニート』勁草書房，第3章。

▷7 藤原千紗，2005，「ひとり親の就業と階層性」社会政策学会編『社会政策学会誌』13，法律文化社。

―― **Epilogue**（exercise）――

1．下記のようなテーマでデータを探し，話し合ってみよう。
 ①きょうだいのいないひとりっ子は，きょうだいの多い子よりも友だち作りに苦労するのだろうか。
 ②少子化により地域の小学校が統合されて校区が広がると，遊び仲間を見つけることは困難になるだろうか。
 ③少子化によりきょうだいが少なくなると，学年の異なる子どもと交流する機会は減るだろうか。
 ④塾や習いごとで現代の子どもは生活時間が窮屈になっているだろうか。
 ⑤都市に住む子どもは家遊びが多く，地方の子どもは外遊びが多いだろうか。

2．自分の知っている親せきのファミリーツリーを，例にしたがって書いてみよう。
 ①親等をつける。
 ②1ヶ月に何度も会う親せきを○で囲んでみよう。
 ③葬式や結婚式，法事でしか会わない親せきを□で囲んでみよう。
 ④困ったときに相談できる家族や親せきに◎をしてみよう。

 例

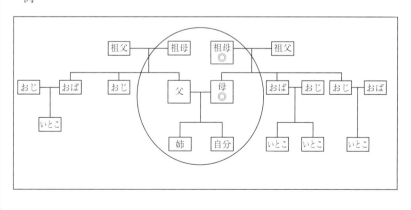

第4部

家族の相対化

> **Prologue**
>
> かわいい子には旅をさせよ
>
> 　子どもの数が減少し，ひとりの子に手をかけ大事に育てる時代における旅とは何だろうか？
> 　個性の時代，ゆとりの時代といわれ，自分探しが推奨されたバブル期には，フリーターもひとつの生き方であった。
> 　時代は変わり，競争社会では，若者は自立を強調され，「子離れ，親離れ」が声高に叫ばれる。
> 　時代はグローバリゼーションを迎え，一方でかわいい子には留学という旅をさせる家族がいる。他方で，奨学金を背負い，就活という過酷な旅に直面する若者も多い。
> 　現代日本の子どもの旅は格差社会を映し出して"多様"な様相をとる。

VI 青年を生きる

1 社会化とライフコース

1 子どもの社会化

「社会化」とは，第1に，ある社会に生まれた子どもがその社会の成員として必要な行動基準や価値観を社会的，文化的環境から認知し選択して学習する過程である。子どもは，それぞれの**ライフコース**において，所属する集団（家族，友人，地域，階層，学校，職場など）の影響を受けるが，個々独自の認知地図をもっており，どの集団の行動基準や価値観を取得するかは子どもの主体的な選択による。家族は，社会化過程の早い段階において大きな影響力をもつエージェントである。子どもは，親から，最初に身の回りのさまざまな社会的，文化的環境を読み解く能力を身につける（**第1次社会化**）。表1のように，社会化課題として，「生活能力の習得」「自我の形成」「情緒性の触発」，そして，「生活ルールの習得」を挙げることができる。親が，子どもをはぐくむ，導く，慈しむ，しつけるといった日常的な働きかけにより，子どもは，親に対して安心感，信頼感，愛着，責任感を抱くことにより，親の行為やメッセージを模倣したり習得したり，ときには反発もしながら，社会化される。社会化は，親から子へと一方的に家族や地域の価値観を教え込む過程ではない。

児童期後期（小学校5～6年）から青年期にかけて，子どもは親をとおしてみた社会をモデルにしながらも，親や家族とは異なる社会についての認知地図を描き，社会的役割を獲得する（**第2次社会化**）。学校，友だち，マスメディアなどは，その認知地図を描くときに大きな影響を及ぼし，それまでの価値観に変更を加える役割を果たす。

情報化・国際化が進む今日，子どもをめぐる社会的・文化的環境は肥大している。このような肥大した環境において，社会化は，必ずしも統一された価値観に沿って行われるのではない。子どもたちは，家族，学校，学習塾といったさまざまな集団の複数の価値観の中で，日常生活を営んでいる。地域や学校の同輩集団と直接コミュニケーションするだけではなく，facebookやLINEなどのネット上では，特定の他者のみならず，不特定の見ず知らずの他者とつながることも可能である。つながりの中では，種々の情報を取得するだけではなく，こちらからもアンテナを張ったり，メッセージを発信したりしながら，自分にフィットしたアイデアや価値観などを取捨選択して内面化する。

中学生や高校生にもなると，友だち関係やクラブ活動の重要度が増し，時間

▷1 **ライフコース**
個人が年齢相応の役割と出来事を経験しつつたどる人生行路。嶋崎尚子，2008，『ライフコースの社会学』学文社。

▷2 **第1次社会化**
主として家族によって言語と基本的行動様式を習得することによって社会のメンバーとなる過程を第1次社会化という。

▷3 子どもはその後の発達の過程において，親とは異なる文化に身をおく人々と出会い，接触することによって視野が広がり社会化されていく。そのなかで，家族は，どのようなメディアに接触するか，どのような人間関係を築くかなど，初期の通路付けの役割もする。

▷4 **第2次社会化**
第1次社会化に大きく関与するのは家族であるが，第2次社会化に関与するのは国家や地域，友人などの集団である。社会のさまざまな活動に参加する権利と義務を獲得する過程を第2次社会化という。

表1　社会化のとらえ方

〈社会化課題〉	〈親の役割〉	〈子どもへの影響〉	〈子どもから親へのフィードバック〉
＊生活能力の習得＝	養育・保護 （はぐくむ）	安心感，育つ喜び	子どもが育つ喜び
＊自我の形成＝	助言・モデル （みちびく）	信頼・尊敬	親としての成長
＊情緒性の触発＝	愛護・スキンシップ （いつくしみ）	被受容・愛情	情緒的快感
＊生活ルールの習得＝	トレーニング・教育 （しつけ）	責任・社会性	社会的使命感

の使い方，持ちもの，ファッションなど，保護者の価値観や家族の生活ルールと相容れなくなることも起こりうる。子どもたちは，保護者と対立したり，友だちとのつきあい方に悩んだりしながら[5]，自分の行動基準や価値観を内面化していく。さらに，将来の進路希望がみえてくると，実際には，まだ，希望する職業に就いていなくとも，あるいは，希望する集団に所属していなくとも，「就きたい」「所属したい」と願う職業や集団を象徴するようなシンボルを先取りしたり，希望が実現するように努力したりもする。将来を見越した社会化である[6]。

社会化の過程において，子どもは，親の考え方や価値観を押し付けられたり，しつけという名目で親から体罰を受けたりもする。子どもは，親や教師から体罰を受けることにより，体罰を肯定する価値観を身につける[7]。

他方で，社会化の過程で，個の尊重，男女平等，他者理解，非暴力の価値観を習得していくとすれば，親や教師など，社会化の担い手としての役割は限りなく大きい。

❷ 大人の社会化

社会化は，第2に，一生涯にわたって多様な価値観の中からひとりひとりが主体的に特定の価値観を選択する過程でもある。表1において，親とのかかわりを通して子どもが社会化されると同時に，子どもとのかかわりを通して，親は親として社会化される。親は，子どもの成長から喜びや感動を得ながら，親としての使命感を果たし続けることにより社会化される。子どもの成長とともに，親は，親としての役割を変化させることが期待される。子どもが徐々に親離れする過程は親が徐々に子離れする過程である。

成人してからも，職業人としてどのような役割を果たすかだけではなく，地域住民として地域とのかかわり方，子どもの教師やママ友とのかかわり方なども社会化の課題になる。高齢期の過ごし方についても，どのような高齢者をモデルとするのか，モデルが見当たらなかったら，自らの高齢期の過ごし方をどのようにプランニングするのか，さらに，どのように終末を迎えるのかは，生涯社会化の集大成といえる。

（竹田美知・神原文子）

▷5　土井隆義，2008，『友だち地獄』筑摩書房参照。

▷6　社会学者のマートンによる用語で，非所属集団への積極的志向性の意。

▷7　大人社会や友だち関係の中で，暴力をふるうことについても社会化される。他者を差別することも，家族，親族，近隣，友人など，身近な人々の言動を見聞きすることによって，許容し，受容していく。差別の社会化である。Ⅵ-2参照。

Ⅵ 青年を生きる

2 子どもの人権と子ども差別

1 子どもの人権

子どもの権利条約は，1989年の第44回国連総会において，子どもの基本的人権を国際的に保障するために採択され，日本は1994年に批准した。

子どもの権利条約の前文では，①世界人権宣言および人権に関する国際規約に依拠し，すべての人は……いかなる差別もなく，同宣言および同規約に掲げるすべての権利および自由を享有できること，ただし，②子どもは身体的および精神的に未熟であるため，特別な保護および援助についての権利を有すること，③家族が，社会の基礎的な集団として，子どもの成長および福祉のための自然な環境であること，④家族が，社会においてその責任を十分に引き受けることができるよう，必要な保護および援助を与えられるべきこと，が提唱されている。

ここで確認しておきたいことは，成熟した大人と未熟な子どもとの関係，あるいは，保護する大人と保護される子どもとの関係は，決して支配‐服従関係ではないということ，同時に，子どもは，この世に生を受けた存在として，大人に保護されながら自らの人生を生きる権利を有しているということである。

しかし，日本において，子どもの権利条約の内容について積極的に周知が図られているとはいいがたく，子どもたちの多くは，子どもの権利条約の内容やその存在すら教えられないまま育っている。このような現状は，日本における子どもの人権軽視，すなわち，「子ども差別」の"象徴"ともいえる。「子ども差別」とは，大人が子どもを不当に扱うこととそれを許す制度を意味する。

子どもたちの人権意識を育むために重要なことは，「大人が子どもの人権を尊重すること」であり，大人が子ども差別の存在に気づき，大人は子どもの育ちをサポートしながら，大人自身も育つ存在であると認識することである。

2 育つということ

子どもの人権問題に取り組んでいる法学者の安藤博は，「子どもは自らを育てていく主体」ととらえ，子どもが本来的にもっている育とうとする力は大切にされるべきであると説く。この考えに基づき，「育つとは，他の誰でもない私が，生きる営みを通して，自分を解き放ちながら，他者とつながり広がること」と定義したい。そして，育つことの要件を5点指摘しよう。第1は，ひとりひとりが，生活主体として自分育ての"主人公意識"をもつことである。第

▷1 日本政府は「児童の権利に関する条約」と称している。

▷2 安藤博，2002，『フィールド・ノート──子どもの権利と育つ力』三省堂。

2は，ひとりひとりが，「大切な存在であること」，「唯一無二」であることを体感できることである。「唯一無二」を体感できれば，自ずと自尊感情や自己肯定感が芽生えるだろう。第3は，さまざまな他者からサポートされながら，自らのもてる力や可能性を引き出し，エンパワーできることである。誰もがもっている計り知れない能力やチャンスを引き出すことをエンパワメントと呼ぶ。自分が囚われている殻や垣根を打ち破り，自分を解き放つことも含まれる。第4は，子どもも大人も，「自分育て」の支え合い，すなわち，「共育のつながり」を広げることである。そして，第5は，自他の尊厳を傷つけることは"恥ずかしい"という観念を定着させることである。このような観念がセルフ・コントロールの働きをするものと期待される。

▷3 エンパワメントの概念については，森田ゆり，1998，『エンパワメントと人権』解放出版社参照。

大人ができる子育て支援のアイデアとして，①大人自身が自分の尊厳を守る，②自分のいやなことは子どもにも強要しない，③子どもの言い分に耳を傾ける，このことは，子どもの言いなりになることではなく，子どもがまちがっていれば諭せばよい。そして，④学校も家庭も1つの社会なのだから，みんなでみんなのためのルールを決める，などが考えられる。

3 育ちの中の差別学習

しかし，現実に目を向けると，子どもたちは，大人たちによって，人権を尊重されるどころか，差別されたり差別することを教えられたりすることが少なくない。すなわち，子どもは，育ちの中で，家庭や学校において差別されたり（育ちの中の被差別体験），大人が他者を差別することを見聞したり（育ちの中の差別体験），あるいは，身近な人から他者を差別するように教えられたり（育ちの中の差別教育）しながら，「差別」を内面化している。複数の自治体の人権意識調査によると，例えば，被差別部落や部落関係者に対して差別的なイメージを抱いている人は回答者の半数近くにものぼり，しかも，差別的なイメージを教えられたのは家族が一番多く，次いで，親戚，友人，隣人などのインフォーマルな人間関係である。親をはじめ，大人は子どもたちに一方で人を差別したり弱い者いじめをしたりしてはいけないと教えながら，他方で被差別部落の人々，女性，障がいのある人々，外国人などを差別することを教えている場合が少なくない。

▷4 大阪府，2011，『人権に関する府民意識調査報告書（基本編）』；豊中市，2014，『人権についての市民意識調査報告書』などを参照のこと。

差別意識をもってこの世の中に生まれてくる子どもはいないのであって，他者を差別する意識や差別行動はいずれも学習の産物なのである。

神原は，「差別とは，ある社会の中で，勢力をもっている集団とその成員が，その社会の中で低く位置づけられた他の集団や成員を，不当に（低く，排除，蔑み，剥奪など）扱うことによって利益を得，欲求を充足させる行為と，それを容認する制度である」と定義しているが，差別は差別する側に利得をもたらすのでなくす必要がある。

（神原文子）

▷5 神原文子，2011，「これからの人権教育・啓発の課題は何か──近年の地方自治体における人権意識調査結果から」『部落解放研究』193：pp. 64-84。

Ⅵ 青年を生きる

学校でのいじめ問題

▷1　内藤朝雄，2001，『いじめの社会理論』柏書房（以下『理論』と表記）pp. 25-26, 159-164；内藤朝雄，2009，『いじめの構造』講談社現代新書（以下『構造』と表記）pp. 54-60。

▷2　『理論』, pp. 27-28；『構造』, pp. 49-52。

▷3　『理論』, pp. 40-56, 119-137；『構造』, pp. 35-41, 191-192, 264-265。

▷4　Bowles, S., 2009, Did warfare among ancestral hunter-gatherers affect the evolution of human social behaviors ?, Science. vol. 324 : pp. 1293-1298；ガット，A., 石津朋之・永末聡・山本文史監訳，2012『文明と戦争』（上）中央公論新社，pp. 63-125；ピンカー，S., 幾島幸子・塩原通緒訳，2015，『暴力の人類史』（上）青土社，pp. 80-125 など。

▷5　Bowles, S., 2009, Did warfare among ancestral hunter-gatherers affect the evolution of human social behaviors ?, Science. vol. 324 : p. 1294.

▷6　ピンカー，S., 幾島幸子・塩原通緒訳，2015，『暴力の人類史』（上）青土社，p. 114。

▷7　内藤朝雄，2016，

1 モデル現象としてのいじめ，その可能性の中心

いじめは，集合状態が個々を内側から変化させ，こうして変化した個々の接触の集積から次の時点の集合状態が産出される螺旋状の埋め込み（IPS：Intra-Inter-Personal Spiral）が個々を圧倒する現象を，嗜虐迫害現象に即して，取り扱うべき対象として指し示す。また，それを扱う学問や実践の領域生成を方向づける概念である◁1。

この問いの構造に即して有用ないじめの定義を，「社会状況に構造的に埋め込まれたしかたで，かつ集合性の力を当事者が体験するようなしかたで，実効的に遂行された嗜虐的関与」とすることができる◁2。

いじめは，現在先進諸国にいきわたる主流タイプ（市民的秩序）とは別のタイプの群生秩序――「いま・ここ」の感情共振の優勢な活性化輪郭（ノリ，みんなの勢い）自体を畏怖すべき規範の準拠点とする権力政治的な心理‐社会的秩序――を，生み出し蔓延させる要因となり，かつそれを発見し，分析し，そこから心理‐社会学的な理論を生み出すためのモデル現象ともなる。この理論は，広範な領域で集合的な迫害や殺戮を減らすための基礎理論となりうる◁3。

人類は，襲撃や脅しとそれに対する準備状態が常態化した社会環境への適応を通じた進化によって，暴力・迫害を埋め込んだ心理‐社会的秩序を生じやすい傾向を一定程度有していると考えられる◁4。ボウルズは石器時代の考古学的データと採集狩猟民のデータから，人類が大半の時を過ごした時期の死亡原因のうち他人による殺害を14％程度と推定する◁5。それに対し，21世紀西ヨーロッパの年間殺人率は人口10万人当たり一桁である◁6。現代先進諸国の市民的秩序は，人類が進化の過程で獲得した集合的迫害傾向を，強力にブロックする効果を有する。

2 学校の集団生活

学校の集団生活は，このブレーキとしての市民的秩序に強力なブレーキをかけることによって，「人類の本来の姿」ともいうべき迫害的な群生秩序を増殖させる効果を有する◁7。

学校は，生徒を外部の社会から遮断し，実質的に治外法権の閉鎖空間（クラス）に，朝から夕方まで数十人をひとまとめにして閉じこめる。そして市民的自由を剥奪し，個人的な生活を許さず，対人距離の自由な調節を強制的に困難

にし，みんながかかわり合って生きることしかできないよう，誰かが誰かの運命を左右する機会が大きくなる（迫害可能性密度が高まる）ように，日常生活を集団化する。▷8

これは，**スタンフォード監獄実験**▷9 と機能的に等価な，秩序生成実験として扱うことができる。すなわち，学校で集団生活を送りさえしなければそうはならなかったといえるしかたで，秩序と現実感覚が別のタイプにとってかわり，生徒たちが別の存在に変化する様態を観察することができる。▷10

③ いじめからみえてくるもの

ここでみてとれるのは，生活環境にさまざまな心理-社会的な秩序群がせめぎあう秩序の生態学的な動態であり，そこで，さまざまな「あたりまえ」の現実感覚や倫理秩序が移りゆく。学校の集団生活やスタンフォード監獄実験においては，短時間で市民的秩序優位から群生秩序優位に生態学的布置が変わる。▷11

それぞれの秩序における価値と価値が相克する場面で，優位の秩序が入れ替わっていることが可視化される。市民的秩序においては人格や人間の尊厳が最高価値とされているので，人間の命をなんとも思っていないかのような，あるいは他人を虫けらあつかいするような言動は，瀆聖行為とされる。それに対し群生秩序においては，ノリや勢いを，普遍的理念や人格の自律性などにより踏みにじることが瀆聖行為である。特にいじめによる自殺の予示，未遂，完遂が生じたときに死を軽くあつかう言動によって，群生秩序が圧倒的に優位であったことが事後的に明らかになる。▷12

また，ノリや勢いに位置づけられて，誰がどのくらい存在感をもってよいか，楽しげに笑ってよいか，みすぼらしくしていなければならないか，といった身分が厳格に定まる。▷13

群生秩序優位の集団生活においては，人格の統合は好ましからざる自己中心性とみなされ，その場その場のノリに応じて解離的人格断片を波長合わせさせる瞬時の反応が，協調性のある「すなお」な態度として厳しく要求される。群生秩序は，いつなんどき足をすくわれるかわからない，人間関係の権力政治の秩序でもあるので，不安のなかで絶えずノリに波長を合わせていなければならない。たといいじめが生じていなくても，周囲の目を気にして，私のものである人格統合以前に，みんなのものである人格断片の集合的作動として生きなければならない。このような解離的人格断片の権力政治的作動連鎖から成る心理-社会的組織化（IPS）として，上記の群生秩序が成立する。▷14

群生秩序はどこにでも多かれ少なかれ混在し，それが「多かれ」の場合には悲惨な結果を引き起こす。学校のいじめをモデル現象として，群生秩序をめぐる新たな研究と実践の領域を開くことができる。▷15

（内藤朝雄）

「学校の秩序分析から社会の原理論へ――暴力の進化理論・いじめというモデル現象・理論的ブレークスルー」佐藤卓己編『岩波講座 現代8――学習する社会の明日』岩波書店（以下『原理論』と表記），pp. 229-256。

▷8 『理論』，pp. 119-137, 278-279；『構造』，pp. 163-181。

▷9 スタンフォード監獄実験
若者を看守役と囚人役に分け模擬監獄で共同生活させたところ数日で看守役による嗜虐的迫害が蔓延した。実験者による導入時教唆疑惑を考慮しても程度の甚大から参照価値ありといえる。ジンバルドー，P.，鬼澤忍・中山宥訳，2015，『ルシファー・エフェクト』海と月社，pp. 46-376。

▷10 『理論』，pp. 40-56, 112-118；『構造』，pp. 19-48, 182-192。

▷11 『理論』，pp. 40-56, 112-118；『構造』，pp. 19-48, 182-192。

▷12 『理論』，pp. 40-46；『構造』，pp. 19-46。

▷13 『理論』，p. 201；『構造』，pp. 42-46, 127, 156-157。

▷14 『理論』，pp. 90-91, 152-174；『構造』，pp. 126-159。

▷15 『原理論』，pp. 229-256。

VI 青年を生きる

少年非行

1 「非行」とはなにか

「非行」とは，「犯罪」という概念との関係において成立する概念である。近代社会において犯罪とは，刑罰を定めている法令にあてはまり，違法で，責任能力がある主体による行為を意味する。日本では，満14歳以上であれば刑事上の成年であり（18歳は民事上の成年），何らかの行為が「犯罪」として刑事罰を受けることがある。逆にいえば，満14歳であれば合理的な判断能力があるはず，とみなしているのである。

しかしながら，アリエスが論じたように、近代社会は学校制度を誕生させ，〈子ども〉期を拡張していき，大人と区別するようになった。〈子ども〉であるがゆえに禁止されることがあり，責任能力がないものとみなされ，大人とは異なる取り扱いがなされるようになったのである。

「非行」という概念は，この〈子ども〉という概念の成立の上に成り立っている。子どもであるがゆえに「非行」なのだ。

▷1　アリエス, P., 杉山光信・杉山恵美子訳，1980，『〈子供〉の誕生』みすず書房。

2 「少年法」の定める「非行」概念

「非行」を最も厳密に定めているのは「少年法」という法律である。この法律では，満20歳未満を「少年」と定めている。つまり，現代日本社会では犯罪に関しては，20歳未満を〈子ども〉と定めているのである。この少年法は，非行少年の3つの類型を定めている。

14歳未満はそもそも刑事責任を問われないので，「触法少年（法に触れる行為をした少年）」と呼ばれる。この場合は，児童福祉法上の措置が優先される。14歳以上20歳未満の少年が罪を犯した場合は「犯罪少年」とされる。この場合，その行為は「少年犯罪」でもある。この2者の場合の「非行」と「犯罪」の違いは，年齢の違いだけである。繰り返すが，大人であれば「犯罪」であるが，子どもであるがゆえに「非行」なのである。

しかし，少年法は，第3の非行類型を定めている。「ぐ犯少年」という類型である。これは，「性格又は環境に照して，将来，罪を犯し，又は刑罰法令に触れる行為をする虞のある少年」と定められている。

「犯罪」とは人の行為を問題とする概念であるが，ここでは「性格」や「環境」が問題となっている。また，すでになされた行為ではなく，将来の「おそ

れ」が問題になっていることがわかる。ここに、「非行」と「犯罪」を区別する第2のポイントがある。犯罪が過去の行為の責任を追及し処罰する概念であるのに対し、「非行」とは、子どもの将来を志向し、処罰ではなく保護を志向する概念なのである。であるがゆえに、少年法に基づく処分は刑罰ではなく、「保護処分」である。大人であれば問題とならない「性格」や「環境」を問題とし、少年の将来のために国家は強制的に介入すべし、と少年法は定めている。この「ぐ犯」規定は実際に運用されており、年間に数百人の少年がこの規定に基づいて家庭裁判所で少年審判を受けている。

なお、2000年の少年法改正により、家庭裁判所は非行少年の保護者に対し、「少年の監護に関する責任を自覚させ、その非行を防止するため」「訓戒、指導その他の適当な措置」をとることができるとされた。国家は子どものみならずその家族にも介入することとなったのである。

▷2 保護処分としては、「保護観察」「児童自立支援施設又は児童養護施設への送致」「少年院送致」の3種類がある。

③ 「少年警察活動規則」による「不良行為」

少年法は家庭裁判所を非行に対処する中心機関としている。しかしながら、第一線で非行の統制活動にあたっているのは警察である。この警察の非行対策の基本になるのが国家公安委員会規則の「少年警察活動規則」である。さらにいえば、少年法の定める「非行」概念は、狭義の非行である。未成年者の飲酒や喫煙は、法的には「被害」であって、少年法では「非行」に該当しない。

そこで、より広く「非行」概念をとらえ、警察がどのような少年を補導対象としているかを知るには、「少年警察活動規則」をみなければならない。この規則では、「非行少年には該当しないが、飲酒、喫煙、深夜はいかいその他自己又は他人の徳性を害する行為」を「不良行為」と定め、補導対象としている。

さらに、同規則は「福祉犯の被害少年」に対する措置を定めている。「福祉犯」とは、少年の福祉を害する犯罪のことであるが、例えば「援助交際」を行った少女は、法的には児童買春の「被害者」である。つまり、「福祉犯の被害少年」は、被害者であるがゆえに警察が必要な「支援」を行い、「再び被害にあうことを防止するため」に必要な措置をとることとされているのである。

▷3 2022年4月、改正少年法が施行された。これにより、18歳、19歳の少年は「特定少年」としてそれ未満の少年とは以下の点で、異なる取り扱いがなされることとなった。①原則逆送事件の範囲が拡大され、短期1年以上の事件が対象に。②逆送後は20歳以上の者と原則同様の扱い。③起訴された場合、実名・写真等の報道禁止が解除。④「ぐ犯」の適用はなされない。

④ 戦後日本の非行の動向

戦後日本の少年非行には3つのピークがあったといわれる。第1のピークは1951年、第2は1964年、第3は1983年である。しかし、こうした少年の一般刑法犯の多くが窃盗と横領で占められている。その内実は自転車盗や万引きであり、これらは被害者の通報行動や公的機関の統制活動によって統計上の数値が左右される罪種である。また、少年による殺人事件は増加してはおらず、1960年代をピークにおおむね減少しており、近年はほぼ横ばいである。罪種によって変化の仕方は異なるので、詳細は『犯罪白書』などを参照してほしい。　　(山本　功)

▷4 最新の犯罪統計は、法務省法務総合研究所編『犯罪白書』を参照されたい。また、犯罪統計についてより詳しく知るには、浜井浩一編著、2006、『犯罪統計入門』日本評論社を、犯罪・非行理論については、矢島正見・丸秀康・山本功編、2004、『よくわかる犯罪社会学入門』学陽書房；岡邊健編、2014、『犯罪・非行の社会学』有斐閣。

VI 青年を生きる

5 子どもの貧困

1 現代社会における貧困の再発見と子ども

少子化が進行し，子どもの数が減少し続けている日本において，増加している数値がある。約328万人——これは，貧困線に満たない暮らしを余儀なくされている子どもの人数である（2012年データ）。

近年，日本においてもようやく政府が相対的貧困率を公表するようになり，貧困問題への認識が広がりつつある。「平成25年国民生活基礎調査」（厚生労働省）によると，国民全体の相対的貧困率は16.1％（2012年データ），いっぽう，子ども全体のうち貧困線未満の世帯に属する子どもの割合を示す「子どもの貧困率」は，全体を上回る16.3％であり，約6人に1人が相当する。また，同調査では，「子どもがいる現役世帯」のうち大人が1人の世帯の貧困率も把握している。これは主にひとり親世帯の貧困率を示すものだが，54.6％とさらに深刻な数値である。経済協力開発機構（OECD）加盟国中，日本のひとり親世帯の就労率はトップレベルの高さであるにもかかわらず，貧困率も最も高いほうに位置づくという異常な数値といえよう。

しかし，このような貧困状況は近年出現している現象ではない，という点に留意が必要である。日本では，政府による貧困の量的把握と公表が長らくなされてこなかったために，「生活保護世帯＝貧困世帯」といったイメージが一般的となり，生活保護制度に捕捉されていない多くの貧困・低所得世帯の実態が不可視にされてきた。しかし，実際，貧困率のデータがある1985年当時でも，約9人に1人の子どもが貧困線未満であり，それ以降，悪化してきている。

2 子ども期の貧困と人生の選択肢

先進諸国における子どもの貧困問題は，いまや社会的対応を要する優先課題と認識されている。経済的貧困は生活資源の不足にとどまらず，健康状態，成長・発達，学力，人間関係，精神保健などさまざまな影響を及ぼし，さらには経済格差が教育格差に結びつくことによって子どもの人生の選択肢を制約する。教育格差が就職格差／雇用格差に直結する現代社会においては，若者期・成人期にも貧困状況が持続し，人生の長い期間にわたり社会的不利が累積されかねない。そのため，いかに早期に貧困状況にある子どもを発見しサポートできるかが重要となる。

▷1 相対的貧困率とは，世帯全員の等価世帯所得（税金や社会保険料を差し引き手当等の所得保障を加えた所得：世帯人数で調整したもの）が，貧困線未満である世帯に属する人の割合を示した数値である。日本の統計では，等価世帯所得（個人単位）の50％ラインを貧困線として相対的貧困率を算出している。

▷2 松本伊智朗は，「貧困は，社会問題の代表格である」として，「1960年代からの高度経済成長期以降，現実の貧困の存在にもかかわらず貧困への社会的関心は低下」し，「貧困と関連づけて社会問題を理解し，対策を立てる」営みは後退したという。それゆえ，「現在は，日本における"貧困の再発見"とでも呼ぶべき時期であるように思われる」と指摘する。松本伊智朗，2008，「貧困の再発見と子ども」浅井春夫・松本伊智朗・湯澤直美編『子どもの貧困——子ども時代のしあわせ平等のために』明石書店。

日本では，家庭の経済格差が教育格差に直結しやすい状況にある。なぜか。OECD調査では，加盟各国の国内総生産（GDP）に占める学校など教育機関への公的支出の割合を公表している。2012年調査では，日本は3.5％，比較可能な32ヶ国中で最下位である。義務教育であっても完全に無償とはいえず，学校納付金の負担は大きい。義務教育以降の教育費用の私費負担はさらに大きく，貧困・低所得世帯の子どものなかには，家計や学校教育費のためにアルバイトをしながら高校に通う場合もいまだに少なくない。親の病気やリストラにより進学・進級を諦め就職する子ども，たとえ専門学校や大学に進学できても，高騰する学費のために深夜まで労働し，奨学金（貸与型）という名の多額な借金返済を背負う若者など，現代版の児童労働・債務労働ともいえる実態が広がっている。

現代の日本社会では，家族の貧困化とともに，子どもにまで自助努力が求められている様相がみてとれる。なかには，子ども／若者自身が一家の「大黒柱」という場合もある。このようにみると，政策が貧困を緩和させないばかりか，貧困を深刻化させる政策が根をはっているともいえよう。

❸ 子どもの貧困対策推進を阻むもの：社会的合意形成の壁

厳しい現実が広がるなか，政府が政策を講じる必要が多少なりとも認識されるようになり，2013年6月に「子どもの貧困対策の推進に関する法律」が制定され，2014年8月には「子供の貧困対策に関する大綱」が策定された。しかし，政策の推進には，壁も大きい。「子どもには罪はない」「子どもは生まれる家を選べない」という声が多く聞かれ，子どもという視点からは貧困対策を必要と認める論調があるいっぽう，生活保護受給者へのバッシングなど，貧困状況にある大人には自己責任を求める世論が根強い。

ともすると，「子どもの貧困」というフレームワークは，貧困を世代や属性で細分化し，自己責任が免責される子どもとそうでない大人，という振り分け装置として機能する恐れがある。

そこで問われているのは，私たちの鋭敏な感性である。生活保護バッシングが飛び交うなか，私たちはどれだけ，そこに生きる人々の人生の歴史に鋭敏な感受性をもって寄り添えているのだろうか。▷3

子どもの貧困問題を「可哀そうな子どもの救済」という狭い枠に閉じ込めることなく，あらゆる人々の基本的人権を保障する営みの礎として位置づけする視座が求められる。子どもの貧困問題の解決のためにいかなる政策を遂行するかは，容認できない不平等を是正し，公正な社会を実現する試金石である。

(湯澤直美)

▷3 保護受給に至る人々の学歴構成は，中学校卒・高校卒の割合がきわめて高いという事実のなかに，子ども期の貧困が長い人生に及ぼす影響力がみてとれる。母子世帯の母親は8割以上が就労しているにもかかわらず，ひとり親世帯の貧困率が50％を超えている事実からは，長らく女性が経済的劣位に置かれ続けている現実がみてとれよう。子どもの貧困問題の解決は，親／保護者の学歴や性別による格差の解消にも敏感でなければならないのだ。

VI 青年を生きる

6 社会的養護のもとで育つ子どもたち

1 社会的養護とは

社会的養護とは，何らかの事情で生みの親とともに暮らすことが困難な子どもの育ちを公的責任に基づき，社会的に保障するための養育の営みを意味する。こうした養育の営みが提供される生活の場は図1にあるように，施設養護（乳児院，児童養護施設等）と家庭養護（里親・ファミリーホーム）とに分けられる。また家庭的養護として，児童養護施設におけるユニットケアやグループホームが小規模グループケアや地域小規模児童養護施設として運営されている。

2 子どもたちの背景の変容

いつの時代においても子どもの養育は家庭のみで完結するものではない。親以外の親族や近隣の人々，制度に基づいた施設などと協働して子どもの養育を支えてきた。しかしながら都市化，産業化，核家族化，地域関係の希薄化や，社会的養育支援体制の未整備などにより，親に養育上の負担が集中するようになってきた。地域での養育機能が低下する中で，何らかの危機に家族が直面したとき，それに対し家族でうまく対処できず，子どもが継続的に親と暮らすことが困難な状況に陥ることがある。こうした養育上の問題を養護問題と呼ぶ。それは社会や経済状況と密接に関係があり，その内容は時代とともに変容してきた。戦後児童福祉法が制定された頃の養護問題は，戦争により親や家を失ったいわゆる戦災孤児や，浮浪児問題が多くを占めていた。1950年代半ば頃から日本は急速な高度経済成長期に入り，産業構造が変化し，人口の都市集中化や核家族化を招き，養育機能の低下をもたらした。今日では都市部を中心に，養護問題はより普遍化してきてきた。

3 養護問題の状況

今日の養護問題の状況を施設等への入所理由からみてみると，近年入所理由が多様化傾向にある。少なくとも父か母か，どちらか一方は健在であり，親がいても適切な養育を受けられない子どもたちが多い。◁1

今日においても多くの入所理由の背後には貧困問題が存在する。貧困により家庭が破綻し社会的養護のもとで暮らすことを余儀なくされる子どもたちが存在する。親の多くは，低学歴，転退職による不安定な就労状況にあり，生活保

▷1 児童養護施設では，「父母の虐待・酷使」「父母の放任・怠惰」が相対的に多く，乳児院では「父母の精神疾患等」や「父母の放任・怠惰」が多い。

護世帯，非課税世帯および低所得者世帯が多い。また家族での協力関係は薄れ，家族機能が著しく低下し，基本的な生活も成立していない家族が多い。家族不和，犯罪，ギャンブル，アルコール依存といった状態にある親のもとでの生活から，子どもの多くは基本的生活習慣も身に付いておらず，低学力で，心身の課題をもつ者が多い。経済的，精神的貧困は世代で継承される場合が多く，社会的にそのサイクルを断ち切ることが重要であり，養護実践にそうした機能が求められている。

❹ 家庭養護の推進とその要件

子どもは基本的に家庭で育つ権利を有している。血のつながりのある親との生活が困難な場合，里親家庭などが提供されるべきであるが，日本では施設養護が主流を占めている。近年政府は家庭養護や施設における家庭的養護を推進している。家庭養護の意義や要件としては，次の5つが挙げられている。

まず一貫かつ継続した特定の養育者の存在である。2番目はその特定の養育者との生活基盤を共有できることである。一貫した養育者の存在，そしてそうした人と生活基盤を共有することで，人間への信頼感や自尊感情を培うことができる。3番目に同居する人たちとの家庭生活の共有である。生活する者との情緒的な関係が育まれ，そうした暮らしの中でのさまざまな思い出が，子どもにとって生きていく上での大きな力となる。また，家庭生活の体験により，子どもが生活上必要な知恵や技術を学ぶことができる。4番目は生活の柔軟性である。施設養護には役割，当番，日課，規則，行事，献立表といったものが存在する傾向にある。こうしたものをまったく否定するのではなく，一定一律に活用せず，柔軟に対応するということである。柔軟で相互コミュニケーションに富む生活は，子どもに安心感をもたらすとともに，生活のあり方を学ぶことができ，将来の家族モデルや生活モデルをもつことができる。日課，規則や献立表が機械的に運用されると，子どもたちは自ら考えて行動するという姿勢や，大切にされているという思いを育むことが困難な面もある。5番目に地域社会に存在し，ごく普通の居住場所で生活することである。地域の普通の家庭で暮らすことで，子どもたちは養育者自身の地域との関係や社会生活に触れ，生活のあり方を地域との関係の中で学ぶことができる。親と離れて暮らすことに対する否定的な感情や自分の境遇は特別であるという感覚を軽減するといえる。

（林　浩康）

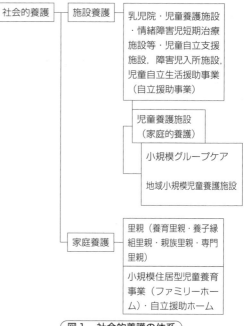

図1　社会的養護の体系

注：広義には施設養護に母子ともに入所する「母子生活支援施設」，利用型施設である「児童家庭支援センター」「児童厚生施設」「助産施設」，通所型の「保育所」「児童発達支援センター」が含まれる。

▷2　「里親・ファミリーホーム養育指針」では，家庭養護の意義や要件について明らかにされている。

第4部 家族の相対化

VI 青年を生きる

青年である私にとっての親と子

「自立する」とは，個人が自分自身の自由な選択によって社会へ参加する権利と義務をもつことをいう。男女や人種，階層の違いによって，この自由は長く制限されてきた。17世紀の「子ども期」の出現につづいて，18世紀から19世紀にかけての「青年期」の出現は，「自立する」という意味を大きく変化させた。「青年期」の出現の背景には，産業革命にともなう社会構造の変化が大きく影響している。「青年期」が経済活動を担う一人前の大人への訓練期間と位置づけられると，この時期が「大人でも子どもでもないアンビバレントの時期」としてとらえられた。

個人的な意識の面からは，「青年期」は「モラトリアム期」といわれるように，「自分さがし」のための猶予期間とされた。そして「自分が何者であるか」を認識し，個性を確立して自分のライフコースを選択していくといった「自立」への道が示された。青年期は，進路選択や社会人となる前にキャリア形成をする時期であるが，どのような社会的役割を取得できるかは青年が置かれた社会・経済状況によって選択の幅が決められ，その幅の中で個人が選択している。実際どれだけ高い個人的な能力があっても，社会的な状況によって自由に選ぶことができない現状がある。自分のライフコースの選択が困難であるのは個人の側の心理的問題だけではなく，社会・経済構造が大きくかかわっている。

同様に，少子化によって親のライフコースも大きく変化した。21世紀になりICTをはじめとする産業において高度熟練労働が必要とされると，教育・訓練に長い期間をかけることが必要になり，その期間に必要な教育費もまた増大しつつある。このような社会的背景のもとに，少なく生んで大切に育てる時代には，親がひとりの子に費やす経済的援助や精神的援助も増す。

1 親と子の経済的関係

親の経済的援助は，子に大きな影響を及ぼす。経済的に恵まれた環境に育った子と，そうでない子の間には開かれている道に大きな格差が生じる。個人の能力や「やる気」の問題以前に，親の社会階層というスタート時点で社会的に排除された若者にとっては，当面の生活を維持していくために「非正規雇用」や「単純労働」の形ででも働かなくてはならない現実がある。大学を卒業してからも成人した子どもへ経済的援助をしなければならないということを当然だと思っている親は少ないが，「経済的な援助を子どもが定職に就くまでは」と

▷1 「青年期」は産業社会の要請によって長期の学校教育機関で養成される人材が必要となった社会背景のもとに誕生した。また同時に産業化の結果個人が豊かになり，「青年期」という労働をする前に準備できる期間（学校教育を利用することができる期間）が生まれた。アリエス，F.，杉山光信ほか訳，1980，『〈子供〉の誕生』みすず書房参照。

▷2 モラトリアム期
エリクソンによると，自己の「アイデンティティ」の確立を先延ばしにする時期をいい，ちょうど青年期にあたる。大人になる前の猶予期間ともいわれている。エリクソン，E.H.，仁科弥生訳，1977・1980，『幼児期と社会』（Ⅰ・Ⅱ），みすず書房；Erikson, E. H., 1963, *Childhood and Society*, W.W. Norton Company, Inc. 参照

▷3 1964年版『厚生白書』では「少なく生んで大事に育てる」ことは近代的な国家・社会の建設につながるものと考えられており，少なくなった子どもの「資質向上」が基本的な政策だった。1969年版『厚生白書』では，「養育費が家計のかなりの負担となっていることは事実である」と述べ，育児手当制度が導入された。広井多鶴子，2009，

老後の資金を削ってでも子に支援をしている親は多い。

2　親と子の精神的関係

　青年期の子にとっての親の精神的援助は時として重荷に感じることも多い。青年期の子どもにとっては，幼少時代は「あたたかい巣」であった親の家庭も，いずれは「帰るだけのネグラ」へ，さらに自立すれば親にとっては「空の巣」であっても，子にとっては「いつでも帰れる巣」としての意味に変化してきている。子にとって幼少時代には生きていくために依存度の高い親との関係だが，年齢を経るごとに他の多くの関係が生じて精神的絆の1つとして相対化される。

3　子にとっての大人モデルとしての親

　とりわけ，青年期の子にとっての親は，「どのような大人になるか。将来どのような進路を選択し自分らしい生き方をするか」という大人モデルを提供する。子ども時代の家庭における身近な大人モデルが親だけであるのに，青年期になると多様な大人モデルが学校や友だち，マスメディアによって提示され選択の機会が広がったかのようにみえる。生活が細分化され，その時と場所において限定的関係を結び，その場限りで垣間見た「大人モデル」が万華鏡のようにあらわれる。親が示す一昔前の実体のある標準的な「大人モデル」が意味を失い，青年期の子は，より理想的な「自分らしい大人」モデルを求めるようになる。その結果，親の「子どもの進路指導者」(**人生上の重要な他者**◁4)としての役割が相対的に薄れ，子どもはマスメディアの提示するような「自分らしさ」を求めて放浪することとなった。

　マスメディアの提示する成功した大人モデルはいわゆる「絵に描いたもち」である。だから，いざ自分が現実に主体的に選択しようとするとその「大人モデル」の全体像がみえないがゆえにその不安は高まっていく。ここに「**ポスト青年期**◁5」と呼ばれる時期における社会化の問題点がある。

　若者の「ひとり暮らし」の意味も多様化している。若年者に多いワーキング・プア層の肥大は「ひとり」で暮らしたくてもその住居費が出せないので親との同居を余儀なくしている。皮肉なことだが，個別化し家電で装備された部屋ができたがゆえにポスト青年期になっても親と同居できる環境が整ったともいえよう。家庭生活が個別化し，個人が家族と社会的距離をもち，同居しながらも個別の生活領域を守れるようになった。このような条件が揃わなければ，いかに経済的理由のためといえども親との同居は難しい。

（竹田美知）

「少子化をめぐる家族政策——家族はなぜ批判されるのか」日本教育政策学会年報16号参照。

▷4　**人生上の重要な他者**
ライフコースを共有し，その人のライフコース証人であって，また決定的影響を与え，支援者であったような人生上の重要な他者の存在。藤崎宏子，1998,『高齢者・家族・社会的ネットワーク』培風館参照。

▷5　**ポスト青年期**
社会経済の変動により，教育訓練期間が延長した。その結果，若者が高学歴化し職業につくまでの長い期間親に依存することとなった。自由な選択が可能になった反面，リスクの多い選択的な人生を歩むための個人の「自立」も必要になった。ジョーンズ，G., ウォーレン，C., 宮本みち子監訳，鈴木宏訳，2002,『若者はなぜ大人になれないのか——家族・国家・シティズンシップ』新評論。

第 4 部　家族の相対化

VI　青年を生きる

若者の生と性

1　若者の性に関する「印象論」

若者の話題はとかく「印象論」で語られがちだが，性に関する話題はその傾向が特に強いように思われる。一昔前までは，若者といえば性的に不埒であることが，「ナンパ」や「援助交際」といったキーワードとともに語られてきたし，最近では逆に，その消極性（「草食男子」）が語られることが多い。しかしどちらも印象論に過ぎず，実証的なデータに基づくものではない。

こうした印象がなぜもたれてしまうのか。それは，若者文化における性の位置づけと関係している。

かつて，性の話題は若者文化のラディカルさを示す指標の1つだった。しかし，その世代の若者が大人になってしまうと，かつてラディカルであった性にかかわる表現は次第に陳腐化していく。2000年代以降，若者たちのラディカルさは別の側面から測られるようになった。性的な過激さを売りにした消費主義は，いかに人の内面に迫れるかを競い合う「ココロ主義」（姜尚中）とでも呼ぶべき傾向にとってかわられた。このことは，例えば，性的な歌詞が「過激だ」から「古くさい」と思われるようになった2000年代以降の J-POP の歴史を振り返ってみると，理解できるだろう。いずれにせよ，若者文化における性の位置づけは，かつてほど重要なものではなくなった。

しかし，そのことと実際の性行動のあり方は必ずしも一致しない。性的な言説が陳腐化したことをもって現代の若者が性的に控えめでおとなしくなったとはいい切れないのだ。

2　若者は「草食化」したのか？

それでは，実態はどうなっているのだろうか。若者の性に関する言説分析は文化論としては興味深いが，それを実際の政策論や教育論にまでもち込むわけにはいかない。例えば，若年男性の「草食化」を真に受けて，いまどきの男子は性的に活発でないから性教育は遅くからでいいとか，彼らの性的欲求を高めることが少子化対策として重要だなどと主張することは，それがもし実行に移されたら，かなりの額の予算の無駄遣いにもなりかねない。それを避けるためにも，実証的なデータによって，印象と実態との差を埋める必要がある。

『「若者の性」白書』は，こうした危機意識をもつ学者を中心に編まれた最新

▷1　姜尚中，2007，『ニッポンサバイバル――不確かな時代を生き抜く10のヒント』集英社。

▷2　阿部真大，2009，『ハタチの原点――仕事，恋愛，家族のこれから』筑摩書房。

の成果であり，「若者の性」について知りたい人にとって最適の「入門書」である。「俗説」を検証する1つの例として，この本をたよりに若年男性は本当に「草食化」したのだろうか，という問いを考えていきたい。

本書の統計をみると，若年男性の実際の性行動は「草食化」したとまではいえないが，そのようにみえるのには，それなりの理由があることが理解できる。

出生コーホート別にみると，1993〜99年生まれの男子の18歳時点での性交の経験率は26.8%で，1987〜92年生まれの37.3%，1981〜86年生まれの40.9%，1975〜80年生まれの30.6%には届かないが，1969〜74年生まれの26.4%，1963〜68年生まれの25.2%よりも高い数値であることがわかる。つまり，日本が好景気に沸いた1980年代から1990年初頭までの段階よりも高い数値を示している。世間でもたれているイメージと異なり，バブルに踊った若者が「肉食」で，低成長時代の若者たちが「草食」とはいえないのである。ただし，性的関心をもったことがあるかについてみていくと，1993〜99年生まれの男子の18歳時点での経験率は68.9%で，1987〜92年生まれの84.2%，1981〜86年生まれの91.4%，1975〜80年生まれの93.3%に届かないどころか，1969〜74年生まれの87.6%，1963〜68年生まれの95.4%にも及んでいないことがわかる。

これらのデータからわかるのは，現在，若年男性の性行動というよりは，性的関心が劇的に低下しているということである。

つまり，彼らの特徴は，「性交経験も性的関心もない」という層の拡大である。このことに関して，何か生物学的な変化が起こったとか，いわゆる「リア充」（異性関係等の「実生活」が充実している若者のこと）と「非リア充」の断絶によるものだとかいう解釈も可能だろうが，私見では，先にみたような「すべての若い男性は性的関心が強くあるべきだ」という規範の弱まりによるものと解釈するのが妥当であると考える。見方を変えると，異性との性行為に縁のない男子が「性的関心がない」と，堂々といえる時代になったとも考えられるのだ。

③ 「リアル」をふまえた上での議論を

人々は，自分が若者だった頃の若者像を「正常」なものと考え，とかくいまの若者の姿の「異常」さを指摘しがちである。しかし，95%もの男子が「性的関心」を抱いていた（しかしそれが満たされるわけではない）80年代の日本の男子の性の方が「異常」だったとみることもできるだろう。

「正常」か「異常」かではなく，データをもとに，リアルな姿に迫っていくこと。それが，若者の性について考える際，大人たちに求められる姿勢である。例えば「性交経験も性的関心もない」という男子の何が問題で，彼らに何を教えていかなくてはならないのか。私たちの考える若者の性のあり方も含め，今後，慎重に議論していく必要があるだろう。

（阿部真大）

▷3　日本児童教育振興財団内日本性教育協会編，2013，『「若者の性」白書——第7回 青少年の性行動全国調査報告』。

▷4　XI-1 ▷2

第4部　家族の相対化

VI　青年を生きる

9　若者にとっての親密な関係は？

1　親密さの範囲への注目

　若者にとっての親密な関係について考えるとき，近年，その親密さの質というよりその関係の範囲に注目して議論されることが多いように思われる。社会のグローバル化が進むなか，それが広い範囲に広がっているか狭い範囲で閉じているかによって，得られる社会的資源に差が生まれ，ひいてはそれが階層の再生産につながっていくという視点は，人々の間で経済的格差が広がりつづけている現代日本において，注目に値するものである。

　親密な関係性が狭い範囲で閉じている層として真っ先に思い浮かぶのは，地元で人生の大半を過ごす「ヤンキー」と呼ばれるワーキングクラスの若者たちだろう。原田曜平が名づけ，流行語となった「マイルドヤンキー」◁1 の若者たちの特徴として，地元の友人たちとの関係が濃密であることが挙げられる。彼らは，その関係をきわめて大切にするが，ネットワークがそれ以外のところに広がっていくことは少なく，階層上昇のための社会的資源にも乏しい。

　しかし，彼らの「地元仲間」の中身に注目すると，かつてとは大きく異なっていることがわかる。

2　重要さを増す友人関係

　かつてのワーキングクラスの若者たちを「クラシックヤンキー」と呼ぶとすると，クラシックヤンキーの若者たちの親密な人間関係も，マイルドヤンキーの若者たちと同じく，地元に根ざしたものであった。しかし，そこでの「地元仲間」とは，同世代の友人だけでなく，他世代の人々をも含んだ地縁共同体であった。それは彼らの雇用の受け皿でもあり（商店街や地場の建設会社など），政府が規制を通じて彼らを守ったことが，戦後日本の「分厚い中間層」の創出につながった。

　しかし，1990年代以降の規制緩和がもたらした地域コミュニティの空洞化は，ワーキングクラスの若者たちの依って立つ地縁共同体を決定的に弱体化させた。いまや，彼らにとっての「地元仲間」は同世代の友人に限定されており，それゆえ，雇用の受け皿ともなっていない。◁2

　浅野智彦は，各種の社会調査をもとに，いまの若者たちの関心が友人関係にむかっていることを指摘しているが，◁3 マイルドヤンキーの若者たちは，こうし

▷1　原田曜平, 2014, 『ヤンキー経済——消費の主役・新保守層の正体』幻冬舎。

▷2　阿部真大, 2013, 『地方にこもる若者たち——都会と田舎の間に出現した新しい社会』朝日新聞出版社。

▷3　浅野智彦, 2006, 「若者の現在」浅野智彦編『検証・若者の変貌——失われた10年の後に』勁草書房。

た傾向の最先端にいる。いよいよ流動的になる社会のなかで，彼らはそれに背をむけ，同質で居心地のいい友人関係のなかに居場所をみいだす。しかし，それは彼らが社会から隔絶することも意味する（浅野も，友人関係への敏感さがそれ以外の関係に対する無関心さと表裏一体であることを指摘している）。彼らは地縁に根ざした，（いまから振り返れば）多様な人間関係によって構成されていた伝統的なワーキングクラスの文化をも形成できない，きわめて脆弱な存在となっているのである。

3 インターネットの両義性

　このことは，インターネットに代表されるコミュニケーションツールの進化が，若者たちの人間関係を必ずしも豊かにするわけではないことをも示している。デジタル世代のエリートたちがSNSをフル活用して世界を広げているのに対し，彼らは同質な仲間集団のなかでのコミュニケーションをひたすら濃密に，掘り下げていく。

　一言で「親密な関係」といっても，それが多元的で，多様性を許容するものであるのか（グローバルエリート層），同質的で，同調圧力の強いものであるか（マイルドヤンキー層）で，意味は大きく異なってくる。インターネットは，確かに若者の親密な関係性を技術的にサポートするものではある。しかし，それは彼らを「開かれた」存在にする一方で「閉じた」存在にもする。その両義性に，私たちは十分に注意しなくてはならない。

4 「親密さ」のむかう先

　つまり，「若者にとって親密な関係は？」と問うとき，もはや若者は一枚岩的な存在ではない。その範囲，開放性によって，若者の親密性は二極化しており，その二極化こそが大きな問題なのである。

　ただし，同質的な「親密さ」のなかに閉じる地方の若者たちにも希望がないわけではない。20歳から39歳までの若者を対象とした広島県の安芸郡府中町と三次市の2点における調査を行った社会学者の轡田竜蔵は，その報告書のなかで，地元を一度は出たものの戻ってくる「Uターン組」の若者たちが，多様な関係性にむけて開けていること，彼らが地域活動のハブとなって活躍する可能性があることを指摘している。今後，地方では，彼らが中心となって，閉じた若者たちの「親密さ」を開いていく可能性もある。

　「グローバルエリート層」ならぬ「ローカルエリート層」に特有な「こもりつつ開ける」という態度は，「都市＝開放的／地方＝閉鎖的」と考えがちな人々には，理解しがたいものかもしれない。しかし，今後，若者の「親密さ」について考える際に重要さを増すことは確かで，私たちは，その動きを注視する必要があるだろう。

(阿部真大)

▷4　轡田竜蔵, 2015, 『「広島20-30代住民意識調査」報告書』公益財団法人マツダ財団。

Ⅵ 青年を生きる

家族の国際化と子ども

家族の国際移動の増加が、子どもにどのような変化を与えたか、国際結婚、帰国子女などを題材として、家族の国際化と子どもの社会化を考える。

① 国際結婚によってもたらされたもの：国際結婚から生まれた子どもの社会化

2021年の父母の国籍別にみた年次別出生数では、父母の一方が外国人のケースは1万6,225人である。父日本人・母外国人の組み合わせ7,509件で、母の最も多い国籍は中国で2,161人、次にフィリピンで1,359人、韓国・朝鮮で1,154人であった。また母が日本人で父外国人の組み合わせは8,716件で、父の最も多い国籍は、韓国・朝鮮1,885人、アメリカ1,376人、中国1,122人であった。

国際結婚をして生まれた子どもはすでに生まれたときから異なる文化に接し、家庭においても2つの言語を使っているケースが多い。また異なる文化圏の親族から文化情報も入手しやすく、頻繁な海外旅行を幼少時から繰り返している場合も多い。国際結婚から生まれた子どもは両親によって2つの文化に自然に社会化されてきたゆえに、子どもの心の中で起きるアイデンティティコンフリクトも少なく、両親の社会化の方法が一致していれば異なる親の国の文化を同時に社会化しても問題がないことは調査によって実証されている。さらに国際結婚から生まれた子どもは、二重国籍を希望しており国際移動に対する積極性をもっていることが確認された。

② 帰国子女によってもたらされたもの：外からみえる日本の真の姿

令和4年度、文部統計要覧によると、2020年（令和2）4月から2021年（令和3）3月までの帰国子女は、小学校7,336人、中学校2,529人、高等学校1,685人と、最も小学校段階で帰国する子女が多い。1990年（平成2）では小学校7,991人、中学校3,442人、高等学校1,880人であった帰国子女数が、1995年（平成7）から2005年（平成17）にかけて徐々に減少し2009年（平成21）に一転して増加に転じた。帰国子女の多くが、小学校の段階で帰国しているのは、日本での受験戦争に乗り遅れないためという理由も考えられるが、多くの海外駐在員は、若くして派遣され、3年から5年の派遣期間を経て帰るケースが多いことから、赴任年齢が低くなるほど、帰国時の子どもの年齢が小学校学齢期になると推測される。

▷1　ここでいう「国際結婚」とは、「民族」「エスニシティ」「国籍」といった点において、差異のある者同士が結婚することをいう。従来から日本で使われる「国際結婚」には特別な意味が付加されてきた。それは「国際結婚」の相手が「ガイジン」であること、また生まれた子どもが「ハーフ」であるようなイメージを「国際結婚」が抱え込んできた。しかし在日韓国・朝鮮人との結婚のように、外から来た外国人との結婚以外に、内なるエスニック・マイノリティとの結婚という層も多いことを視野にいれておきたい。

▷2　竹田美知, 2015,『グローバリゼーションと子どもの社会化［改訂版］――帰国子女・ダブレスの国際移動と多文化共生』学文社, 第7章参照。

▷3　帰国子女は日本国籍を有し、かつ海外に所在する機関、事業所などに勤務するかまたは海外において研究・研修等を行うことを目的として日本を出国し、海外に在留した者または現在なお在留している者の子女で、引き続き1年を超える期間海外に在留し帰国した者を指す。

海外赴任を終えて帰国した子どもたちは，現地の学校やコミュニティで異文化を身につけ帰国する。帰国して体験する日本文化を，外から観察する目をもち客観的に判断できる力をもつ子どものように，日本と異文化の2つの文化の橋渡しとしての人材を国際移動は生み出した。他方，帰国後に自文化への適応を強制する日本の教育への警鐘も鳴らすことで，異文化をもった子どもの受け入れの問題点を明確にした。例えば日本語教育を強制することによって体験した異文化が埋もれ，異文化体験を隠す子どもたちが出てきた。

3 国際移動時代の子どもの異文化体験

今後，外国人労働力の増加によって国内に居ながらにして異文化を体験する時代がやってくる。それと同時に，グローバルな企業活動は，絶えず移動する人材を必要としている。国際化の流れの中で，個人が複数の文化とどのようにむき合うかということは，在外日本人だけでなく国内に居住する日本人にとって大きな課題になりつつある。複数の文化に向き合う中で，優位‐劣位と文化が位置づけられる。このような文化の序列は，家族が子どもを社会化する時に子どもの異文化の解釈に大きく影響する。例えば，日本における"白人信仰"と有色人蔑視の風潮も世代を超えて受け継がれる可能性がある。親から子への社会化過程において，発達の早い段階で親が示した外国人のイメージは子の価値観に大きな影響を与える。外国人イメージは，政府の在日外国人施策の影響とともに，家族の外国人に対するイメージも大いに反映している。

このように社会化の最初の段階で，外国に対する家族の考えを聞き，外国人との交流のレディネスがはじまる。家族が異文化をどのように解釈し，子どもに伝えたかによって，子どもと異文化の距離が規定される。家族による異文化の解釈は，地域における異文化の解釈の影響を受けている。幼少時から，子ども自身が異文化と直接交流をもつ前に，異文化に対する家族の価値観は子どもに注入される。社会化の第2段階で，学校における外国人についての学習は，家族の異文化に対するステレオタイプを修正し正しい情報を与える機会となる。そしてその後の外国人との直接の交流によって，さらに異文化経験に主観的意味づけがされる。

家族から一定の外国人のイメージを与えられても，その後の海外経験や国内における地理的移動，地位の移動（多国籍企業への就職や国際結婚）などの機会に，そのイメージは変化する。家族の外国人に対する風評は子どもの外国人との交流のきっかけを決める重要な要因ではあるけれども，その影響は一時的なものであり，その影響力は，子どもの発達段階において，友だちや学校教育などの影響を複合的に受けて，変化し続ける。

（竹田美知）

▷4 竹田美知, 2005,「国際結婚から生まれた子どもの国籍選択とその影響要因――国際結婚を考える会の場合」『日本家政学会誌』56(1)：pp. 3-11。

VI 青年を生きる

民法のなかの「子ども」

1 誰が親権者となるか

子どもは満20歳をもって成年となる（2022年4月1日からは満18歳）。未成年の子どもはその年齢にもよるが、誰かが養育し、保護する必要がある。

民法は、子どもを監護し教育する権利と義務、子どもの財産を管理し、財産上の法律行為（売買や賃貸借など）を法定代理人として子に代わって行う権限を親権と呼び、誰が親権者となるかを規定している。

両親が婚姻中の子どもは、父母が共同で親権者となる。父と母が平等で親権者であることが現在の民法の特徴であり、父母が協力して子どもを育てることも夫婦の協力扶助の義務の重要な内容となっている。◁1

未成年の養子の場合には、養親である父母が親権者となる。養親がひとりであれば、その養親がひとりで親権者となる。一方が死亡した場合も同様である。また、養子縁組が解消されたときには、養子の実父母の親権が復活する。

非嫡出子の場合は、原則として母親が親権者となるが、父親が認知をした場合は、父母の協議によって父親を親権者とすることもできる。非嫡出子の場合は、父母の共同親権はありえない。なお、親権者となる者がいない場合には、未成年後見人を選任する。

2 民法が定める親権の内容

戦前の民法では、イエ制度を中心として、子は「家のため」「親のため」の子どもと位置づけられていたが、戦後の民法改正により、子どもの福祉の理念が取り入れられた。しかし、民法上の親権の内容にも、子に対する強い懲戒権の規定等があり、また、社会的にも、親権は親の子に対する支配権であるかのような誤解が根強く、そのことが児童虐待を助長する結果になっているという指摘もあった。

2000年（平成12）11月20日に児童虐待防止法が施行されたが、虐待等の不当な養育態度がみられる場合であっても、家庭内への積極的な介入が躊躇される傾向がみられる。

そこで児童の権利利益を擁護し、児童虐待を防止するため、2011年（平成23）の民法改正により、親権は、「子の利益のため」に行使されるべきであるという理念が明記された。この他、親権には、居所指定権（子は親権者が指定した場◁3 ◁4

▷1 憲法24条は、家族生活における個人の尊厳と両性の本質的平等を保障している。

▷2 父母の片方が死亡した場合には、残った親がひとりで親権を行う。父母が離婚した場合は、どちらか一方が親権者となり（これを単独親権という）、もう一方は親権を失う。いずれが親権者となるかは、父母の協議で定める。親権者の指定に関する父母の協議が調わないときには離婚ができないため、家庭裁判所で離婚調停や離婚訴訟の手続をとり、親権者の指定を定めることになる。また、離婚後に監護の状況に事情の変更があり、子の利益のために親権者を他方の親に変更する必要があると認められるときには、家庭裁判所の調停や審判によって親権者を変更することができる。

▷3 正式には民法等の一部を改正する法律という。2012年（平成24）4月1日より施行。

▷4 具体的には、親権の内容として、「子の利益のため」に子の監護及び教育をする権利を有し、義務を負うことが明記され、懲戒権の行使は、「子の利益のため」にする監護及び教育に必要な範囲で行うこととなった。したがって、「子の利益」に反するような懲

所に居所を定めなければならない)，職業許可権，財産管理権，法律行為の代理権などがある。

また，児童虐待防止法は，「児童の親権を行う者は，児童を心身ともに健やかに育成することについて第一義的責任を有するものであって，親権を行うに当たっては，できる限り児童の利益を尊重するように努めなければならない」と定め，「親権を行う者は，児童のしつけに際して，その適切な行使に配慮しなければならない」としている。

日本が批准している児童の権利に関する条約は，父母（又は場合により法定保護者）が児童の養育及び発達についての第一義的な責任を有し，児童の最善の利益が基本的な関心事項となると定めている。国際人権法上も，親権は親の「権利」ではなく，子を養育する者としての親の「責任」として理解されており，民法その他の国内法は同様に解釈されなければならない。

3 児童虐待等の不適切な親権行使に対して

2011年（平成23）の民法改正により，不適当な親権行使等により子の利益を害するような場合には親権が制限されることを，親権喪失等の原因を明示することなどの改正が行われ，親権は子の利益のために行使されるべきものであるという理念が確認された。すなわち，①「親権停止」：親権者の親権行使が困難又は不適当であり，子の利益を害するときには，家庭裁判所は，子やその親族，未成年後見人及び未成年後見監督人や検察官の請求により，2年を超えない範囲で親権停止の審判をすることができる。また，②「親権喪失」：虐待又は悪意の遺棄があるとき，その他父又は母による親権の行使が著しく困難または不適当であることにより子の利益を著しく害するときには，家庭裁判所は，子やその親族，未成年後見人，未成年後見監督人，検察官の請求により，親権喪失を審判することができる。

さらに，父または母の管理権の行使が困難又は不適当であることにより，子の利益を害するときは，家庭裁判所は，子やその親族，未成年後見人及び未成年後見監督人や検察官の請求により，「管理権喪失」を審判することができる。この場合には，親権者は財産管理権のみを剥奪され，子の身上に関する親権の行使には影響が及ばない。

父母の親権が停止又は喪失された場合，子に対して親権を行う者がいなくなり，未成年後見人が選任され，未成年後見が開始される。2011年（平成23）の民法改正で，未成年後見人をひとりに制限していた規定がなくなり，複数の未成年後見人が共同で権限を行使することが可能となった。財産管理と身上監護を分けるなどの適切な事務分掌により，効果的な後見が期待されている。

(雪田樹理)

戒権の行使は，親権の権利行使の範囲を超えたものであり，児童虐待となる。

▷5 1989年（平成元）に国連で採択され，翌1990年（平成2）に発効。日本は1994年（平成6）に批准した。

第4部　家族の相対化

Ⅶ　夫になる，妻になる

結婚する？　しない？

▷1　日本国憲法「第24条　婚姻は，両性の合意のみに基いて成立し，夫婦が同等の権利を有することを基本として，相互の協力により，維持されなければならない。2　配偶者の選択，財産権，相続，住居の選定，離婚並びに婚姻及び家族に関するその他の事項に関しては，

1　結婚に対する考え方

　結婚に対する考え方を，「少子化社会に関する国際意識調査」結果からみたものが図1である。2005年から2010年の5年間の変化をみていくと，日本では，「結婚は必ずするべきだ」が減少し，「結婚はしたほうがよい」が増加するものの，結婚に肯定的な人の割合は約6割を超える。結婚を当然視する考えが国際比較の上でも韓国に次いで強いことが確認できる。しかし，「結婚・同棲・恋人は必ずしも必要ではない」が2割強を占め，未婚化を象徴した結果ともなっている。他方，アメリカやフランス，スウェーデンでは特定のパートナーと社会的に承認された永続的な関係を結ぶといった従来の結婚というスタイルにとらわれず，「結婚はしなくても同棲はしたほうがよい」「恋人がいたらよい」あるいは「結婚・同棲・恋人は必ずしも必要ではない」が相対的に高くなっており，パートナー関係が多様化し，あらためて「結婚」とは何かが問い直されている現状にある。

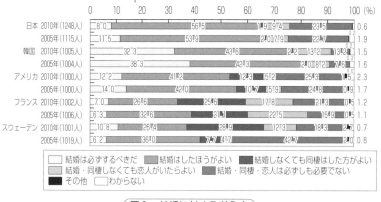

図1　結婚に対する考え方

出所：内閣府，2011，「少子化社会に関する国際意識調査報告書」図Ⅰ-4 参照。
注：日本・韓国・アメリカ・フランス・スウェーデンの20歳から49歳までの男女を対象とする。

2　結婚は紙1枚の契約？

　本人の意思で結婚する／しないが選択できるとはいえ，制度上は両性の合意のもと婚姻届を役所に提出することによって，「結婚＝夫婦（a married couple／a wedded couple)」と社会的に承認されたことになる（図2）。まさに紙1枚の社会的契約である。しかし，具体的には結婚は夫婦になることであっても，必ずしも夫婦であり続けることと同義ではな

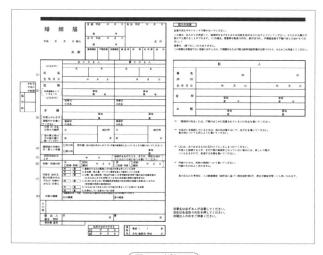

図2　婚姻届

い。同居期間別離婚の経緯をみていくと，同居期間別では0～4年の離婚が最も多いものの，61.0%（1947年）→32.1%（2013年）と激減傾向にあり，一方10～14年が8.5%（1947年）→14.1%（2013年），15～19年が3.8%（1947年）→10.2%（2013年），20年以上が3.1%（1947年）→16.4%（2013年）と急増している状況にある。結婚という契約にはメリットもデメリットもあるが，決して幸福を保証するものでも，永続性を保証するものでもないことがわかる。結婚というイベントの選択よりも，むしろ夫婦であり続けることの内実が問われているといえる。

法律は，個人の尊厳と両性の本質的平等に立脚して，制定されなければならない。」

▷2 国立社会保障・人口問題研究所『人口統計資料集2015』「表6-13 同居期間別離婚数：1947～2013年」を参照。

３ ライフコースにおける有配偶状態であること

図3-a，3-bは，男女別にライフコースにおいて未婚状態・有配偶状態・死別状態・離別状態の平均発生年齢と平均滞在年数を1965年と1990年で示したものである。データは古いが，貴重な分析で，まさに人生すごろくの様相を呈している。

未婚状態からスタートして，まずは結婚を経て有配偶の状態になるか（1990年：男子80.6%／女子87.1%），あるいは未婚のまま死亡に至るか（1990年：男子20.0%／女子12.9%）に分かれる。結婚という選択をした場合，その状態が1990年で男子38.5年，女子37.9年続き，そのまま死亡するのは男子の57.9%である。女子の場合は21.4%に過ぎず，むしろ死別状態を15.5年経て，59.5%が死亡に至る。男女ともにこの約6割の人生選択をもって標準的とは決していえないことがよくわかる。そのほか，実にさまざまなバリエーションがあり，初婚によって有配偶状態になったとしても，死別状態や離別状態を経てそのまま死亡に至ることも，あるいは再び有配偶状態になることもある。

ライフコースにおいて，結婚という選択が絶対的なものではないこと，また1回ではなくリセット可能なものであることを示しているともいえる。

（杉井潤子）

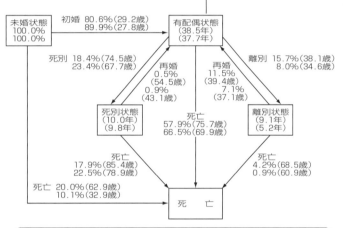

図3-a　男子のライフコース経路別分布，事象の発生年齢，滞在年数の比較：1965年と1990年

注：上段が1990年，下段が1965年を示す。括弧内の数値は平均発生年齢（歳）と平均滞在期間（年）を示す。

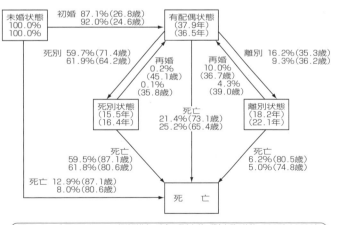

図3-b　女子のライフコース経路別分布，事象の発生年齢，滞在年数の比較：1965年と1990年

出所：高橋重郷，2007，「日本人のライフサイクルをどう計るか」『日本人のライフサイクル変化に関する研究』エイジング総合研究センター，p. 22。

注：上段が1990年，下段が1965年を示す。括弧内の数値は平均発生年齢（歳）と平均滞在期間（年）を示す。

Ⅶ 夫になる，妻になる

結婚という選択とジェンダー

▷1 50歳での未婚率のことである。

▷2 厚生労働省「人口動態統計月報年計」2019より。

▷3 国立社会保障・人口問題研究所による（2010年実施，18歳以上50歳未満未婚独身男女14,248人対象，有効回収数10,581票，回収率74.3%）。

▷4 ▷3参照。

▷5 ある事象を〈結果〉ととらえた場合，その〈結果〉に関連すると考えられる限りの〈原因〉を可能な限り〈余さず重ならず〉導き出すために，P・F・ラザースフェルドが提唱した方法。神原文子，2008,「調査研究のための仮説づくり」新睦人・盛山和夫編著『社会調査ゼミナール』有斐閣，pp. 29-48参照。

1 結婚観とジェンダー

　近年，日本では，晩婚化や未婚化が進行しており，晩婚化の指標となる初婚年齢は，2019年には男性31.2歳，女性29.6歳と，25年間で男性は約2歳，女性は約3歳上昇している。また，生涯未婚率は，2005年の男性15.4％，女性6.8％から2019年の男性23.4％，女性14.1％へ急上昇している。

　社会保障・人口問題研究所による『第14回出生動向基本調査』（独身者調査）から，近年の未婚男女の結婚観にみられる傾向を列挙してみよう。①「いずれ結婚するつもり」と回答している男性は86.3％，女性は89.4％で，結婚意向は男女ともに低くない。②ただし，「1年以内に結婚してもよい」と考えている比率は，男性では，「自営・家族従業など」「正規雇用」で高く，「パート・アルバイト」「無職・家事」など非正規雇用では低い傾向にある。女性では男性ほど就業状況による差はみられない。男性自身が，安定した稼ぎがあることを結婚のための重要な条件とみなしていることがわかる。また，③結婚することの利点は（図1），男女ともに，「子どもや家族をもてる」，「精神的安らぎの場が得られる」，「愛情を感じている人と暮らせる」の順であり，第13回調査（2005年）より，男女ともに，「子どもや家族をもてる」が増加している。「経済的余裕がもてる」ことについては，女性は男性よりも有意に高い。

2 配偶者選択のジェンダー差

　次に，図2の結婚相手を決めるときに重視することがらをみると，「相手の職業」「相手の収入などの経済力」については，男女差が顕著である。対して，「自分の仕事に対する理解と協力」「家事・育児に対する能力や姿勢」については，男性の半数近くが重視しているだけではなく，重視している女性の比率が男性を上回っていることがわかる。男女が互いに相手の期待に応えようとすると，男性は「仕事＋家事・育児＋（妻の）仕事への理解」に努め，女性は「家事・育児＋（夫の）仕事への理解」に努めることになるが，仕事については，「家事・育児」に支障をきたすことさえなければ，「自分の生きがいのための仕事」ができるともいえる。もちろん，結婚後に，結婚

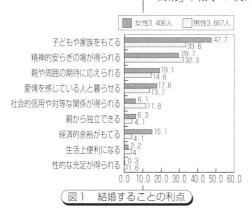

図1　結婚することの利点

前の期待通りに協力や分担ができるとは限らないが，男性は家族を養うために仕事をし，女性は自分のために仕事をするという関係は，ジェンダー平等とはいいがたい。

▷6　神原文子，2004，「女性にみる結婚の意味を問う」『家族社会学研究』15(2)：pp. 14-23。

3　結婚という選択のジェンダー差

図3は，今日の男女の結婚という選択に影響する諸要因を，〈原因説明図式〉のアイデアを用いて図示したものである。要因を箇条で挙げよう。

① 結婚情報が役立てば，〈押しの要因〉になりうる。
② 人生の先輩たちが幸せな結婚生活を送っているほど，〈引きの要因〉に影響するだろう。
③ 未婚男女にとって，独身でいるメリットは〈引き留め要因〉となる。
④ 未婚でいる居心地が悪いほど，結婚への〈押しの要因〉が強くなる。
⑤ 結婚することに魅力を感じるほど，結婚への〈引きの要因〉が強くなる。
⑥ 結婚することのデメリットは未婚への〈押し戻し要因〉となる。
⑦ 結婚を決断する契機が生ずれば，結婚への〈引き金要因〉が顕在化する。
⑧ 結婚へのハードルが低いほど，結婚への〈水路づけ要因〉が顕在化する。

今日では，女性の妊娠が〈引き金要因〉となることがあっても，これら①から⑧については，男女差はさほどみられなくなっている。しかし，結婚後のイメージについては男女間で大きな違いがある。

⑨ 男性の場合，結婚とは，自分が運転する列車でトンネルか鉄橋を通過するようなものである。しかし，女性の場合，結婚とは，むこう側のみえない関所を通過するようなもので，しかも，関所を過ぎると，夫が運転する列車への乗り換えを期待されることが多い。この乗り換えが嫌なら，結婚を思い留まるというのも選択肢の1つである。
⑩ "脱・近代結婚"という別の選択肢がありうる。法律婚か非法律婚かにこだわることなく，「妻も夫も，仕事も家事・育児もマイライフも」という選択もあり，同性婚もあり，あるいは，シングルライフもあり。　　　（神原文子）

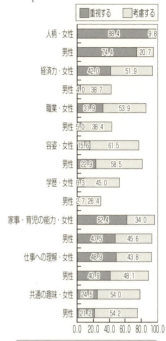

図2　結婚相手を決める時に重視することがら

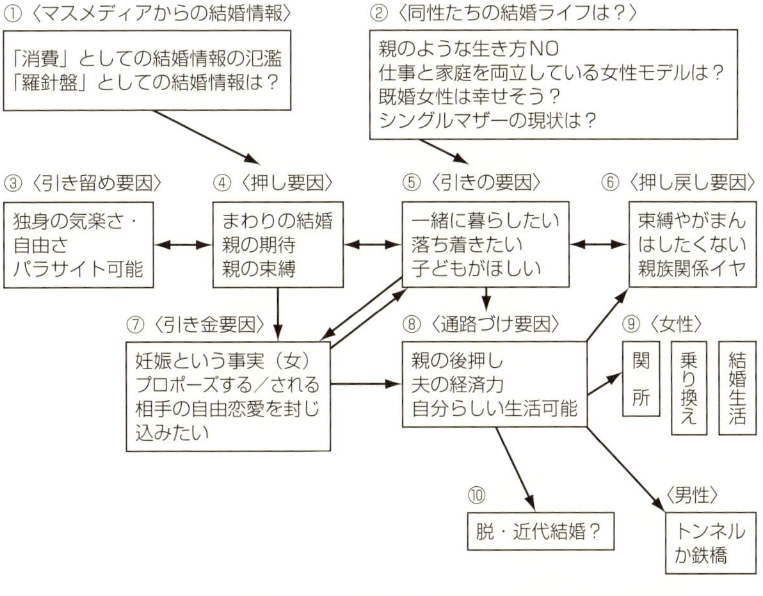

図3　現代の未婚男女における結婚する理由に関する原因説明図式

出所：神原文子，2004，「女性にみる結婚の意味を問う」『家族社会学研究』15(2), pp. 14-23を一部修正。

VII 夫になる，妻になる

 結婚とはなんだろう

1 結婚の意味

結婚とは，従来，一組の男女が社会から性関係を承認された夫妻関係になるための「契約」を結ぶこととしてとらえられてきた◁1。まず，配偶者選択においては，①それぞれの社会での**近親婚禁止規則**◁2や**外婚・内婚規制**◁3を遵守すること，②それぞれの社会で重視される人々（例えば，血縁や地縁による了解，中世であれば領主や幕府の許可など）の承認を得ること，それにともなう婚姻儀礼の習俗や慣習に従うこと◁4，そして，③法的届けを行うことなどがある。また，夫と妻双方の権利−義務として，婚外の性関係の規制，居住規則，財産権，離婚権などが規定されている。ただし，それらは，個々の社会の支配体制や男女の社会的地位を反映し，身分，階層，地域によって異なった様相を呈してきた◁5。

2 戦前の結婚から戦後の結婚へ

戦前の日本においては，明治初期の一時期，身分を越えた結婚の自由や妻からの離婚請求を認めるなど，近代的な婚姻法が施行されたが，1889年（明治22）に施行された明治民法では，婚姻制度は国家と家長による統制の強い内容となった。すなわち，明治民法のもとでイエ制度が庶民の間にも広められたことにより，結婚においては当事者の意思は関係なく，家の存続と家同士の絆の強化が重要となり，夫婦同姓が規定され，嫁入り婚が一般化した。また，戸籍届により婚姻が成立する法律婚主義が全国民に適用され，婚姻届によって女性は夫の「家」に妻として組み込まれることになり，生まれた子どもは「嫡出子」として位置づけられることとなった。しかし，明治民法のもとでは，婚姻は妻の地位を保障するものではなく，妻は財産権も親権も認められない無能力者とみなされ，妻の地位は歴史上最も低く位置づけられた。

1947年（昭和22）施行の日本国憲法第24条では，「婚姻は，両性の合意のみに基」づき，家族における個人の尊厳と両性の平等が明記された。さらに1948年の民法改正によって「イエ制度」は廃止され，夫婦家族制が確立した◁6。とはいえ，現民法は，婚姻年齢の男女差，女子のみの再婚禁止期間の規定などに性差別の要素を留めており◁7，また，夫婦同姓の規定にも問題をはらんでいる◁8。

▷1 結婚は，当事者男女の性的結合のみならず，生まれた子どもの嫡出の認知や新たに親戚関係を形成する契機ともなることから，古代より結婚の社会的承認には種々の条件を満たすことが必要とされてきた。

▷2 **近親婚禁止規則**
インセストタブーともいう。親子，きょうだいなど，近親関係にある者同士の性関係を禁止する規範である。社会や文化によって婚姻可能な範囲は異なる。

▷3 **外婚・内婚規制**
配偶者を求める範囲を規定する制度であり，外婚は，同族などの範囲の外側から配偶者を求めること，内婚は，身分，階層，文化など，一定の範囲内で配偶者を求めること。

▷4 社会的承認は，近代以降の婚姻では必ずしも必要とされないが，婚姻後に，双方の親族，社縁，友人などとの関係を維持する上で一定の機能を果たしている。

▷5 近年，北欧，フランスなどでは，多様なカップル関係を容認する法制度の整備により，非法律婚カップルが増加している。欧米を中心に同性婚を法的に認める国も増加している。

▷6 婚姻届によって妻と夫との戸籍が新たに創られ

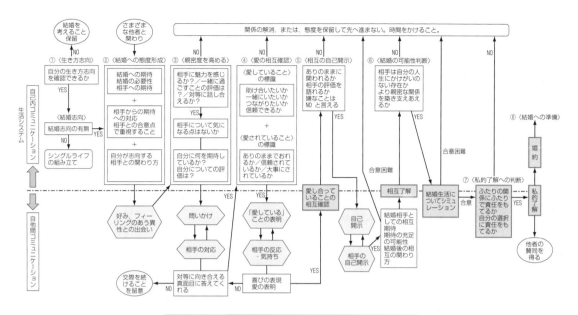

図1　結婚をめぐる自己内と自他のコミュニケーション

出所：神原文子，1991，『現代の結婚と夫婦関係』培風館．

3 結婚をめぐるコミュニケーション

　今日，恋愛も結婚も自由になったが，未婚の男女は結婚をめぐって十分なコミュニケーションを行っているだろうか。図1は結婚をめぐる自己内のコミュニケーションと自他のコミュニケーションのプロセスを図示したものである。概要のみ記しておこう。

①自分はこれからどんな生き方をしたいのか，自分の生き方志向にとって結婚はどんな意味があるのかという自己内コミュニケーションをする。

②結婚することに意味を認める人は，結婚への期待，結婚の意義，期待するパートナー像などについて自己内コミュニケーションをしてみる。

③特定の異性と出会ったら，相手についての自己評価や気になる点，ふたりが対等な関係かどうかなどについて自己内コミュニケーションをするとともに，自他間のコミュニケーションをする。納得できなければ先へ進まない。

④気になる点や疑問点が解消されてきたら，再び自己内コミュニケーションにより，愛の相互確認を行う。

⑤互いに，ありのままの自己を開示し，ありのままの相手を受容できるかどうか，自己内と自他間のコミュニケーションをする。

⑥結婚への合意ができるかどうか，時間をかけて自己内と自他間のコミュニケーションを行う。いつでも立ち止まったり，引き返したりしてよい。

⑦私的了解への判断を行う。

⑧婚約から結婚の準備へとむかう。

（神原文子）

るのであり，たとえ，夫が戸籍筆頭者となり，妻が夫の姓に改姓しても，"入籍"ではなく，いわば，"創籍"と呼ぶほうが正しい。

▷7　例えば，女性が，元夫と離婚後，6ヶ月以内に出産した子の出生届を提出すると，自動的に，元夫の実子として戸籍に記載されてしまうことから，出生届が出されず，子どもが無戸籍となっているケースが発生している。

▷8　改姓したくない人々が婚姻届を受理されなかったり，婚姻後に通称使用を余儀なくされたりしている。

Ⅶ　夫になる，妻になる

結婚の動向

1　ライフイベントとしての結婚の現状

晩婚化や未婚化が指摘されて久しい。図1により**初婚年齢**◁1をみていくと，1920年は夫25.02歳，妻21.16歳であるのに対して，2010年では夫31.18歳，妻29.69歳と晩婚化している状況を見て取ることができる。また**生涯未婚率**◁2も急激な上昇傾向にある。この傾向を現在50歳に到達した世代ではなく，現状のまま推移したとすると，15～19歳（2010年国勢調査時点の世代）の生涯未婚率は男性35.4％，女性27.1％になるという数値も出されている。◁3 結婚を先送りにする人，結婚していない人が増加する中で，「なぜ結婚しないの？」ではなく，「なぜ結婚しなければならないの？」と日常生活場面で問うのは容易くなっているともいえる。

しかし，その一方で第14回出生動向基本調査（独身者）（2010）により18～34歳の未婚者の生涯の結婚意思をみていくと，「いずれ結婚するつもり」と結婚をライフコースに位置づける人が男性86.3％，女性89.4％と約9割を占めていることがわかる。晩婚化や未婚化が進行しているとはいえ，なお「結婚はするものである」という皆婚規範も根強い。

この相矛盾するような現象の背景には，結婚生活に性と生殖を結びつけ，「家庭をもって子どもを産んで（もって）こそあたりまえ」という出産至上主義の考え方と相まって，「結婚＝子産み（子もち）＝一人前」という観念が固定的にとられてきた経緯がある。近年，結婚→妊娠→出産という順序が入れ替わる，いわゆる「妊娠先行型結婚」◁4の傾向も顕著であり，嫡出第1子出生に占める割合は，1980年10.6％であったが，2010年では25.3％となり，4人に1人が婚姻時に妊娠している状況である。しかし，たとえ順序は変わっても，未婚の妊娠がそのまま継続されるのではなく，結婚へと結びつけて考えられる傾向は根強

▷1　初婚年齢（Singulate mean age at first marriage：SMAM）
静態統計の年齢別未婚率から計算する結婚年齢。

▷2　生涯未婚率
45～49歳と50～54歳未婚率の平均値であり，50歳時の未婚率。

▷3　生涯未婚率の推測に関して，例えば，団藤保晴「生涯未婚率は男35％，女27％にも：少子化対策無力」2013年6月26日（http://lite.blogos.com/article/65014/?axis=&p=1）参照。

▷4　厚生労働省「平成22年度『出生に関する統計』の概況」，2010，人口動態統計特殊報告「結婚期間が妊娠期間よりも短い嫡出第一子出生割合（母の年齢階級構成で標準化）」。

▷5　そもそも「結婚」とは何かという共通認識が問われるが，この調査ではフランスの「PACS」やスウェーデンの「SAMBO」については法律に基づく共同生活形態ではあるが，「結婚」ではなく，「同棲」に区分されている。

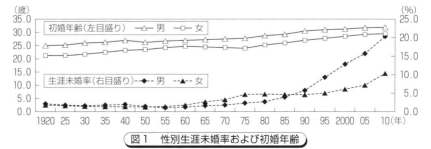

図1　性別生涯未婚率および初婚年齢

出所：国立社会保障・人口問題研究所『人口統計資料集2015』の「表6-23　性別生涯未婚率および初婚年齢（1920-2010年）」。

く,「子産み(子もち)=結婚=一人前」という図式に変わりはないと解釈できる。

こうした強い結婚志向の中で,1990年代以降,生涯未婚率が急上昇している現状を解すると,結婚する/結婚しないという結婚時期を先延ばしにするという選択とともに,結婚できるのにしない/結婚したくてもできないという希望格差や経済格差を孕んだ未婚化が急速に進行していることがうかがえる。

2 結婚へのきっかけ・同棲

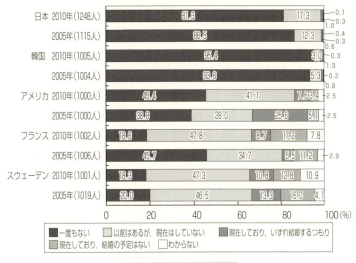

図2 同棲の経験の有無

出所:内閣府,2011,「平成22年度少子化社会に関する国際意識調査報告書」Q9 同棲の経験の有無 図Ⅰ-5。

では,どのようなきっかけによって結婚へと駆り立てられるのであろうか。図2は同棲の経験を示したものである。さらに図3は結婚に踏み切るきっかけを国際比較で示したものである。日本は韓国と同様,同棲を経ない傾向が強い中で男女ともに,「お互いに信頼できると思ったから」という思いをいだく一方,「ある程度の年齢になったから」という思いをも強くいだいていることがわかる。

結婚には個人的側面と社会的側面があるが,「両性の合意のみに基づいて成立」すると憲法第24条で規定されているとはいえ,その意思決定に関しては年齢へのこだわりがなお強く,いわゆる社会や世間体を鑑み,結婚しなければならない状況が生み出されていると思われる。　(杉井潤子)

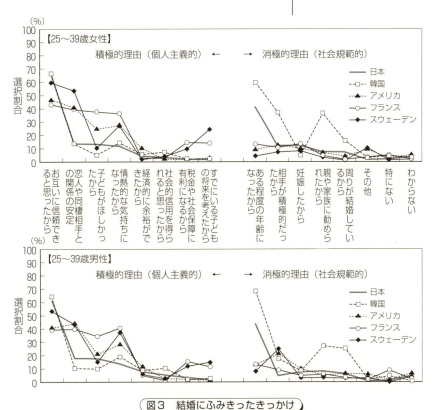

図3 結婚にふみきったきっかけ

出所:内閣府政策統括官平成17年度,2006,「少子化社会に関する国際意識調査」報告書,p.79より。

VII 夫になる，妻になる

 多様な性の，カップル関係の多様性

① カップルの多様性とカップルの法的保護

　排他的で親密な関係を営むふたりの人間がいるとき，それが異性同士であるとは限らない。レズビアン／ゲイなどの同性同士のカップルもいる。また，書類上の性別が見た目とは逆のトランスジェンダーのカップルなどもいる。さらには，カップルの中には，お互いの合意のもと，恋愛や性関係などをひとりのパートナーに限定しないオープン・リレーションなポリアモリーの形を取ることもある。このように，カップルのあり方は実に多様なのである。

　さて，近年，欧米を中心に，結婚という形で同性カップルを法的に保護するようになった。それらは，①法律婚や，法律婚に準ずる諸制度（DP 制度），すなわち②登録パートナーシップ制度，③法定同棲，④パックス，⑤ドメスティック・パートナー制度である。こうした DP 制度で保障される内容は，法律婚とほぼ同等のものから事実婚と変わらないものまで，さまざまである。

　同性間の法律婚は，法律婚を同性カップルにも拡大するもので，2000年に，世界ではじめて，オランダで導入された。同性カップルむけに「同性婚」法を別に設けるのではなく，既存の婚姻法から性別規定を削除することで，すなわち性中立化させることで実現している。

　登録パートナーシップ制度は，1989年に，世界ではじめて，デンマークで導入された。これは，法律婚を同性カップルに適用することが難しかったために考え出された制度であった。また，異性カップルも利用できるようにし，法律婚よりは軽い権利・義務をもつ制度として位置づけられる場合もある。

　法定同棲は，同棲関係に一定の法律上の地位を認めるものである。スウェーデンのサンボ（SAMBO）などがこれにあたる。

　パックス（民事連帯契約；PACS）は，フランス独自の制度で，成年ふたり間の共同生活に関して，財産的効果を中心にした契約に基づく届出制度である。

　ドメスティック・パートナー制度は，地方政府や自治体が，福祉や，病院訪問権，相続権，埋葬権などについて，法的保護を行う制度である。

　わが国では，法律婚のみを結婚と考えがちであるが，前述②〜⑤の DP 制度もまた，結婚である。したがって，法律婚のみならず，これらの制度を利用しているカップルは，同性間，異性間を問わず，自分たちの関係を結婚とみなしている。また，周囲もそのように扱うことが一般的である。

▷1　最近になってカップルのあり方が多様になったのではなく，ヘテロセクシズムによって，その多様性が不可視化されていたに過ぎない。

▷2　レズビアン／ゲイ，トランスジェンダーなどの LGBTIQ については，Ⅳ-4 を参照。

▷3　家族的なケアを提供するのはカップルとは限らない。友人同士で同居している場合もある。この点から，カップルだけを結婚という制度で保護することに疑問の声もある。

▷4　永易至文，2015，『ふたりで安心して最後まで暮らすための本』太郎次郎社エディタス；杉浦郁子・野宮亜紀・大江千束編著，2007，『パートナーシップ・生活と制度』緑風出版；鳥澤孝之，2013，「諸外国の同性婚制度の動向――2010年以降を中心に」国立国会図書館『調査と情報』798号：pp. 1-12。

▷5　「同性婚」という用語はわかりやすいが，異性間の結婚と同性間のそれは同じではないとの含みをもちやすい。そのため，この用語の使用を避けることもある。

▷6　シビル・ユニオン（民事的結合）制度ともいう。

2 同性カップルと子ども

同性カップルに，配偶者としての権利・義務を認めても，子育てをすること，すなわち親としての権利・義務，例えば養子縁組，親権・監護権，生殖補助医療を認めることについては，抵抗感，拒否感が強い。しかし，1970年代から蓄積のある欧米の研究よると，同性カップルの子育てが，異性カップルのそれに劣るという根拠はないという。

わが国においても，少数とはいえ，女性の同性カップルを中心に，同性カップルによる子育ては現実に行われている。したがって，今後は，子どもの最善利益のためにも，同性カップルの子育てがよりよいものとなるように，どのように支援するかという視点での議論，および政策・施策などが必要となろう。

3 日本の現状と課題

東京都渋谷区や世田谷区などの行政による取り組みにみられるように，最近になってわが国でも，同性カップルに対する法的保護について，関心が高まっている。また，企業や NPO でも，同性カップルの支援やサービスを行うところもある。しかし，パートナーとしての権利と生活を守ること，例えば，病院におけるパートナーへの面会や看護，治療における意思決定，さらには財産の相続や分与，葬祭などにおいて，法的に他人である同性パートナーの権利を保証したり，意思を尊重したりする制度は十分であるとはいえない。

異性カップルは結婚によって，こうした権利や保障を得ている。しかし，同性カップルは，結婚以外の方法でパートナーとしての権利と生活を守らなければならない。その手段として，養子縁組や成年後見の制度の活用，公正証書による契約などが考えられる。もちろん，これらでは解決できない問題もある。

また，わが国に同性間の結婚を認める制度がないことは，国際的な同性カップルや，海外で同性間の結婚を希望するカップルにとっても，障害となっている。日本政府は，同性カップルに対して，他国で結婚をしていても，国籍を問わず，配偶者ビザを発給していない。しかも，最近まで，同性カップルには，未婚を証明する書類を発行しないとし，海外での結婚の障害となっていた。

わが国において同性間の結婚の実現するには，解決すべき問題が多い。保守的な見解による反対のみならず，現在の戸籍や婚姻の制度への疑問から，同性カップルの法的保護に慎重な意見もある。しかし，人権の保障という観点から，わが国でも，何らかの法的保護が導入されてもよいのではないだろうか。

もちろん，法的保護が導入れても課題は残る。なぜなら，ふたりの関係が周囲から肯定的に認知されていなければ，いざというときにトラブルが生じてしまう。法的な保護を十分に生かするためには，カミング・アウトをすることを含め，周囲との関係を整えておくことが，きわめて重要なのである。

（大山治彦）

▷7 結婚は，①法律婚，②法律婚に準ずる諸制度（DP 制度），③事実婚の3層構造になっている。しかし，わが国ではこのことに意識的ではない。

▷8 同性間の結婚が異性間の結婚とまったく同等であるベルギーにおいても，導入当初は，パートナーを親として認めず，養子縁組，生殖補助医療の利用も認められなかった。現在も，これらが認められない国もある。

▷9 シャファー, H.R., 無藤隆・佐藤恵理子訳, 2001,「子どもには両性の親が必要か」『子どもの養育に心理学がいえること』新曜社, pp. 86-97.

▷10 強制異性愛社会では，異性と結婚し，子どもをつくる LGB も少なくないからである。女性の同性カップルに多いが，一方のパートナーの連れ子を，同性ふたりで育てることもある。

▷11 同性カップルの結婚や子育ては，異性愛を前提としたパートナーや親の呼称，そして，親の定義にも変化をもたらすであろう。

▷12 こうした緊急事態では，ふたりがどれだけ愛し合い，お互いを深く理解し，その意思を代弁できたとしても，同性パートナーは蚊帳の外におかれてしまう例が多い。その結果，住居や財産を失い，生活が成り立たなくなることもある。

VII 夫になる，妻になる

結婚にかかわる法律
夫婦とは

1 婚姻届出主義と婚姻届を出さない夫婦

法律上の正式な結婚のことを婚姻と呼ぶ。婚姻を律する基本原理は，個人の尊厳と両性の本質的平等であり，民法など婚姻にかかわる規定を定める法律もこの基本原理にしたがう。婚姻は，一組の婚姻意思ある男女が役所に婚姻届を提出し受理されることによって，法律上の効力が生ずる。

婚姻届の提出はないが，当事者間に社会観念上，夫婦共同生活と認められるような関係を作ろうという合意と，その合意に基づく共同生活の実態がある場合，内縁の夫婦，あるいは事実婚の夫婦と呼ばれ，婚姻に準じた法の保護が与えられている◁1。しかし，遺産の相続権がないことなど，法律上の権利義務関係は婚姻と同じではない。

婚姻届を出さない理由はさまざまで，後述する婚姻障害が理由となっていることもあるが，婚姻による同氏の強制や，配偶者の家族と姻族関係になることを嫌って，婚姻届を出さないカップルもある◁2。

2 婚姻の禁止される場合：婚姻障害

当事者に婚姻意思があっても，次の場合には，婚姻が禁止され，届出は受理されない。この婚姻禁止の項目の中には，婚姻適齢の男女差など今日では合理的理由がみいだし難い内容もある。

- 婚姻適齢：男は18歳，女は16歳にならなければ婚姻できない。
- 重婚の禁止：配偶者のある者は，重ねて婚姻することができない。
- 再婚禁止期間：女は，前婚の解消又は取消しの日から起算して100日経過後でなければ，再婚できない◁3。
- 近親婚の禁止：直系血族又は3親等内の傍系血族の間では，婚姻をすることができない（ただし養子と養方の傍系血族との間の婚姻は許される）。また，直系姻族間の婚姻も姻族関係が終了した後も含めて禁止される。さらに，養親子関係にある者，あった者の間でも婚姻が禁止されている。

3 婚姻の身分的効果

婚姻をすると，夫婦は氏を同じくし，同居し，互いに協力扶助することが求められる◁4。これは婚姻の身分的効果である。世の中には，仕事の事情等で長期

▷1 例えば，借地借家法第36条は，婚姻の届出をしていないが，建物賃借人と事実上夫婦と同様の関係にあった同居者があるとき，その同居者は，建物賃借人の権利義務を承継すると定める。

▷2 事実婚の場合，住民票の続柄記載を「夫（未届），妻（未届）」と記載することが可能である。

▷3 2015年12月16日，最高裁大法廷は，再婚禁止期間の100日を超える部分については違憲とする判決を言い渡しこれを受けて2016年6月1日，女性の再婚禁止期間を100日に短縮する民法改正法が成立した。

▷4 「民法の一部を改正する法律案要綱」では，選択的夫婦別氏（姓）制度が案として出されたが，未だ法改正に至っていない。

間別居をしている夫婦もあるが，合意の上でなされる分には問題はない。どちらかが相手の同意なく家出するなど同居を拒んだ場合はどうか。家庭裁判所に同居を求める審判を申し立てることもできるが，仮に同居を命ずる審判が出されても，同居義務は任意に履行されなければ目的を達することができないので，その性質上強制執行はできないと考えられている。

　夫婦の間の扶助義務とは，互いに自分の生活を保持するのと同様に相手方の生活を保持することである。夫婦がどのように助け合って生活していくか，その具体的在り様は本人たちに委ねられており法が関与することではない。しかし，不仲になって当事者間で解決が困難な場合，経済的援助については，婚姻費用分担請求として，家庭裁判所に手続きをすることができる。◁5

▷5　夫婦間であっても贈与税の課税はあるが，婚姻期間20年以上の夫婦間では，居住用不動産の贈与は2,000万円まで課税されない。

❹ 夫婦の財産関係

　夫婦は，結婚前に夫婦財産契約を結ぶことによって，結婚後の財産関係を定めることができる。しかし，日本ではこの契約をするカップルは少ない。

　夫婦財産契約を結ばない場合には，民法の定める夫婦財産制が適用されることとなり，夫婦はその資産，収入その他一切の事情を考慮して婚姻で生じる費用を分担する。また，民法は夫婦の一方が婚姻前から有する財産及び婚姻中自己の名で得た財産は，その特有財産となると規定し，夫婦のいずれに属するか明らかでない財産は，その共有に属するものと推定している。それゆえ夫も妻も自分で働いて得た収入は自分のものであり，その収入で購入した土地，建物，商品等も自分のものである。これは夫婦別産制と呼ばれる制度であり，所得税などの税金も個人に課税される。

　夫婦別産制は夫婦の経済的独立を認めた制度であって，それ自体は性に中立的な制度である。しかし，現実の日本社会では，女性が結婚や出産後，仕事を継続することが困難であり，多くの場合，家事育児の負担を負う妻は，収入が無いか，もしくは夫より収入が少ない。収入の多い男性によって，婚姻中の財産のほとんどが形成され，夫婦別産制は，女性に不利にはたらいている面がある。この問題は究極的には，社会全体が，男女の区別なく家庭生活と職業生活を担っていくという社会意識の醸成と，両立を可能とする社会の実現によって解決されるほかないが，◁6現実に存在する経済的優劣から生ずる不利益を是正する必要がある。

　民法は，夫婦別産制によって，一方が不利益を被らないよう，離婚の際，財産分与として，双方の協力によって形成した財産を他方に請求できる手続きを定めており，財産形成についての夫婦の寄与は同等と推定されている。

　夫婦が共同生活を営む中で生じる日常家事債務について，夫婦は，第三者に対して連帯責任を負う。日常家事債務とは，具体的には，食糧，衣料などの生活必需品の購入費，医療費などである。

(乗井弥生)

▷6　1999年に制定された男女共同参画社会基本法は，これからの社会がめざすべき方向として，男女ともに，家庭生活と職業生活等の両立がはかられるべきことを示している。

VIII 夫であること，妻であること

 夫と妻の関係は？

1 夫妻関係とは

　夫妻関係が恋人関係と異なるのは，結婚という契約（あるいは契り）を結ぶことにあり，「婚姻」とは，結婚の法的手続きのことである。ここでは，現代社会における夫妻関係として，生活者の視点から「夫妻関係」の三層構造モデルを紹介しよう（図1）。

①狭義には，「夫妻関係」は，家族内の「夫」という地位に就く男性と「妻」という地位に就く女性との社会的に承認されたカップル関係である。私的な資源，時間，空間を共有し共同できる関係であり，社会的には連帯責任や一夫一妻の性的な拘束性を期待される関係でもある。

②広義には，「夫妻関係」は，夫である家族成員と妻である家族成員との関係であり，自分たちの家族を維持し存続させるという合意に基づいて協力しあう関係である。性別役割分業であろうとなかろうと，役割の協力や分担におけるギブ・アンド・テイクが互いの許容範囲に収まることが関係存続の条件である。また，個人名義の財産を保持する資源分有性，賞罰などが個人に帰属する責任個別性，離婚によって関係が終わる有限性といった夫と妻との利益関係は，個人対個人の別々の関係ととらえられるということである。

③最も広義には，夫である生活者においても妻である生活者においても，夫と妻であることは，個としての互いの生き方をサポートするとともに妨げないという合意に基づく関係である。神原文子は，その特徴を**疑似他人関係**と呼び，現代家族の1つの特徴と解している。

2 カップルとしての夫妻関係

　夫妻関係の「核」ともいえる「カップルとしての夫妻関係」の存在意義を，次のようにとらえることができる。第1に互いの肉体的，性的な交わりそのものに価値をみいだすというエロス的結合により愛を育むことができること，第2に，互いの生命を支え合う互助的結合により，生命を育むことができること，第3に，日常の喜怒哀楽をふたりで共同体験し続けたいという共生的結合により，共に生きることを喜べること，そして，第4に，互いの個を尊重しあえる受容的結合により，互いに自己を解放できることである。相手にこのような結

▷1　「夫婦関係」ではなく，「夫妻関係」と称しているのは，「婦」という文字に，女性差別的な意味が含まれており，「夫」と対をなす語は「妻」であるからという理由による。『広辞苑』で「めおと」を検索すると，「女夫・妻夫・夫婦」の漢字と，「妻と夫。ふうふ。みょうと。」との解説がされている。古代には，「女」や「妻」が先であった。

▷2　Ⅶ-6参照。

▷3　夫妻関係を三層構造でとらえるのは，生活者としての夫と妻にとって，三層それぞれの夫妻関係の意味づけが異なり，それゆえに満足できる夫妻関係のあり方も異なると考えられるからである。

▷4　疑似他人関係
神原の造語である。互いの個としての生き方を認め合っていながら，無関心や無干渉なかかわりを維持するという「他人関係」の特徴をもち合わせている関係である。

合を求める情動を「カップル結合」と呼ぼう。

夫にせよ，妻にせよ，このようなカップル結合を確信できるほど夫婦関係満足度が高くなるだろう。例えば，次のような相互連関を想定できる。妻が，夫との間でこれらの結合を確信できるほど，妻においては，夫からのニーズに応えようとするレディネス（態勢）の程度が強くなる。妻のレディネスの程度が強いほど，妻に対する夫の期待が充足される度合いが高くなる。妻に対する夫の期待が性的ニーズの充足であれば，その期待の充足がカップルとしての夫婦関係の満足度をより高くする。あるいは，妻に対する期待が家事の分担の仕方であれば，その期待が充足されるほど，夫は家族成員としての夫婦関係の満足度をより高くする。さらに，夫側に，妻からのニーズに応えようとするレディネスの程度が強くなることが期待される。夫のレディネスの程度が強いほど，夫に対する妻の期待が充足される度合いが高くなる。そして，と続くのである。夫と妻とは相互行為しながら夫婦関係を持続させることになる。ただし，いつまで持続するかは不確定である。

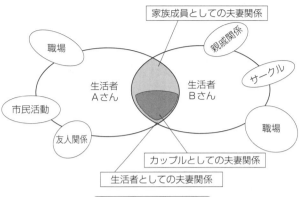

図1　夫と妻の三層構造

3　現代の夫婦関係の特徴

生活者にとっての夫婦関係の特徴を列挙しておこう。

第1に，夫にせよ，妻にせよ，自己犠牲的，運命共同的というよりはむしろ幾分かは自己本位的，功利的にパートナーとの関係を選んでいる。それゆえ，夫婦関係の形成，存続，変化は，夫と妻それぞれのニーズがどれほど充足されるかに影響される。

第2に，夫にせよ，妻にせよ，現在の夫婦関係や現在の家族の存続が最重要課題とは限らない。自分のニーズの充足にとって必要と判断する限りにおいて，夫婦関係や現在の家族の存続は意味をもつ。

第3に，夫にせよ，妻にせよ，家族成員であることが生活のすべてではなく，限定的，部分的に家族にかかわっている存在である。

第4に，夫と妻との間で，相手に対する期待が，相手によってつねに充足されるとは限らない。そのため，夫と妻との間で，カップルとしての結合，相手に対する期待内容，レディネスの程度，期待の充足度について，絶えず確認し，調整し，最低限の合意形成を行う必要がある。

第5に，夫にせよ妻にせよ，両者間の対立や葛藤に対処しながら家族生活の存続をはかるだけではなく，自分の生活欲求の充足のため（あるいは，不充足を最小限にするため）に夫婦関係を解消することもありうる。

（神原文子）

参考文献

神原文子, 1991,『現代の結婚と夫婦関係』培風館。
神原文子, 2004,『家族のライフスタイルを問う』勁草書房。
神原文子, 2015,「社会システムとしての家族」宮本みち子・清水新二編『家族生活研究』放送大学出版会, pp. 69-88。

Ⅷ 夫であること，妻であること

 夫妻関係とジェンダー

1 夫と妻のジェンダー関係

図1は，近代家族を，ジェンダーの視点からとらえたものある。図1の中で，ドーナツ型の第Ⅱ層は，夫と妻のジェンダー関係の特徴を示している。すなわち，近代家族では，（男女の性愛に基づきながらも，）父と子の血縁を重視する嫡出の原理に価値がおかれ，嫡出子の父である男性が主たる稼ぎ手となり，その子とその母親とを扶養し，世帯主として家族を代表する。他方，妻である女性は，夫の被扶養者となり，家事や育児を分担するとともに，主婦として家庭管理の責任を世帯主と分担する。今日でも，日本社会においてなじみのある夫妻関係といえよう。

こうした夫妻関係を「ジェンダー関係」とみるのは，稼ぎ手，家事担当，育児担当，世帯主，家庭管理者といった**家族内地位**は，生物学的な性差に基づく固有の地位ではないにもかかわらず，男か女かという性別によって就く家庭内地位が，社会的，文化的に規定されているからである。

ちなみに，家事とは，特定家族の家族課題の達成，あるいは，いずれかの家族成員（子どもを含む）の生活欲求の充足にむけて，直接的・間接的に手段として行う情報−資源処理（生産，獲得，運搬，加工，決定，使用，保管，再生，廃棄，リサイクル）の総称である。自家用に米を作るのは家事であるし，家族のために生活費を稼ぐことも家事になる。このような家事は性別にかかわりなく分担・協力できるし，家族外に委託することも可能である。家庭管理とは，家族目標をたて，人，もの，金を動かしながら目標を具体化する役割の総称である。

2 日本における夫と妻の性別役割分業の実態

図2と図3は，日本における家庭内役割分担についての考え方と現状を示している。図2によると，日本ではいまだ，「夫は外で働き，妻は家庭を守るべきである」という考え方に，男女とも「賛成」が「反対」を上回っている。また図3から，男性は「仕事優先」，女性は「家庭生活優先」という現状が顕著である。政府主導のワーク・ライフ・バランスのかけ声にもかかわらず，勤労者の長時間労働が是正されない限り，「男も女も仕事も家庭も」というジェンダー平等の実現は難しい。

▷1 神原文子，2013，「家族とジェンダー」木村涼子・伊田久美子・熊安貴美江編著『よくわかるジェンダー・スタディーズ』ミネルヴァ書房，pp. 76-77参照。

▷2 **家族内地位**
家族内の成員が占める，権力，権限，威信などを付与された位座をいう。家族内地位に応じた家族役割が期待される。

▷3 神原文子，1991，「家事」『現代の結婚と夫婦関係』培風館，p. 100参照。

▷4 図2，図3とも内閣府『男女共同参画社会に関する世論調査』より引用。2012年10月11日〜28日実施。全国20歳以上男女5,000人。層化2段無作為抽出法による。個別面接調査法。3,033人（60.7％）。

③ 夫と妻の性関係は対等か

夫妻関係の特徴をとらえる上で，性関係を避けるわけにはいかないが，夫妻間の性関係の実態や意識を問うている調査研究はきわめて少なく，かろうじて，『JEX JAPAN SEX SURVEY2012』を見つけることができた[5]。図4は，過去1年間の性交渉率を示しており，20代，30代では男女差が小さいが，40代以降で男女差が開いていることがわかる。また，性関係の相手が1人という人は，既婚女性では95.0％に対して，既婚男性では77.1％である。人生における性交渉について，女性は男性よりも「生殖」の意味が強く，男性は女性よりも「快楽」の意味が強いことの表れとも解せられるが，夫妻の性関係はジェンダー平等とはみなしがたい。

④ 夫妻関係におけるジェンダー平等とは？

最後に，夫妻間のジェンダー平等の考え方を提示しておこう。
①夫と妻の双方が自分らしく生きるという合意を形成できる。
②夫と妻とは，個人として，別々に，権利−義務を行使する。
③"自立"した男女が人生のパートナーとして共存関係を築く。
④"手段の平等"から"結果の平等"へ，欲求充足感の不公平を是正する。

(神原文子)

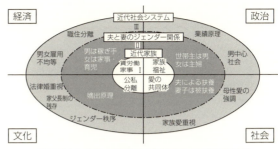

図1 ジェンダー視点からみた近代家族モデル

▷5 2012年11月，一般社団法人日本家族計画協会家族計画研究センターがジェクス株式会社からの依頼を受けて『生活と意識に関する調査』を実施。20歳から69歳までの男女対象。インターネットリサーチ。回答者数6,961人)。ただし，無作為抽出された標本ではないため，代表性については定かではない。

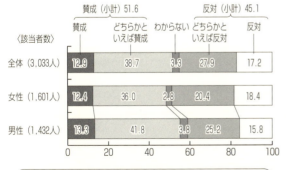

図2 「夫は外で働き，妻は家庭を守るべきである」という考え方

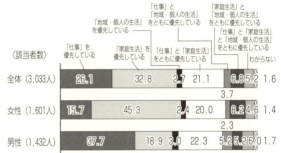

図3 「仕事」「家庭生活」「地域・個人生活」のかかわり方（現状）

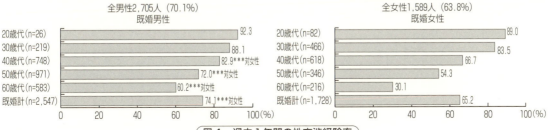

図4 過去1年間の性交渉経験率

注：「＊＊＊対女性」は，女性の数値と比べて統計的な有意差あり，を意味する。

VIII 夫であること，妻であること

3 家計を支える

1 家族を養う責任は誰にあるか

今日の家族において，家族を養う責任は誰にあるのか。性別役割分業意識が崩れてきつつあるとはいえ，日本においては稼得責任は男性（夫）にあると考えられている。「男性は家族を養う責任を持つべきだ」という意見について，東京（日本），ハンブルグ（ドイツ），パリ（フランス），ストックホルム（スウェーデン）の4都市で比較したところ，東京では他都市に比べて賛成する割合が男女ともに高いことがわかる（図1）。例えば，東京では68％の男性が「賛成」であり，「まあ賛成」をあわせると96％にのぼるのに対して，ハンブルグの男性は賛成が16％，パリでは6％，ストックホルム9％と大きな違いをみせている。同じ傾向は女性にもみられる。

2 共働きの増加

男性に稼得責任があると考える人が多いとしても，実際に収入を得ているのが夫のみという専業主婦世帯の割合は日本においても低下してきている一方，共働き世帯の割合は上昇している。図2で，男性雇用者と無業の妻からなる世帯（専業主婦世帯）と夫婦とも雇用者の共働き世帯の推移をみると，平成に

▷1 公益財団法人家計経済研究所の自主研究として東京で1999年実施，内閣府経済社会総合研究所に委託され公益財団法人家計経済研究所がストックホルムで2003年，リヨン・パリで2004年，ハンブルグ・ミュンヘンで2005年に実施した調査。ここでは，東京，ストックホルム，パリ，ハンブルグのデータを利用。財団法人家計経済研究所編，2000，『新 現代核家族の風景』国立印刷局；内閣府経済社会総合研究所・財団法人家計経済研究所編，2005，『スウェーデンの家族生活——子育てと仕事の両立』国立印刷局；内閣府経済社会総合研究所・財団法人家計経済研究所編，2006，『フランス・ドイツの家族生活——子育てと仕事の両立』国立印刷局を参照。

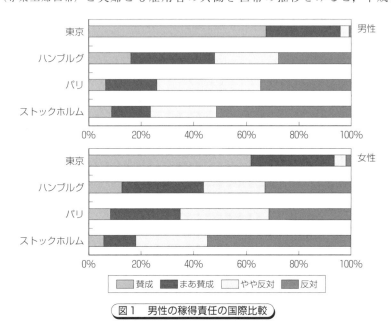

図1 男性の稼得責任の国際比較

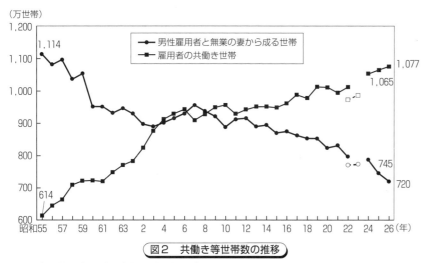

図2 共働き等世帯数の推移

出所：内閣府『男女共同参画白書　平成27年版』(http://www.gender.go.jp/about_danjo/whitepaper/h27/zentai/html/zuhyo/zuyo01-02-09.html)。

入ってそれらはほぼ同数となり，平成12年（2000）以降専業主婦世帯は減少傾向，共働き世帯は増加傾向へと転じている。

ただし，有配偶女性の継続就業率はさほど上昇してはいない。有配偶女性はいったん離職したのち，非正規雇用による再就職をすることが多く，いわゆるパートとしての一定収入以下を稼ぎ，家計の補填を行っていることが多い。「平成24年就業構造基本調査」によると，無業有配偶女性の中の就業希望者のうち，就業希望理由で一番多いのは，「収入を得る必要が生じた」が最も多く34.4％である。ただし，正規の職員・従業員を望んでいるのは14.7％にすぎず，75.5％がパート・アルバイトを望んでいる。

3 家計のやりくり

有配偶女性の多くが，年収「103万円の壁」や「130万円の壁」といわれる範囲内で働き家計を補填しているのに加えて，家計のやりくりにより家計を支えている。「消費生活に関するパネル調査」によると，68.8％の有配偶女性が家計を管理している。

従来，世帯主と主婦の諸権限からなる世帯主宰権のうち，消費管理権については主婦が主な担当者であった。主婦が財布の紐を握ることは日本の女性の伝統として考えられていたのである。これは日本女性の家庭内での強さであるととらえられがちであるが，必ずしもそうとはいいきれない。「消費生活に関するパネル調査」によれば，家計管理を「とても好き」と好んで行っている有配偶女性は2.5％と少なく，「（どちらかといえば）権利だと思う」21.2％に対して「（どちらかといえば）義務だと思う」72.8％と，むしろ苦痛であると感じている女性が少なくない。つまり，厳しい家計状況をやりくりするのは，家計を支えることの一部であり困難な仕事であるといえる。

（永井暁子）

▷2　総務省統計局が5年ごとに全国で実施。詳しくは http://www.stat.go.jp/data/shugyou/2012/index2.htm#kekka を参照。

▷3　パート収入の場合，給与所得控除額の最低額65万円に基礎控除38万円をプラスした103万円以下であれば，本人のパート収入に税金がかからない。加えて，その配偶者もまた，所得税の配偶者控除を受ける。つまり103万円以下の者の配偶者の税金も安くなる。配偶者の合計所得金額が1,000万円以下（給与収入だけの場合には，おおむね年収1,230万円以下）であり，パート収入が103万円超141万円未満であれば，その配偶者は配偶者特別控除を受けることができる。また，健康保険制度において，年収が130万円未満であれば健康保険の保険料負担はなく，その配偶者がサラリーマンであれば，年金制度においても届出により第3号被保険者となり，年金保険料の負担はなく，国民年金給付が受けられる。このように年収103万円以下や130万円以下で働く，つまり働き方を抑制することを「103万円の壁」や「130万円の壁」という。これらの制度については廃止することが検討されている。

▷4　公益財団法人家計経済研究所が1993年から毎年実施。家計管理タイプについては第22年度調査（2014年10月実施），家計管理意識については第10年度調査（2002年10月実施）。詳しくは http://www.kakeiken.or.jp/jp/jpsc/index.html を参照。

VIII 夫であること，妻であること

 夫婦の距離

1 結婚生活への期待

多くの人は期待をもって新しい家族生活をはじめる。しかし，結婚生活に対する大きすぎる期待は，その後の危機的な状況につながることも少なくない。結婚当初抱いた期待は，結婚生活をはじめて早々に裏切られることもある。

35歳から44歳までの妻とその夫に対する調査の結果をみると，妻の28.2％が「やや期待はずれ」もしくは「期待はずれ」と回答し，夫の11.6％が「やや期待はずれ」「期待はずれ」と回答している（表1）。特に，夫は「まあ期待どおり」と回答しているにもかかわらず妻が「やや期待はずれ」「期待はずれ」と回答しているのは15.3％にのぼり，妻の方に期待がはずれたカップルが多いようだ。

このデータでは，長く結婚生活をおくっている夫ほど期待がはずれたと答える割合が高くなる傾向にあるが，妻は結婚当初からその割合に違いがない。つまり，一部の妻は結婚早々から期待とは異なった結婚生活を送っているということになる。

結婚満足度あるいは夫婦関係満足度に目を向けてみると，夫婦の共同行動や本人／配偶者の健康が夫と妻とに共通して満足度に影響する要因として挙げられる。妻に関しては，家事分担の公平さの認知，家計の状況などが，夫に関しては妻の行う家事への満足感が影響している。要するに妻は結婚当初は夫との共同行動が多い方が，家事分担が公平だと感じられる方が満足度が高く，夫は満足いくような家事を妻が行ってくれることに満足度が高い。また，健康な方が，そして経済的に豊かな方が満足度が高いのである。

他方，これらの要因を考慮したとしても，結婚生活が経過することにより満足度が低下することが知られている。特に結婚後5〜6年で妻の満足度は大きく低下する。この結婚初期の満足度の高さはハ

▷1 特に夫婦もしくはカップル関係が十分に成熟していないにもかかわらず，子どもの誕生を迎えることは夫婦関係の問題を顕在化させることになる。詳しくは以下の本を参照。ベルスキ，J.・ケリー，J.，安次嶺佳子訳，1995，『子供をもつと夫婦に何が起こるか』草思社。

▷2 夫婦関係満足度，結婚満足度については家族社会学をはじめ，家族心理学等多くの研究がなされている。例えば以下のものが挙げられる。柏木惠子編，1998，『結婚・家族の心理学——家族の発達・個人の発達』ミネルヴァ書房；木下栄二，2004，「結婚満足度を規定するもの」渡辺秀樹ほか編『現代家族の構造と変容』東京大学出版会，pp. 277-291。

表1 夫婦の結婚生活への期待に対する現実への評価 (%)

		夫 回 答				
		期待以上	期待どおり	まあ期待どおり	やや期待はずれ,期待はずれ	全体
妻回答	期待以上	4.5	2.8	3.8	0.2	11.4
	期待どおり	2.4	5.3	5.3	0.3	13.5
	まあ期待どおり	6.4	12.0	25.4	7.9	46.9
	やや期待はずれ,期待はずれ	1.5	3.5	15.3	7.9	28.2
	全体	14.9	23.6	49.9	11.6	100.0

出所：公益財団法人家計経済研究所，現代核家族調査 (2008) データ。
注 1) 数字は全体パーセント。
  2)「現代核家族調査」は公益財団法人家計経済研究所が東京で2008年に実施した調査。詳しくは，『現代核家族のすがた——首都圏の夫婦・親子・家計』（家計経済研究所研究報告書 No. 4）。

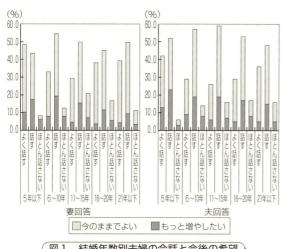

図1　結婚年数別夫婦の会話と今後の希望
出所：公益財団法人家計経済研究所，現代核家族調査（2008）データ。

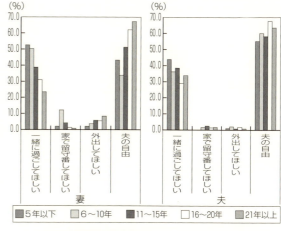

図2　結婚年数別休日の過ごし方についての希望
出所：公益財団法人家計経済研究所，現代核家族調査（2008）データ。

ネムーン効果といわれ，その後の低下は避けようがない部分もある。しかし，子どもの誕生，夫の育児への関心の低さが結婚初期の急激な満足度の低下に拍車をかけている面もある。

2　結婚生活の中ですれ違う妻と夫

結婚生活をおくる中で何が変わっていくのだろうか。結婚生活の初期には，本人による役割認知と配偶者による役割期待にズレが生じやすく，加えて多くの夫婦が出産，子育てなど多くのライフイベント（出来事）を経験する。そのことによって，生活時間，就労状態，家事や育児分担など生活が大きく変わる。そして夫婦のパートナーとしての役割の他に，親としての役割をそれぞれが担うことになり，役割関係の再編も必要となる。これらの変化の中で，夫婦間の小さなズレが徐々に大きくなっていく。

図1をみると，夫婦ともに結婚年数が経過すると，「よく話す」割合は低下していく。夫婦間にズレが生じ，結婚生活も期待とは違っているにもかかわらず，会話を増やす努力はしなくなる。

図2の休日の過ごし方についてみると，妻は結婚当初は自分と一緒に過ごしてほしいと思っているが，年数が経過するとその割合は低下する。反対に夫は，結婚当初は妻に比べると一緒に過ごしてほしいという希望は多くはないが，結婚16年目以降では妻と一緒に過ごしたいという希望が妻よりも高くなっている。

このように夫婦には結婚生活の中で徐々に距離が生じてくる。そしてその距離に応じて結婚生活を再編することを繰り返しながら，夫婦の距離はさらに離れていく。さらに中年期の夫婦になると，身体的な変化，子どもの離家，退職や退職後の生活への準備，夫婦関係の再統合など抱える課題はますます多い。▷4

（永井暁子）

▷3　夫婦関係満足度，結婚満足度への結婚年数の経過による影響は，U字曲線として知られている。子どもの離家後，夫婦だけになると夫婦関係は改善されるといわれていたが，近年，パネルデータや縦断調査データを用いた研究で，検証されている。例えば，以下の研究を参照。永井暁子，2005，「結婚生活の経過による妻の夫婦関係満足度の変化」『季刊家計経済研究』66：pp. 76-81；山口一男，2007，「夫婦関係満足度とワーク・ライフ・バランス」『季刊家計経済研究』73：pp. 50-60；筒井淳也・永井暁子，近刊，「夫婦の情緒関係——結婚満足度の分析から」稲葉昭英・保田時男ほか編『日本の家族1999-2009——全国家族調査（NFRJ）による計量社会学的研究』東京大学出版会。

▷4　詳しくは以下を参照。長津美代子，2007，『中年期における夫婦関係の研究』日本評論社。

VIII 夫であること，妻であること

 夫妻間コンフリクト

1 夫妻間コンフリクトはあたりまえ

夫妻間**コンフリクト**とは，夫と妻の欲求や期待が両立困難となり対立が顕在化することである。戦前のように夫優位の支配関係が制度化されておれば，あるいは戦後でさえ，建前としては夫妻平等になっても，妻は夫に従うべきという規範意識が強かった頃には，たとえ，妻が夫との関係において潜在的な対立関係となる葛藤を抱いても顕在化させることは少なかったに違いない。妻にとって，夫に対する葛藤を顕在化させることはあまりにもリスクが大きいからである。しかし，男女平等の価値観が一般化し，妻が夫との関係においても自由と平等と尊厳を求めるようになるにつれ，妻の意向を押さえつけようとする夫との間で夫妻間コンフリクトが顕在化しやすくなったといえる。

今日では，**自分中心志向**の男女がカップルになる可能性が強まっていることも，夫妻間コンフリクトが起こりやすくなる一因である。『第14回出生動向調査』によると，未婚の男女にとって結婚の利点は，「子どもや家族をもてる」「精神的安らぎの場が得られる」であり，加えて，女性の場合は，「経済的余裕がもてる」ことである。結婚するのは，なによりも自分の幸せのためなのである。また，「結婚したら，家庭のためには自分の個性や生き方を半分犠牲にするのは当然だ」という意見について，未婚男性の58.2%は「賛成」，未婚女性の51.2%は「反対」となっている。仮に，「賛成」と回答した男性が，実は，「家庭のための犠牲」を妻に期待しているのだとしたら，そして，「家庭のための犠牲」を引き受けたくないと考えている女性と結婚するとしたら，結婚のスタート時から対立の火種が存在することになる。夫妻間コンフリクトが発生しやすい要因について，以下のような命題を提示できる。

①未婚期の生活の利点が大きいほど，結婚生活への期待水準が高くなる。
②夫にせよ，妻にせよ，結婚生活への期待水準が高いほど，生活欲求が期待通りに充たされにくい。
③夫にせよ，妻にせよ，自己本位志向であるほど，結婚生活における期待の不充足についてパートナーに不満をむけやすい。
④夫または妻が，パートナーから自分にむけられる不満を受け入れがたいと判断するほど，双方の不満が夫妻間コンフリクトの契機となりやすい。
⑤夫にせよ，妻にせよ，自分らしい生活を求める傾向が強くなると，自分ら

▷1 コンフリクト
コンフリクト (conflict) とは，2者間で，互いの欲求が両立困難となり，自己の欲求充足を妨げる相手を拒否したり否定したりしようとする対立過程を意味する。

▷2 リスクとして，夫からの一方的な離縁がある。

▷3 自分中心志向
自分の生活欲求が充足されるか否かを判断基準として自分の生活を組み立てたいという志向性のことである。

▷4 国立社会保障・人口問題研究所，2010，『第14回出生動向基本調査：結婚と出産に関する全国調査』参照。

▷5 ▷4の調査によると，男性の18～34歳で69.7%，女性の18～34歳で77.2%が親と同居している。1990年代には，「パラサイト・シングル」という呼称も用いられていた。

▷6 さらに，「結婚しても，人生には結婚相手や家族とは別の自分だけの目標をもつべきである」という意見に「賛成」は，未婚の男女とも80%を超えている。すなわち，結婚しても，自分らしく生きるのはよいことだという価値観が当たり前になっている。

しい生活と家族生活との両立困難な状況が起こりうる。

2 夫妻間コンフリクトの諸相

　夫妻間コンフリクトは夫妻関係の三層構造のそれぞれの層で起こりうる。まず、「カップルとしての夫妻関係」では、例えば、性関係における期待の不一致から夫と妻の双方が不満をつのらせることがコンフリクトの契機になりうる。「家族メンバーとしての夫妻関係」では、例えば、妻にとって、浪費する夫、家事や育児に協力してくれない夫、親の介護を押しつける夫、すぐにキレる夫など、夫妻間での役割分担や協力の仕方を受け入れることができないという不満がコンフリクトの契機となりうる。また、「生活主体としての夫妻関係」では、例えば、パートナーが異性関係のような自分を裏切る行為をしたり、自分の尊厳を傷つける態度や言動をとったりすることに我慢できないとなると夫妻間のコンフリクトが顕在化することになる。

　夫妻間コンフリクトは、夫と妻の図1のような認識による対立の位相の違いとしてもとらえることができる。第1に、〈存続必要一致の位相〉である。夫と妻双方とも夫妻関係を続けたいという思いをもちながら、例えば、家事分担や子どもの教育方針をめぐって折り合いをつけることができないような場合である。第2に、〈存続-解消不一致の位相〉である。夫妻間コンフリクトにおいて、一方は仲直りしたくても、他方は夫妻関係を解消したいとなると、夫妻関係を続けるか解消するかで折り合いがつかなくなる。この位相では、しばしば権力の優劣によって決着がつけられる場合が少なくないし、DVが激化しやすい。そして、第3に、〈解消必要一致の位相〉である。夫と妻双方が夫妻関係を解消したいという点では一致をみても、例えば、子どもの親権や養育費の額など、夫妻関係を解消するための条件が折り合わない場合である。

　いずれにせよ、当事者のみの話し合いは、しばしば協議とは名ばかりの、力の優劣による不平等や不本意な決着になりやすい。

3 夫妻間コンフリクトと対処法

　夫妻間コンフリクトの対処法を講じる上で強調しておきたいことは、①夫妻間の愛情を重視するほど、愛情が冷めれば夫妻生活を続ける意味は低下し、愛情が低下するほど夫妻間の利害関係が露呈しやすいこと、②夫妻間コンフリクトに対して夫と妻のみで双方が合意できる解決策を採るのは容易ではないこと、③プライベートな空間の中で夫妻だけで協議する場合、力関係によって決着がつけられかねないことである。

　このような状況をふまえると、家庭裁判所の機能強化と専門性の向上をはかり、子どもの最善の利益を重視し、夫と妻双方が"勝ち負けなし"の解決策をみいだせるようなサポートの充実がなによりも期待される。　　　　（神原文子）

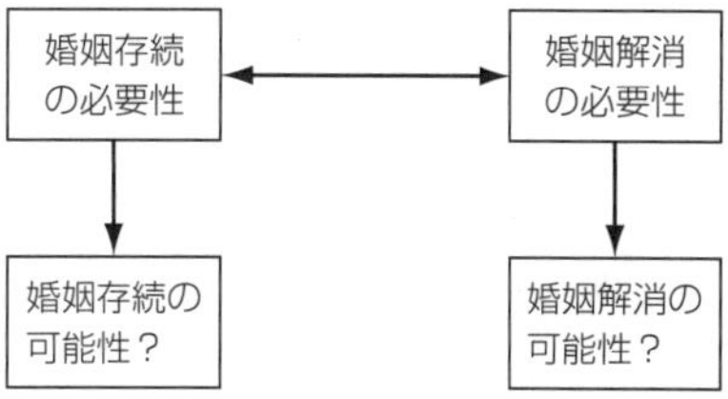

図1　婚姻の継続か解消かを左右する条件

▷7　Ⅷ-1参照のこと。

▷8　言葉や態度などによる精神的暴力のことを、近年では、「モラル・ハラスメント」と呼ぶこともある。

▷9　力の劣位な方は、逃げることが選択可能なほとんど唯一の手段であるが、逃げることが夫妻間コンフリクトの終結ではないことはいうまでもない。

参考文献
神原文子，2004,「夫婦間コンフリクト」高原正興・矢島正見・森田洋司・井出裕久編『社会病理学講座　病める関係性──ミクロ社会の病理』学文社，pp. 139-154。

VIII 夫であること，妻であること

ドメスティック・バイオレンス

1 ドメスティック・バイオレンス（DV）という言葉の誕生

1970年代よりアメリカやイギリスなどでは，フェミニストたちによって，夫からの暴力被害を受けた女性への草の根的なシェルター建設運動が広がった。93年には国連総会で「女性に対する暴力撤廃宣言」が採択され，95年の第4回北京世界女性会議では「女性に対する暴力の根絶」が重点課題に挙がり，それ以降 DV という言葉が日本でも広がっていった。日本でも1986年には民間のシェルターがつくられたが，同じ家族内暴力でありながら，DV への関心は児童虐待には及ばなかった。

2 DV 防止法の制定と DV の種類

2001年に日本でも「配偶者からの暴力の防止および被害者保護に関する法律」（DV 防止法）が制定された。背景には，2000年に虐待防止法が制定されたこと，国会における超党派の女性議員の協力があったことなどが指摘されている。しかし「配偶者から」という表現が含意しているように，必ずしも男性から女性への暴力だけを指しているわけではない。それが，現実には警察庁の集計によれば被害者の圧倒的多数が女性でありながら，女性も男性に暴力をふるっているという相互性を強調する意見に根拠を与える結果を招いている。

DV 加害者プログラムの原点であるドゥルース・モデルによれば，DV には，身体的 DV と性的 DV，それ以外にパワーとコントロールを行使したさまざまな言動があるとされる。これらの一覧は「暴力の車軸」として図示されており，DV 加害者更生プログラムが実施される際には必ず参照される。一般的には殴る蹴るといった身体的暴力だけが DV と考えられがちだが，実際には言葉や経済力を用いたさまざまな支配と権力の行使の総体が DV なのだ。近年夫からのモラル・ハラスメントという言葉が用いられるが，それも精神的 DV そのものである。

3 DV 被害者とは

都道府県のみならず，市町村においても DV 相談の窓口を設置することが努力義務となった。一般的な被害者支援の考え方は，DV を受けている女性は全員被害者の自覚をもっているので，とにかく逃げることを勧めるべきだ。な

▷1　2015年警察庁発表の「平成26年中のストーカー事案及び配偶者からの暴力事案の対応状況について」では被害者の性別は89.9％が女性であった。

▷2　ペンス，E. & ペイマー，M.，波田あい子監訳，堀田碧・寺沢恵美子訳，2004，『暴力男性の教育プログラム──ドゥルース・モデル』誠信書房。

▷3　イルゴイエンヌ，M.-F.，高野優訳，1999，『モラル・ハラスメント──人を傷つけずにはいられない』紀伊國屋書店。

▷4　2007年に改正された DV 防止法でこのことが明文化された。

▷5　信田さよ子，2008，『加害者は変われるか──DV と虐待を見つめながら』筑摩書房。

ぜなら加害者は変わることはなく DV をやめられないので別居か離婚しかない，というものである。DV は受ける側に責任はなく，どのような理由があろうと正当化できるものではない。不可避の暴力などなくそこには必ず選択が働いている。選んだ限りにおいて彼らは暴力に対し100％の責任がある。しかし殴られている女性が全員被害者の自覚をもっているわけではない。夫は妻のせいで暴力をふるうしかなかった，妻が悪いという他罰的被害者意識をもっており，妻はそんな夫の言葉を内面化して自分が加害者（夫に暴力をふるわせた）という罪悪感を抱いている。このような加害・被害の逆転した意識が DV の特徴である。被害者の自覚をなかなかもてない彼女たちに必要なのは，夫の行為を DV と名づけ，自分は暴力に対して責任がなく（イノセンス），被害者であることをくり返し定義し学習しつづけることである。DV についての正確な知識がなければ，被害者の当事者性は構築されないのである。

④ なぜ逃げないのか

DV 被害者と自覚しても，全員が逃げられるわけではない。加害者との間に形成されたトラウマの絆が妨害し，逃げたとしても生活面での支援や保障は不十分だ。子どもがいる場合は，学費や進学・就職のことを考えると，足がすくんでしまうだろう。また，どれほどひどい夫であろうと，誰かの妻であるというポジションがもたらす利得を失うことは，想像以上に被害者を怯えさせる。ホモソーシャルな社会とは，1 人の男性と婚姻関係を結ぶことで，女性たちの社会での地位が保障されるという構造をもっているからだ。それを捨てて生きることは，女性たちを難民化させるに等しい。したがって，逃げることをためらう被害者を責めることはできないだろう。

⑤ DV 加害者へのアプローチ

日本の刑法は民事不介入の原則から家族内の暴力加害者を処罰する体系をもっていない。したがって，保護命令違反の罰則を除いて，彼らは罪に問われない。被害者が加害者である夫を告訴しなければ彼らは何ら影響を受けないのだが，夫を告訴することはあまりに被害者に負担が大きい。カナダやアメリカ，韓国ではいわゆる DV 罪が定められており，裁判所命令による DV 加害者プログラムへの強制参加が認められている。日本では公的には DV 加害者プログラムは実施されていないが，民間レベルではいくつかのプログラムが実施されている。DV はそれをふるう加害者の問題なのであり，被害者が逃げるしかないとすればあまりにも不平等である。DV 加害者を被害者支援の一環に位置づけた加害者プログラム参加へと方向づけるさまざまな方策が必要である。

（信田さよ子）

▷6 信田さよ子，2002，『DV と虐待——「家族の暴力」に援助者ができること』医学書院。

▷7 トラウマティック・ボンドともいう。トラウマを受けた人が，新たにトラウマを受けるような危険な人物や状況を求めてしまう行為が，あたかもトラウマでつながった絆のようにみえることから命名された。被害者はこのような傾向を自覚しそれを避けるように方向づけていく必要がある。

▷8 セジウィック，E. K.，外岡尚美訳，1999，『クローゼットの認識論——セクシュアリティの20世紀』青土社。女性嫌悪（ミソジニー）と同性愛嫌悪（ホモフォビア）によって，男性同士がつながって形成される男性中心社会のことを指し，女性は男性と結婚することによってこの社会で位置することができるとされる。

▷9 保護命令は，接近禁止命令（被害者へのつきまとい，被害者への電話，その子ども，親族への接近禁止）＝6ヶ月間，と退去命令（加害者が現住所から退去する）＝2ヶ月間，から成る。いずれも違反すると，1年以下の懲役，100万円以下の罰金に処せられる。

▷10 現在，東京，神奈川，千葉，大阪，熊本などで民間団体主催で実施されている。筆者は NPO 法人 RRP 研究会主催の DV 加害者プログラムの実践に2005年からファシリテーターとしてかかわっている。

VIII 夫であること，妻であること

離婚の動向

1 日本における離婚件数と離婚率の年次推移

図1は，日本における離婚件数と離婚率の長期的な推移を図示したものである。明治中頃までは離婚率は高かった。その後，1898年に明治民法が制定され，庶民の間にイエ制度が普及するにつれて離婚件数は減少した。明治民法では，離婚時に子どもの親権をめぐる協議が成立しなければ，父親が親権者になるものと規定されていたため，母親は婚家に子どもを残して去るしかなかった。

戦後は，1960年代半ばから離婚件数も離婚率も上昇した。1980年代以降は，景気の動向を反映するかのように，1980年代後半は減少傾向にあったが，バブル崩壊後の1991年以降は毎年増加し，2002年には28万9,836件，人口1,000人あたり2.30件といずれも戦後最高となった。その後，2013年まで減少傾向にあるのは，婚姻件数の減少も一因と考えられる。2013年の離婚件数は23万1,000件，離婚率は人口1,000人あたり1.84件であり，婚姻件数は66万3,000件である。

2 離婚の実態変化

図2は，同居期間別にみた離婚の構成割合の年次推移を図示したものである。1950年（昭和25）には，同居5年未満の離婚が65.3％を占めており，同居20年以上の離婚はわずか3.5％にすぎなかった。その後，徐々に同居期間の長い夫妻の離婚の構成割合が増加し，2012年（平成24）には，同居5年未満は34.5％まで減少し，同居20年以上が17.5％にまで増加している。とりわけ，2007年以降，同居期間35年以上の夫婦の離婚件数も離婚率も増加している。要因として，男女の平均寿命が延びていることに加えて，2007年（平成19）4月から「離婚時年金分割制度」がスタートしたことが考えられる。

離婚動機について，最高裁判所事務総局『司法統計年報』をみると，女性では，

▷1 http://www.garbage-news.net/ archives/ 1892492. html（2015年8月15日現在）参照。厚生労働省『平成25年度人口動態統計』より。

▷2 「結婚した3組に1組は離婚する」という言説はまちがいである。2013年の婚姻件数と離婚件数の比率はおよそ3：1であるが，その年に結婚した3組のうち1組が離婚したのではなく，約2,900万組の夫婦のうち23万組が離婚した。

▷3 厚生労働省『平成25年度人口動態統計』より神原作成。

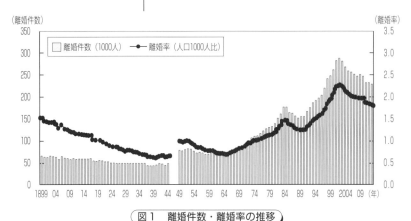

図1 離婚件数・離婚率の推移

出所：http://www.garbagenews.net/archives/1892492.html

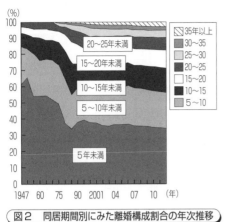

図2　同居期間別にみた離婚構成割合の年次推移

出所：厚生労働省『平成25年度人口動態統計』より筆者作成。

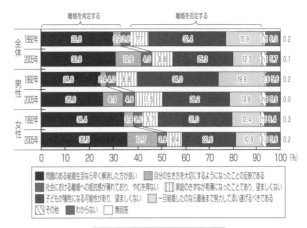

図3　離婚についての考え方

出所：内閣府男女共同参画局「男女共同参画社会に関する世論調査」(2007年8月)。

「性格が合わない」44.4％，「生活費を渡さない」27.5％，「精神的に虐待する」24.9％，「暴力を振るう」24.7％と続く。男性では，「性格が合わない」63.5％，「精神的に虐待する」17.4％，「異性関係」15.5％，「親族と折り合いが悪い」14.9％，「性的不調和」13.0％と続く。

　データは省略するが，親が離婚した未成年の子どもの数は2002年（29万9,525人）までは年々増加し，その後，減少に転じており，2013年（平成25）には23万2,406人となっている。

　子の親権者は，1965年までは「夫が全児の親権を行う場合」の方が「妻が全児の親権を行う場合」より多かったが，1966年に逆転し，2013年では「妻が全児の親権を行う場合」84.2％，「夫が全児の親権を行う場合」12.2％となっている。戦争など死別による母子世帯数が減少する一方，母子世帯全体に占める離婚による母子世帯の割合が増加することとなった◁6。

3　離婚観の変化

　図3は，1992年（平成4）と2005年（平成17）の結婚についての考え方の変化をとらえたものである。それによると，1992年時点では，男女ともに，「子どもが犠牲になる可能性があり，望ましくない」といった，離婚についての否定的な考えが肯定的な考えを上回っていた。しかし，2005年になると，男女ともに，「問題のある結婚生活なら早く解消したほうが良い」「自分の生き方を大切にするようになった反映である」などの肯定的な考えが増え，とりわけ女性では肯定的な考えが過半数を超えるまでになっている。

　「離婚は人生の失敗」「子どもがかわいそう」などとマイナスにとらえるのではなく，「離婚は人生をやり直す出発点」「子どもは大丈夫」と前向きなとらえ方ができるように，社会全体で，ひとり親と子どもに対する差別と排除をなくす積極的な施策が講じられることが期待される◁7。

（神原文子）

▷4　家族単位から個人単位への公的年金転換の一環として実施されるものであり，2007年4月以降の離婚については，夫妻間の合意か裁判所の決定があれば，夫の年金の報酬比例部分のうち最大2分の1を妻が分割して受け取れる制度である。

▷5　『司法統計年報』(2013)参照。ただし，家事事件における離婚事案に限られる。

▷6　ひとり親家族については，X-6を参照のこと。

▷7　排除については，XII-5を参照のこと。

VIII 夫であること，妻であること

 # 離婚に関する法律

1 離婚の方法

　自ら選んだ配偶者と生涯を共にしたいとの気持ちで夫婦となっても，人生には予期せぬことが待ち受けていることもある。互いに協力して共同生活を送ることが困難となった場合，離婚問題が夫婦の前にあらわれる。日本では離婚の方式として，離婚意思の合致と離婚届の提出というきわめて簡単な方法による協議離婚が認められており，離婚数全体の9割近くがこの協議離婚によって成立している。協議で離婚の合意とならない場合，家庭裁判所の手続を踏むことになるが，いきなり離婚訴訟を提起するのではなく，まず調停を申立て（調停前置主義），中立的立場の調停委員の関与を経て調整を試み，それでも調整ができず，裁判所による判断を得たい場合，離婚裁判を提起する手順となる。

　なお，当事者の間に未成年の子がいる場合は，子の親権者を決めなければ離婚届は受理されないし，家庭裁判所の関与による離婚であっても，未成年の子の親権者は必ず決められる。逆に，親権者を決めることだけが要件とされているが，ふたりの間に生まれた子の将来に対する責任という点から，離婚後の養育費や面会交流についても協議することが望ましい。今日，合意にむけての社会的な支援が課題となっている。

2 離婚原因

　夫婦として生活を共にすることが不幸であると思うとき婚姻関係の解消が問題となる。双方ともに婚姻関係の解消に同意をしているときはいいが，一方が離婚を望んでも，他方が離婚に応じない場合，民法の定める離婚原因がなければ，裁判所の判決という形での離婚はできない。離婚原因には，①配偶者の不貞行為，②悪意の遺棄，③3年以上の生死不明，④回復の見込みがない強度の精神病，⑤その他婚姻を継続し難い重大な事由，の5つがある。①～④は具体的離婚原因であり，⑤は抽象的離婚原因である（民法770条1項）。⑤で離婚が認められた具体例としては，配偶者からの暴行や虐待，ギャンブルや浪費，過度の宗教活動，親族との不和，性格の不一致などさまざまである。

　夫婦の一方が婚姻関係を破綻させるような離婚原因をつくった場合，破綻原因についての責任のある者（有責配偶者という）から，破綻を理由とした離婚請求は認められるだろうか。例えば，夫が他の女性と同棲し，妻との同居義務を

▷1　厚生労働省・人口動態統計によると，2013年の離婚件数は23万1,383件であり，協議離婚87.25%，調停離婚9.95%，和解離婚1.51%，判決離婚1.20%，その他となっている。

はたさず，妻に離婚を求めたような場合である。夫婦として信頼関係が完全に失われ破綻が客観的に明らかであっても，経済的理由や子どもへの影響等から離婚に同意しない妻は存在する。長い間，最高裁判所は，有責配偶者からの離婚請求を信義則に反するとして認めなかった。しかし，実体のない婚姻を長く解消させないことこそ正義に反するのではないかとの批判も強く，1987年（昭和62）に判例を変更し，有責配偶者からの離婚請求を一定の条件のもとに認めた。▷2 最高裁判所が示した有責配偶者からの離婚請求認容の条件とは①相当長期間の別居，②未成熟子の不存在，③相手方が離婚によりきわめて苛酷な状況に置かれる等離婚を認めることが著しく社会正義に反するといえる特段の事情のないこと，である。有責配偶者からの離婚請求については，離婚を認める判決も認めない判決もいろいろ出されているが，全体としては離婚の条件を緩和する方向にむかっているといわれている。

▷2 最高裁は，1987年（昭和62）の大法廷判決によって，消極的破綻主義から条件付きの積極的破綻主義に転じたといわれている。

3 財産分与と慰謝料

離婚に際して，夫婦の一方は他方に対して財産分与を請求することができ，当事者間で協議が調わないとき，家庭裁判所に審判を求めることができる。財産分与の法的性格については，①婚姻中協力して形成した夫婦財産の清算，②離婚後の扶養，③離婚による慰謝料という3つの要素があるといわれているが，その中心となるのは①の財産の清算である。日本は先進諸外国の中でも性別役割分業が強く残っている国であり，婚姻生活において形成される不動産や預貯金等の財産は，夫名義であることが多い。しかし，通常は夫と妻，双方の協力によって財産はつくられるのであり，離婚にあたり，名義の如何を問わず清算するのが公平である。かつて，裁判所の判断において，専業主婦型夫婦の場合，財産形成に対する妻の寄与割合を均等とせず，3割程度に低く評価する時代もあったが，家事労働の過小評価に対する批判や，性別役割分業で所得を得る能力に不均衡が生じることへの考慮から変更が加えられ，現在では寄与割合を原則平等とする実務が定着している。▷3

財産分与とは別に，離婚にあたって，一方が他方に不法行為を原因として慰謝料を請求する場合もある。財産分与と異なり，慰謝料請求の場合は，被害者が加害者に対して請求するものであるから，どちらが婚姻の破綻原因をつくったかが重要となる。妻が夫に請求するイメージをもつ人も多いが，妻の不貞行為によって夫婦の信頼関係が壊されたような場合には，夫が妻に請求する場合もあり，男性，女性，どちらからも請求はありうる。また，判決で認められる慰謝料の金額については，離婚に至る経緯は千差万別であり，どれくらいが相当かといった基準をみいだすのは難しい。一般には，請求額に比してかなり低い額といえるだろう。▷4

（乗井弥生）

▷3 「2分の1ルール」と呼ばれるものである。

▷4 2011年に東京家庭裁判所で認容された件数中，慰謝料の金額を抽出すると300万円以下で全体の約8割を占めている（東京家庭裁判所家事第6部編，2013，『東京家庭裁判所における人事訴訟の審理の実情［第3版］』判例タイムズ社）。

IX 父になること，母になること

1 子産み動向

1 産むか？ 産まないか？

　日本が**少子化**◁1の一途をたどっていることは，あまりにもよく知られた事実である。少子化に至る前，日本は子どもが多く生まれて多く死ぬ「多産多死」の時代，次に死亡率の低下による「多産少死」の時代，そして子どもを計画的に少なく産もうとする思想の普及により「少産少死」の時代を経験した。

　少子化は戦後にはまず既婚女性の少産化として現れたが，その原因は，敗戦後の人々の苦しい生活状況下で生活水準を上げるための人口政策，つまり人工妊娠中絶と不妊手術を経済的理由によって認めるという合法化と，避妊薬・避妊器具の認可・普及であった。これによって，それまでは女性の出産数が0人から8人ぐらいまでほぼ均等に分布していた状態が，およそ8割の家族が子ども数2〜3人になる状態へと集中した◁2。その主たる法的根拠となった優生保護法は，1996年にハンセン病者や障害者に対する不妊手術などの差別的条項を削除して母体保護法に改正された。この法律が私たちの「産むか？　産まないか？」という決定を「母体保護」という形で最終的に保障している◁3。

　1970年代中盤からは非婚化が少子化の大きな要因となり，現在は晩婚化が影響して既婚女性にさらなる少産化の傾向もみられる。女性の高学歴化や賃労働への就労が原因だといわれたこともあるが，それらの説は今では否定されている。女性が日本より高学歴である国や就労率の高い国で，出生率も日本より高いケースがあると明らかになっているからである。人々が子どもを産むか産まないかということは，女性ひとりの問題ではなく，男女双方の問題であり，さらには子どもを産むこと・産まないことを支える社会全体の仕組みの問題である。最近，第1子出産の4分の1を超えて増えつづけている「**できちゃった婚**」◁4から推測されるように，婚前の性交渉が許容される一方で，子どもを産み育てるのは婚姻関係の中でなければならないという規範意識は強い。子産みは自然なできごとではなく，社会の仕組みによって大きく影響されている。

2 どこで，誰と，どのように産むか

　子どもを産むことは新しい家族を迎え入れることであるが，そのための場所となる医療施設の不足が近年大きな問題となっている。確かに産科・産婦人科のある病院・診療所数は，1984年から2005年までの間に約3割減り，現在も減

▷1　少子化
「少子化」をここでは「ある社会における出生率の長期的な減少」と定義する。少子化は若年層の人口減少をもたらすため，その結果として必然的に一時的な高齢化が生じる。日本の少子化はとりわけ1950年代に急激に生じたため，高齢化もまた急激である。

▷2　人口問題審議会・厚生省大臣官房政策課・厚生省人口問題研究所編，1988，『日本の人口・日本の家族』東洋経済新報社，6, p. 53。

▷3　IX-8 ▷9 参照

▷4　できちゃった婚
婚姻届出後，10ヶ月未満で出産するケース。「おめでた婚」「授り婚」などともいう。特に20歳未満の母親の第1子では8割以上と多い。厚生労働省，2010，『「出生に関する統計」の概況（人口動態統計特殊報告）』（http://www.mhlw.go.jp/toukei/saikin/hw/jinkou/tokusyu/syussyo6/index.html）。VII-4 も参照。

り続けている。ところが、産科・産婦人科医ひとりあたりの平均出生児数をみてみると、これも減っている。つまり、医師の負担はむしろ軽くなっているはずなのである。◁5 では、一体なにが今、問題になっているのだろうか。

低体重児（2500g未満）や手術による出産など産科・小児科の負担が増加し、医療施設が減少して医師と分娩がそこに集中することによる、産科医療のいわば過疎過密化、そして地域格差が拡大している。

定期的な健診が望ましく、一旦分娩となると急を要することの多い産科にあって、過疎過密化は医師にも妊婦・胎児にも負担をかけリスクを高めてしまう。しかし分娩が少なくなった現代、開業制に基づく医療制度では、採算のとれない過疎地域からは撤退せざるを得ない。産科・産婦人科医療施設の減少傾向は今にはじまったことではないが、それに対する抜本的な対策はほとんど行われてこなかったため、子産み環境のこのような劣悪化が、人々の産むことに対する不安をいっそう高めている。

しかし、同時に忘れてはならないのは、日本は新生児と乳幼児死亡に関して世界有数の低い数値を誇っているということである。1960年代までは自宅分娩で助産婦（当時）が立ち会うことがほとんどで、図1のようにさまざまな出産のしかたがあった。その後には医師の立会いのもと、病院や診療所での分娩が99％に達し、死亡率は非常に低くなったものの、施設の集中化と過疎化が生じてしまったのである。

新たな子産み環境の整備が必要な今こそ、どこで誰とともに、どのように子どもを産むことが望ましいのか、そのためにはどのような制度が必要かを考えるチャンスである。

（田間泰子）

▷5　厚生労働省大臣官房統計情報部編、2014、『平成22年医師・歯科医師・薬剤師調査』；中井章人・関口敦子、2013、「産婦人科危機再び!?——産婦人科の動向と勤務医就労状況」(http:// www. jaog. or. jp/ all/ document/ 71_131211.pdf)

図1　夫と一緒に産む

出所：吉村典子、2008、「四国山地・上須戒の出産民俗史——夫婦共同型出産習俗にみる安産への視線」『国立歴史民俗博物館研究報告』141：p. 562。
注：姿勢をわかりやすくするため産婦は着衣なしで描かれている。

IX 父になること，母になること

父と子／母と子

1 父とは誰か，母とは誰か

霊長類学者・山極寿一によれば，子どもにとって母親が誰であるかは「生物学的きずな」によって疑いがない。しかし，父親にはそのようなきずながないので，父親は母親と子どもから選ばれる「社会学的父」として存在するしかなく，「父親としての地位を安定化させるために（中略）父親としての社会的認知を確立する」必要があったという。山極は，ここにヒトの家族の起源をみる。◁1

しかし，ヒトには，母親であってもわが子を嗅覚や視覚で識別できるような能力はない。また，今や母親が誰であるかということも生殖技術の発達によってきわめて疑わしいものになっており，逆に遺伝子レベルであれば，父親を母親と同様にDNA鑑定によってほぼ確定することができる。ただ，父親になることが家族のあり方を規定するさまざまな制度と結びついてきたことは，確かである。例えば，アフリカ・ナイル川流域に住むヌエル（ヌアー）族の「幽霊婚」では，男性が子どもをもたずに死んだ場合に，配偶者たる妻が別の男性との間に子どもをもうけ，死んだ男性がその子の法的に正統な父親になる。ほかに実の父親が子どもの扶養や相続にかかわらない例として，母系集団のインド・ナヤール族や家父長制をしく日本の白川郷がある。いずれにおいても，子どもは母親の所属する親族集団のなかで育てられる。極北カナダに住むヘヤー・インディアンでは，母親が子どもの父親を決めて，緩やかに家族関係を形成する。ヒトは実に多様な「父親」の決め方と家族形態を作り出してきたのだ。◁3

2 社会の仕組みとしての「父」と「母」

父親になることも，母親になることも，生物学的に決まるのではなく，社会の仕組みによって決められる。現代日本において，子どもの父親が誰かを決めるのは，子どもでもその母親でもなく，民法である。◁4 法治国家において法律が家族関係を規定するのは当然であるが，問題は，父親が誰かということが親子関係の事実の証明によらず，民法の法的婚姻関係の有無と父親のみの意思によって差別的に規定されるという点である。また，民法の規定と現代の家族の実態とのずれが，ますます大きくなっていることも深刻な問題を引き起こしている。

また，法律が定められず無規制である状態もまた「仕組み」の一部と考える

▷1 山極寿一，1994，『家族の起源——父性の登場』東京大学出版会，p. 174。

▷2 IX-3 参照。

▷3 エヴァンス゠プリチャード，E. E.，長島信弘・向井元子訳，1985，『ヌアー族の親族と結婚』（上・下）岩波書店；江馬三枝子，1975，『飛驒白川村』未來社；原ひろ子，1989，『ヘヤー・インディアンとその世界』平凡社。

▷4 IX-9 参照。

べきである。というのも，日本では戦後，夫ではない男性の精子を用いた人工授精（AID, Artificial Insemination by Donor）が法的規制のないまま普及せられた歴史がある。1990年の時点で1万人以上いると見積もられた人々の遺伝学的父親は，精子提供者の匿名性のために不明で，母親の法律上の配偶者が父親となっている。父親になることは，そのような遺伝的な曖昧さを，それがたとえ秘匿されねばならないとしても許されてきたのだ。これもまた日本社会の1つの仕組みなのである。

それに対し，母親となることについては「分娩の事実」をもって実母とするという最高裁判例（昭和37年4月27日）がある。子どもの祖母が母親として届け出て真偽が争われたのであるが，この判例が意味するのは，司法によって確定しなければ，母親になることもまた社会的には曖昧でありうるということである。

図1 子どもの生死に責任をもつ者

出所：橘義天，1861，『捨子教誡の謡』（山住正己他編，1976，『子育ての書3』平凡社，p. 195）。

③ 「父」「母」のいま・むかし

図1は，子どもを捨てながらも心配で見守る父親と，見回り中に子どもをみつめる役人を描いて捨て子をいさめる江戸時代後期の教諭書である。ここからは，捨てるのも心配するのも父親，そして拾って面倒をみるのは男性の役人，すなわち子どもの生死に責任をもっているのは男性である，という構図がみえ，母親は責任を問われていないことがわかる。しかし明治時代になって，子どもの出生とその家族関係は国家により規定され，父親が親権をもつことになった。その過程で，子どもを産み育てることは特に母親の義務の放棄とみなされていった。

人工妊娠中絶についても同様である。医学が今のように発達していなかった江戸時代には，妊娠はまだ4ヶ月以後の胎動によってしか確定することができず，人工妊娠中絶か自然な流産かを判別することも難しかった。幾つかの藩は江戸時代後期には「懐胎届」を出させるなどして妊娠と出産を管理するようになっていたが，それでも多くの場合，堕胎や捨て子・子殺しで責任を問われたのは家長たる父親だった。しかし江戸末期には，母親の罪が第一に問われるようになり，明治以降，父親の罪は問われなくなっていった。現在，人工妊娠中絶は「堕胎罪」として第一に胎児の母親が処罰対象になっているが，これは明治13年（1880）に制定された旧刑法（明治15年施行，明治40年改正により現行刑法）で定められたもので，胎児の父親に刑は及ばない。このように刑罰も視野におさめて考えてみると，父親になることと母親になることは，その社会的役割の軽重も含めて，歴史的に大きく変化してきた仕組みだといえる。　（田間泰子）

▷5　由井秀樹，2015，『人工授精の近代――戦後の「家族」と医療・技術』青弓社。

▷6　家長と5人組の連帯責任が問われた江戸時代の諸例と女性の妊娠・出産の管理強化については，沢山美果子，1998，『出産と身体の近世』勁草書房；沢山美果子，2005，『性と生殖の近世』勁草書房。

IX 父になること，母になること

 生殖技術のもたらすもの

1 生殖技術の歴史

　子どもの生命はどのようにして女性の体内に宿るのか。この問いは，古代から人々を悩まし続けてきた。精霊が女性のからだに入ることによって，と考える文化もあれば，女性が素材を提供し男性のエネルギーがそれを人へと形づくるという思想もあり，卵子の中に胎児のミニチュアが入っていると主張されたこともある。畜産の分野での技術を応用して，精子を人工的に子宮に入れる人工授精は試みられやすく，日本では1949年に慶應義塾大学において，夫以外の精子による人工授精児の分娩第1例が報告されたのち普及した。

　1978年，生命の誕生をコントロールしようとしてきた長い苦労の歴史は，塗り替えられた。イギリスではじめて，体外受精させたヒトの胚を子宮内に移植し，分娩することに成功したのである。それ以来，**生殖技術**は体外で精子と卵子を操作する段階に入り，わずか数十年の間に急速に進展し社会に浸透した。日本では，1983年に東北大学で体外受精児の分娩第1例が報告されたが，20年後の2003年には日本産科婦人科学会に報告された体外受精児だけで6,600名以上に達した。2012年の体外受精による出生数は4万人近くとなっている。生殖技術によって誕生する子どもたちの割合の増加が示すのは，この技術がもはや特別なものではなく，生まれる子どもたちも特別視されない時代が到来しつつあるということである。

2 生殖技術がもたらしたもの

　生殖技術のこのような発展は，子どもを望んで得られなかった多くの家族に，子どもをもたらした。また，重篤な遺伝病に悩む夫婦においては，受精卵が着床する前の診断によって遺伝病の心配のない子どもを得ることができる場合もある。私たちは，多くの雑誌や体験書で，不妊治療によって子どもを得た人々の喜びの声を読むことができる。性同一性障害や同性愛のカップルも子どもが得られる技術でもある。その一方で，国立社会保障・人口問題研究所の調査によると，夫婦の約30％が不妊を心配したことがあり，約16％が治療を受けたことがあるという結果が出ている。生殖技術の普及は，子どもをもたらすだけでなく，「不妊症」という病をもまた身近なものにしたといえる。

　不妊は，いつの時代にも多くの人々の悩みの原因だったようだが，不妊であ

▷1　**生殖技術**
(reproductive technology) 人工授精（配偶者によるAIH, 非配偶者によるAID）や体外受精 - 胚移植 (IVF-ET, in vitro fertilization-embryo transfer) のほか，胚凍結保存，顕微授精，顕微孵化等があり，それらを可能にするための諸検査，治療法や保存・培養技術等が含まれる。体外受精をともなう技術は，生殖補助技術もしくは補助生殖技術 (ART, assisted reproductive technology) ともいわれる。

▷2　日本産科婦人科学会, 2012,『ARTデータ集』(http://www.plaza.unim.ac.jp/~jsog-art/data.htm).

▷3　国立社会保障・人口問題研究所, 2010,『第14回出生動向基本調査』(http://www.ipss.go.jp/).

ること自体は他の疾病のように身体的な苦痛や死をもたらさないので，不妊を「不妊症」という病にするのは，子どもを産まねばならないという社会規範の作用による。したがって，生殖技術は社会規範から「逸脱」した人々を「正常」に戻す，社会統制の技術であるともいえる。以前は養子縁組や離縁・まじないなどに頼っていた不妊の解決法が生殖技術の受療へと集中し，治療を受けずにいる人々が，「なぜ治療しないのか」と問われ追い詰められることがあるのは，子どもを産むことが人々の完全に自由な選択に基づくのではなく，社会規範により期待されているからである。

▷4　パーソンズ，T.，佐藤勉訳，1974，『社会体系論』青木書店，p. 311。

3　生殖技術のもたらすもの

　生殖技術は，単なる医療技術ではなく，社会的な意味をになった技術である。生殖技術の不妊症への適用は「次世代育成支援対策推進法」によって少子化対策の一端に位置づけられ，条件つきだが治療への補助金が出されている（2012年度の助成13万4,943件）。また，厚生労働省は全国に不妊相談センターを整備することを目標としており，生殖技術の適用は今後ますます増加すると考えられる。一方，日本産科婦人科学会に登録している医療施設は，会の方針にそって生殖技術の適用対象を法的婚姻の夫婦あるいは事実婚の夫婦に限っているため，子どもをもちたいと望む人誰もが生殖技術を使えるわけではなく，異性愛の夫婦が子どもをもつことが優先される結果となっている。生殖技術を規制する法律は整備されていない（2015年8月現在）。日本産科婦人科学会は，第三者に子宮を借りるホスト・マザーや第三者の女性に夫の精子を人工授精するサロゲイト・マザーを会告で禁じているが，法的処罰力はなく，諸調査によれば人々の立場の違いにより生殖技術への許容度が大きく異なることもわかっている。

　このような状況下では，生殖技術はさまざまな問題をもたらしかねない。つねに問題となってきたのは，大きな身体的負担を引き受ける女性が十分に情報を得た上で選択できるかどうかである。だがそれだけでなく，夫婦間の合意が不十分な場合や，有意に多い多胎妊娠と低体重児の場合の妊娠・育児負担は，望んで子どもを迎えた家族にも危機をもたらすことがある。一方，子どもを自己の思うままにデザインしたい，日本では困難な生殖技術を利用したいと考え，海外へ出かける人々も存在する。生殖技術は，無規制になれば精子の父と育ての父のほか，卵子の母，子宮の母，育ての母がみな別人という複雑な親子関係をもたらしうるし，性別による産みわけや遺伝子デザインをも可能にする。

　しかし，いかなる場合にも，生殖技術がもたらすものは何よりもまず子どもである。したがって，生殖技術には子どもの人権保障を最優先にもたらすような法的規制が喫緊のこととして必要とされている。

（田間泰子）

▷5　裁判では，夫の死亡後に夫の凍結精子によって妊娠・出産した事例が夫の子と認知されないという判決が下された（2006年9月5日最高裁）。アメリカでホスト・マザーによって子どもを得て帰国した事例では，出産したという事実を根拠にアメリカのホスト・マザーが実母だという判決が下された（2007年3月23日最高裁）。いずれも母となる女性の訴えを棄却したものである。

▷6　才村眞理，2008，『生殖補助医療で生まれた子どもの出自を知る権利』福村出版；非配偶者間人工授精で生まれた人の自助グループ・長沖暁子編，2014，『AIDで生まれるということ——精子提供で生まれた子どもたちの声』萬書房。

IX 父になること，母になること

 ## 4 婚外子・無国籍・無戸籍

1 国家が望む家族の形

　人は一生の間に何度，自分の戸籍をみるだろうか。もし，あなたが日本国籍をもっていれば，数えるほどで済むかもしれない。しかし，もしかすると，戸籍があなたの人生に立ちはだかり，深刻な差別を引き起こすかもしれない。

　戸籍とは，人の氏名，出生および死亡の年月日，家族関係（親子，きょうだい，養子縁組，婚姻と離婚）などを示す登録簿で，かつ，日本国籍をもつこと，つまり日本国民であることを証明する唯一の公的証明書である。戸籍に類したものは近世までにも存在したが，近代に大日本帝国となってから国民管理のために父系の「家」を単位とする戸籍制度が創設された。1947年，戸籍は日本国憲法のもとで大きく改正され，同一氏の者のみを2世代に限り記載することになった（1948年1月1日施行）。同一氏については，婚姻届によって夫婦が同一氏になり新しく1つの戸籍を作ることが定められているので，結果的に，現代の戸籍はいわゆる近代家族（夫婦とその未婚子）の形を示すものとなった。つまり，日本国籍をもつ者は，この近代家族的な集団の身分を通して国民として管理されているのであり，近代家族の形は単なる恋愛や自然の結果ではなく，日本における国民管理の基礎単位となっているのである。犯罪者や債務者は戸籍をたどってかなり追跡できるし，相続も戸籍の記載事項をもとに行われる。旅券も，戸籍があれば通常はスムーズに発行される。

　ところが，現実には，私たちの人生は必ずしもこの近代家族の枠内に収まらない。例えば，近年確実に増加している離婚である。多くの婚姻では女性が夫の氏に変更するため，女性は婚姻を届出ると夫を筆頭者とする戸籍に入ることになる。離婚，再婚，離婚を繰り返せば，女性は次々に新しい夫の籍に入っては出ることを繰り返さなければならない。「同一氏」が慣行として夫の氏となっている限り，結婚・離婚・再婚は女性だけに戸籍異動と氏の変更を引き起こし，圧倒的な不利益を与える。また，暴力をふるう夫から妻が逃げる場合，夫は戸籍から妻の行方を捜すことができる。犯罪者や債務者を追跡する戸籍の機能が，加害者に有利なように利用されてしまうのである。戸籍は離婚しないことを前提とした制度であり，男性に有利に機能しているといえる。さらに，子どもが離婚時に母親の戸籍に入ることが大多数となっている現在，このような不利益は，同時に子どもにも及んでいる。

▷1　Ⅲ-7 も参照。

▷2　これを防止するため，申し出により戸籍・住民票・住民基本台帳の写しの閲覧や交付を制限することができる。Ⅷ-5 も参照。

▷3　より詳しくは，嫡出子とは届出された婚姻関係から生まれた子である。庶子は婚姻外であるが父親によって実子と認知された子，私生子はされない子である。善積京子編, 1992,『非婚を生きたい――婚外子の差別を問う』青木書店；善積京子, 1993,『婚外子の社会学』世界思想社。以下，表現を「婚内子」と「婚外子」に統一する。

▷4　相続の差別については，2013年12月民法改正が

2 婚外子・無国籍・無戸籍

　子どもと母親がこうむる不利益は，届出婚以外の性交渉によって子どもが出生する場合にも大きい。明治のはじめ，正妻のほかに妾とその子の存在を認めていた政府は，その後，子どもを両親の婚姻関係と父親による認知の有無によって「嫡出子」「庶子」「私生子」と差別化し，戦後には婚姻内で出生する「嫡出子」と婚外の「非嫡出子」に分けた。婚外子は，事実婚を選んだカップルや婚外の性交渉による場合，さらに非婚を自ら選んだ女性のもとで出生するなど事情はさまざまであるが，戸籍における表記差別があるほか，父親の財産相続において婚内子の2分の1という民法上の差別や，社会的な偏見による差別があった。さらに，父親との関係については，Ⅸ-9で述べるように婚内子か婚外子かによって父親の義務に大きな差別がある。届出婚をした妻には貞操義務が暗に要求されるとともに夫には子の扶養義務が課され，婚外性交渉の結果については男性の勝手都合が認められているのである。これらの差別のため，日本では全出生に対する婚外子の割合が図1のように低く抑えられ，最近少し増えてはいるが2.2％（2013年）である。そして，このような法律上の差別を拒否したために出生届が受理されず，子どもが無戸籍（したがって無国籍）となったケースもある。届出婚をした家族は法律によって守られ，婚外子は出生による不利益を受けている。

　この状況は，近年増加している国際結婚の場合に，さらに問題を引き起こしている。無国籍児の実数は公的統計では把握できないが，2005年までの10年間，入国管理局で在留資格を取得した15歳未満の無国籍児は1,000人前後で推移している。

　無戸籍・無国籍の子どもたちについては現実には複雑なケースが多々あり，自治体の窓口による対応も異なり，各地で裁判が行われている。2008年6月には無戸籍の母親から生まれた子どもの出生届が受理されて父親の戸籍に入ることができた。また，同年9月には，離婚後300日以内の出生児を前夫との嫡出子と推定することを避けて無戸籍になっていた子どもが，実父との家庭裁判所調停を通して出生届を受理され戸籍を取得した。人々の運動が実って，法務省は子どもが無戸籍にならないよう，救済できるように法律を運用しつつある。

　ただ，法律を変更しないまま運用で対処するのではなく，夫婦ともに日本国籍である届出婚家族だけを優遇し他の家族を排除する国民管理のあり方，それを規定する法律自体を，人権，特に子どもの人権保護の立場から早急に見直すべきであろう。

（田間泰子）

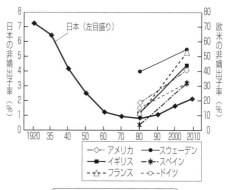

図1　婚外子出生率の推移

出所：岩間暁子・大和礼子・田間泰子, 2015,『問いからはじめる家族社会学——多様化する家族の包摂に向けて』有斐閣, p. 143。

国会で可決された。

▷5　国立社会保障・人口問題研究所編, 2015,『人口統計資料集 2015』67。

▷6　Ⅳ-6 Ⅵ-10 を参照。

▷7　法務省入国管理局編・発行, 各年,『在留外国人統計』。

▷8　国際人権規約B（自由権規約, 日本は1979年批准）は,「すべての児童は, 人種, 皮膚の色, 性, 言語, 宗教, 国民的もしくは社会的出身, 財産または出生によるいかなる差別なしに, 未成年者としての地位に必要とされる保護の措置であって家族, 社会および国による措置についての権利を有する」, そして「すべての児童は, 国籍を取得する権利を有する」と定めている。また, 子どもの権利条約（1994年批准）も子どもは出生時から「名前をもつ権利と国籍を取得する権利」を有し, 締約国は「あらゆる形態の差別」から子どもが「保護されることを確保するためのすべての適当な措置」をとらねばならないとしている。

IX 父になること，母になること

ステップファミリー

1 ステップファミリーとはどのような家族なのか

「ステップファミリー」とは，成人カップルの少なくとも一方が元パートナーなど以前関係のあった人との間に生まれた子どもをもっている家族を指す言葉である。日本では，とりわけ1990年代に離婚・再婚が増加したことから，ステップファミリーは珍しくなくなった。「子連れ再婚家族」と言い換えられがちだが，必ずしも再婚を経ないステップファミリーもあり，また再婚する親の視点に偏った呼称であるため不十分さを残す。子どもの視点を導入して，例えば「親の新しいパートナー（継親）とかかわる子どもを含む家族」と言い換えてみると，同じ家族状況でも異なった印象を与える。この定義の違いにも表れているように，家族に対するイメージや期待が，子ども，同居親，別居親，継親などの家族メンバー間でズレが大きくなりやすい点にステップファミリーの特徴がある。

ステップファミリーは，現在のカップルの双方に以前の関係での子どもがいる場合と一方だけにいる場合，現在のカップルに新たに子どもが生まれた場合とそうでない場合など，多様な家族状況を含んでおり，それによっても家族構造の複雑さは異なる。そうした多様性にもかかわらず，継親子関係を含んでいることが共通点である。

2 ステップファミリーにおける継親子関係

離婚後に両親のどちらかが親権を失わざるをえない法制度を維持している日本では，この継親子関係を「血縁のない親子関係」であると考え，継父は「新しいお父さん」に，継母は「新しいお母さん」になることを当然とみなす傾向が強い。継親が実の親の一方を「代替」することを前提とした家族モデルである。しかし，継親は子どもの「親」に成り代わるべきなのだろうか。日本でも，親権をもたない親と子どもの面会交流を推進する方向へと法改正が行われ，別居する親（大多数が父親）と子どもの関係を維持する必要が認識されはじめた。そして，親の再婚後も両親が子どもの親役割を「継続」する家族モデルに基づくステップファミリーの構築が模索されるようになってきた。その場合，継親は子どもにとってどのような存在になるのか。この点をめぐって，ステップファミリーの家族像はメンバー間で揺れ動くことが多い。

成人した継子によるステップファミリー経験の語りを分析した最近の研究に

▷1 英語圏では，否定的なニュアンスをもつ"step"という語を避けて，「混合家族（blended family）」の語が使われることもある。しかしこの名称は，家族全員が標準的初婚家族のように混合・融合する（blended）ことを暗黙のうちに価値づけ，方向づけている点で問題がある。英語圏でも，継親子関係の存在という独自性を端的に表す用語である"stepfamily"が使われることが一般的である。

▷2 野沢慎司・茨木尚子・早野俊明・SAJ 編，2006，『Q&A ステップファミリーの基礎知識――子連れ再婚家族と支援者のために』明石書店。

▷3 親権とは，日本の民法において定められている父母が未成年子に対してもっている権利と義務の総称。身上監護権，居所指定権，懲戒権などを含む。現行法では，婚姻中は父母が共同して親権を行うが，離婚する場合には父母の一方を親権者と定める単独親権制が維持されている。欧米諸国では両親の離婚・再婚後も同じ両親が共同で子どもの養育について義務を負う制度が導入されて久しい。詳しくは，日弁連法務研究財団 離婚後の子どもの親権及び監護に関する比較法的研究会編，2007，『子どもの福祉と共同親権――別居・離婚に伴う親権・監護

よれば，子どもたちの経験するステップファミリー生活および継親子関係は実に多様である。親の離婚や再婚などの生活変化への適応に苦しむケースもある。同居するようになった継親が急に親として振る舞い（お父さん，お母さんと呼ぶことを強いられることも多い），しつけにかかわり，別居親とも急に会えなくなるなどの家族生活の変化が急激であると，子どもが適応できず，継親に対して拒絶的になる傾向がみられる。継親側からみると，「親」になろうと努力しているのに継子がそれを受け入れてくれないため自尊心が傷つく経験となる。

一方，継親が継子から愛称などで呼ばれ，「親」として振る舞わず，しつけは従来通り同居親だけが担ったケースでは，子どもの生活変化への適応が比較的容易である。継親が継子との心理的距離を無理に詰めずにゆっくりと友だちのような関係を作ることで次第に継親子間に信頼関係が発達することもある。

③ ステップファミリーにおける実親子関係とネットワーク型家族

最近の研究は，子どもが親の再婚という人生上の大きな変化に適応する上で，子どもとその同居親・別居親との関係が重要な要因となることを示している。とりわけ，子どもの親権をもち，子どもと同居している親が再婚前後にどのように振る舞うかは子どもの適応にとって鍵となる。母親（あるいは父親）が，継父（あるいは継母）に対して権威的な親として継子をしつけることを期待し，子どもに継親を親として受け入れさせようと急ぐなど，親が継親子関係に介入して適度な距離を維持できない場合，継親子間だけでなく同居親子間の摩擦が高まることが少なくない。逆に，親が子どもの感情に気を配り，自分の子どもだけと過ごす時間を作る，別居親との関係継続を支援するなど，子どもと親との関係は変わらないことや継親が親を奪う存在ではないと感じさせる配慮があると，子どもは安心して新しい環境になじめる。その上でゆっくり継親子関係が発達することを支援することが期待される。ステップファミリーでは，継親だけでなく，実親がはたすべき役割も初婚家族とは大きく異なる。

逆説的だが，「ふつう」の初婚家族のように全員が連帯し，融合することをめざしてがんばればがんばるほど関係がギクシャクしやすい。むしろ「ふつう」の家族イメージに囚われずに，あえて「ふつう」とは違う，無理のない家族のかたちを模索することが家族全員の苦痛軽減につながる。その意味で，同居・別居の親，継親，さらには祖父母など，子どものケアに関わる多くの大人たちが連携し，複数世帯にまたがる，子ども中心のネットワーク型ステップファミリー形成を真剣に検討すべき時期にさしかかっている。

しかし，そのためには離婚・再婚後の親権のあり方にかかわる社会制度の変革や多様な家族モデルを前提とした家族支援を社会が推進する必要がある。その点で，自治体などがステップファミリー支援団体との連携を展開する意義も大きい。

(野沢慎司)

法制の比較法研究』日本加除出版を参照。

▷4 菊地真理, 2009,「再婚後の家族関係」野々山久也『論点ハンドブック 家族社会学』世界思想社, pp. 277-280。

▷5 ▷4 参照。

▷6 野沢慎司・菊地真理, 2014,「若年成人継子が語る継親子関係の多様性──ステップファミリーにおける継親の役割と継子の適応」『研究所年報』44: pp. 69-87。

▷7 ▷4 参照。

▷8 野沢慎司, 2009,「家族下位文化と家族変動──ステップファミリーと社会制度」牟田和恵編『家族を超える社会学──新しいつながりと生の基盤』新曜社, pp. 175-201。

▷9 ▷4 参照。

▷10 野沢慎司, 2015,「ステップファミリーの若年成人子が語る同居親との関係──親の再婚への適応における重要性」『社会イノベーション研究』10(2): pp. 59-83。

▷11 野沢慎司, 2011,「ステップファミリーをめぐる葛藤──潜在する2つの家族モデル」『家族〈社会と法〉』27: pp. 89-94。

▷12 支援団体「ステップファミリー・アソシエーション・オブ・ジャパン(SAJ)」のウェブサイト(http://web.saj-stepfamily.org/), SAJ・野沢慎司編『家族支援者のための国際セミナー2014報告書』; SAJ・野沢慎司編『日米ステップファミリー会議2011報告書』参照。

IX 父になること，母になること

 非血縁親子

1 血のつながりとは

あなたの親は誰か。そう問いかけられたとき，多くの人は自分を産んだ女性とそのパートナー（配偶者）のことを思い浮かべるだろう。そのような男女とあなたとの関係を，一般には「血のつながり」と表現する。

しかし，「血のつながり」と親子は，それほど簡単に結びつけられるものなのだろうか。歴史的にみれば，子どもを産む人と育てる人，そして制度的な親がそれぞれに独立しているという社会は広く存在してきた。また，現代では，生殖技術の進歩により，妊娠・出産さえも遺伝的なつながりと切り離すことができるようになっている。このようにみれば，「血のつながり」があることが「親子の証」という考え方は，決して当たり前のものではないことがわかる。

今日，親子関係を示す際に用いられるのは，主に以下の議論である。

①出産：これは，妊娠・出産した子どもとその女性との関係を親子とするという考え方である。「お腹を痛めた子」などの表現は，これを前提としている。法律上ではいわゆる代理出産の場合には，出産した女性を子どもの親とみなすことになる。

②遺伝子：これは，子どもと遺伝学的なつながりをもつ男女との関係を親子とする考え方である。DNAによる親子鑑定は，この考え方に基づいている。さまざまな事情によって，精子・卵子のいずれか，または両方を他者から提供されて妊娠することがある。その場合，親は精子・卵子の提供者ということになる。

③戸籍：これは，遺伝子や出産とはかかわりなく，同じ戸籍に入っていることが親子であるという考え方である。養子縁組を行えば同一戸籍に入ることになり，子どもと大人は同じ姓を名乗る。そのような関係を親子とみなす。

④同居：「親子」という認識のもとに同居し，関係性を構築することが親子であることを示すという考え方である。再婚家族の継父母と子どもや里親と子どものように，非血縁の親子で養育する／される関係にある場合などに用いられる。

2 非血縁の子ども

このように，「血のつながり」とは，きわめて曖昧な概念であるにもかかわ

▷1　平安時代後期には，武家社会では乳母による養育が流行し，出産した親よりも親密な関係を築いていた。家の継承を目的とする養子縁組は，明治時代後期に実子主義が民法に取り入れられるまで，広く行われていた。IX-8 を参照。

▷2　IX-3 参照。

らず，今日でも血縁関係があることを「親子の証」とみなす考え方は支配的である。そのため，非血縁親子は，社会の中で深刻な生きづらさを経験することになる。生きづらさの1つには，社会における排除や差別がある。例えば，里親と委託された子どもとの関係のように，同一戸籍に入っていない非血縁親子は，親子間の姓が異なる。子どもは，学校や職場では通称として親と同じ姓を名乗ることがあるが，戸籍名と通称名が異なることが知られると，からかいや詮索の対象となり，他者との関係にも軋轢が生じる。育った家族から自立し，ひとりで生活をはじめる際にも，さまざまな形で社会は"親"の有無を確認する。そのたびに，非血縁の親子は精神的な苦痛や実質的な不利益をこうむることになる。

　このような排除や差別の問題とともに，子どもにとって大きな障害となるのは，血縁のある親に育てられないことに対する葛藤である。親子には「血のつながり」があることが当たり前とされる社会では，そこから逸脱していることが大きな**スティグマ**となる。非血縁の親と暮らす子どもは，「なぜ，（血縁のある）親に育てられなかったのか」という疑問を抱えて生きることを強いられる。子どもたちが血縁のある親と暮らせないという現実に圧倒され，挫折感や否定的な感情を抱き，自己や他者を責め続けることも少なくない。このような感情の増大が，よりいっそう家族や社会と子どもとの溝を深めていく。非血縁の子どもが抱える葛藤は重く深いものであるにもかかわらず，こうした問題が社会から注目されることは少なく，彼／彼女らが周囲から理解を得ることは難しい。

❸ 血縁関係のない親の養育

　非血縁の親は，子どもを養育するにあたって，子どもとの良好な関係を模索する。非血縁の子どもを養育する際に親がとろうとする役割には次のパターンがあるといわれている。第1に，血縁のある親の役割をめざす場合，第2に，血縁のある親とは異なる親の役割をめざす場合，第3に，親という役割そのものをめざさない場合である。第1では，非血縁の親は血縁のある親の"代わり"になろうとし，子どもにとって唯一の親としてふるまう。第2では，親は複数存在しても構わないと考え，血縁のある親の存在を容認した上で，"もうひとりの親"という立場で子どもとかかわろうとする。第3では，血縁のある親を唯一の親ととらえ，養育者など"親ではない者"として子どもとかかわろうとする。複数の子どもを預かり，養育する場合には，第3の役割が選ばれる傾向にある。

　いずれのパターンをとるかは，それぞれの意思や親子の相互作用によって決定される。それぞれの親子は，「血縁がない」ということを受け入れ，互いの立場や役割を認めあうまでにさまざまな葛藤を繰り返す。非血縁の親子とは，このような関係性の構築のプロセスそのものといえるだろう。　　　（和泉広恵）

▷3　児童福祉法に基づく里親制度では，里親と子どもの戸籍上の姓は異なっている。子どもは学校や職場では里親の姓を用いることもあれば，戸籍上の姓を用いることもある。

▷4　スティグマ
他者から貼られる極めて強くマイナスの影響を及ぼすラベルのこと。一度貼られたラベルは容易に取り除くことができない。

第4部　家族の相対化

IX　父になること，母になること

 子どもがいないということ

1　子どもがいること／いないこと

近年，日本では少子化が進行し，「子どもをもつこと」に対する社会的な関心が高まっている。出生率が1.57に低下した1989年以降，日本では働きやすい職場づくりや地域の子育て支援など，「子どもをもつこと」を可能にするための政策や運動が推進されている。「子どもをもつこと」は，研究においても主要なテーマとなっており，妊娠・出産が夫婦間の関係や女性のライフコースにどのような影響を与えるのかがさまざまなデータから検討されてきた。

その一方で，「子どもをもたないこと」に関する積極的な意味づけは，これまで十分に行われてきたとはいえない。少子化の影響など，ネガティブな側面が強調されることはあっても，子どもをもたない者のライフコースや夫婦関係の変化など，「子どもがいないこと」自体を積極的に意味づける研究や議論はあまりみられない。

2　子どもを産まない女性

それでは，子どもがいないことは，これまで社会でどのように扱われてきたのだろうか。妊娠・出産は，社会における女性の重要な役割とされてきた。そのため，子どもを産まない女性は共同体の厳しい差別や排除の対象となった時代もある。不妊女性は「カラオンナ」「キオンナ」などと呼ばれ，家だけでなく村全体の不幸の源とされたことすらある。◁1

婚姻という社会制度においては，子どもを産まないことが離縁の正当な理由とされるだけでなく，子どもができること自体が結婚の条件となる地域も存在していた。例えば，歴史的に注目される婚姻の1つに「足入れ婚」という形態がある。◁2「足入れ婚」とは，婚姻成立後も嫁が生家にとどまり，数ヶ月から数年を経て婚の家に引移る結婚のことである。この場合，嫁の引移りは姑の隠居による主婦の交代をともなっていたが，姑の隠居を促す要因の1つが，嫁の妊娠であった。もし，嫁がいつまでも妊娠しなければ，婚姻そのものが一方的に取り消されることもあったのである。◁3

3　産めないこと・産まないこと

近年子どもをもたない夫婦や独身者は増加しているが，その中には「望んで

▷1　青柳まちこ，1985，「忌避された性」坪井洋文ほか編『日本民俗文化体系10　家と女性』小学館，pp. 416-458。

▷2　大間知篤三，1975，「足入れ婚とその周辺」竹田旦編『大間知篤三著作集第2巻』未來社，pp. 400-449。

▷3　かつて対馬には「腹祭り」という風習があり，婚姻を望む男女に対して，第1子の妊娠後に盛大な祝いが行われ，これによって正式に婚姻が認められた。こうした風習の下では，女性は妊娠しなければ結婚できなかった（大間知篤三，1975，「腹祭り」竹田旦編『大間知篤三著作集第2巻』未來社，pp. 214-215）。

いるが子どもがいない」場合と「子どもを望まない」場合がある。前者の主な原因は晩婚化にある。妊娠率は年齢と相関しており，女性は35歳，男性は40歳を過ぎると徐々に妊娠する確率が低下するといわれている。2013年の平均初婚年齢は，男性30.4歳，女性28.6歳に達している。自然妊娠が困難な場合に盛んに行われているのは不妊治療である。[4] 治療には高額な費用がかかり，女性の身体には過度な負担が求められるが，今日治療を希望する者は後を絶たない。

「子どもを望まない」場合，その理由には子育てにエネルギーを費やすことを好まない，自分の親の生き方に賛同できない，夫婦の生活を享受したい，"親であること"よりもキャリアを追求したいなどが挙げられる。[5] 女性の地位が向上してきた今日，子どもがいないことは1つのライフスタイルとして社会に受け入れられるようになってきた。しかし，子どもをもたないという決断が，ときには夫婦間の軋轢や孫を期待する祖父母との対立へと発展することもある。

子どもがいないことは男性にとっても多様な意味をもつ。例えば，妻の不妊治療を支える男性は，子どもを望む理由について「人並みの生活をしたい」「跡継ぎがほしい」「生物として子孫を残したい」などを挙げる。[6] 子どもがいる男性は，女性よりも子どもへの一体感をもちやすいという結果も示されている。[7] その一方で，不妊症の男性は生殖能力がないことに負い目を感じ，孤立感を抱えることも指摘されている。メディアにおいては，不妊症の男性は一方的にケアされる主体として扱われ，自らが何かを語る存在とはみなされない。[8]

子どもをもたないことについて男性は女性同様に複雑な感情や意識を抱えているにもかかわらず，一般には女性の問題とされ男性は無視されることが多い。妊娠・出産は女性の問題であると同時に男性の問題でもある。こうした事柄について，今後は男女の関係性や各々のジェンダー意識の観点からも議論する必要があるだろう。

4 自己選択の罠

今日，「結婚しなければ一人前ではない」「子どもがいなければ幸せではない」といった規範は薄れ，結婚や出産は自己選択と考えられるようになってきた。このことは，子どもを産まない者をスティグマから解放する反面，子どもがいないことを個人的なことがらとして社会問題から分断してしまうという危険性をはらんでいる。子どもがいないことは個人の選択であると同時に，医療や生命倫理，家族制度，女性や夫婦を取り巻く環境などと深く関連している。これらの背景を考慮せずに子どもがいないことの意味をとらえることはできない。結婚や出産の規範が変化している今こそ，子どもがいないことについて，社会的な視点からより深く検討することが必要なのではないだろうか。(和泉広恵)

▷4 国立社会保障・人口問題研究所が行った「第14回出生動向調査」(2010年)では，夫婦が理想とする子ども数は平均2.42人で，不妊について心配したことがある夫婦は31.1％に達しており，子どもの有無は夫婦にとって重要な問題であることがわかる。

▷5 バートレット，J.,遠藤公美恵訳，2004,『「産まない」時代の女たち』とびら社。

▷6 西村理恵，2004,「不妊女性を支える男性たち」村岡潔ほか著『不妊と男性』青弓社。

▷7 柏木惠子・若松素子，1994,「『親になる』ことによる人格発達──生涯発達的視点から親を研究する試み」『発達心理学研究』5(1)。

▷8 田中俊之，2004,「『男性問題』としての不妊」村岡潔ほか著『不妊と男性』青弓社。

IX 父になること，母になること

8 親になる？ ならない？

1 「親」になりたい？ なりたくない？

国立社会保障・人口問題研究所の調査によると，日本では「子どもがほしい」と思う人が少しずつ減っている。独身で結婚を希望する人の「希望子ども数」は，1982年には2.3人前後であったのが2010年には2.1人ほどになり，子どもをひとりも希望しない人の割合は回答者の10人に1人以上である。まだ，9割近くの人々が子どもの親になりたいと望んでいる，とはいえるのだが，この数値の変化を過小評価してはならない。なぜなら，晩婚化と非婚化が進んで，そもそも独身者の実数自体が増加しているため，割合の増減以上に実数の増減は大きくなるからである。

さらに同調査からわかることは，「希望子ども数」が就業状況と深く関連しているということである。男性の無職・家事従事者・パート・アルバイト・派遣・嘱託，女性の無職・家事従事者は「希望子ども数」が明らかに少ない。[1] そして，これもまた，どの年齢層の男女においても非正規雇用や無職が増加しているという事実がある。[2] 「親」になりたいか，また何人の子どもの「親」になりたいかという意欲にはさまざまな要因が関連するが，日本ではその1つに経済状況があるのだ。この事情は既婚者でも同様で，理想とする子ども数をもたない理由は突出して「子育てや教育にお金がかかりすぎるから」となっている。[3]

とはいえ，子どもをもって「親」になることの意味は，いまだ失われてはいない。独身者に子どもを希望する人が多いだけでなく，実際に子どもをもつ母親の99％は「育てていてよかったと思うことがある」と感じ，8割以上が「子どもの成長によろこびを感じる」と回答している。[4]

2 「親」とはなにか

「親」になるか？ ならないか？ という問いの答えは，「親」をどのような存在と定義するかによって変わる。もし，「親」になることが遺伝子の継承を意味するのなら，精子や卵子の提供のみで「親」になることができ，精子や卵子を提供できない人は決して「親」になれないことになる。あるいは，もし「親」になることが，望んだ子どもだけを産み育てることなら，望まれずに生まれた子どもには「親」がいないことになってしまう。いずれの「親」の定義においても見失われているのは，〈人は誰しも「子ども」として生まれ，生き

▷1 国立社会保障・人口問題研究所編，2012，『平成22年第14回出生動向基本調査——わが国独身層の結婚観と家族観』pp. 74-79。

▷2 三山雅子，2007，「非正規雇用とジェンダー——パートタイムを中心に」足立眞理子・伊田久美子・木村涼子・熊安貴美江編『フェミニスト・ポリティクスの新展開——労働・ケア・グローバリゼーション』明石書店，p. 275。

▷3 国立社会保障・人口問題研究所編，2012，『第14回出生動向基本調査 結婚と出産に関する全国調査 夫婦調査の結果概要』(http://www.ipss.go.jp/ps-doukou/j/doukou14/doukou14.pdf)。

▷4 厚生労働省編，2008，『第6回21世紀出生児縦断調査結果の概況』(http://www.mhlw.go.jp/toukei/saikin/hw/syusseiji/06/tyousa.html, 2008.3.31)。

るためにはケアされることを必要とする〉という人間のあり方の本質と、〈ケアによって「子ども」と「親」の間に人間関係が育まれる〉という事実である。

ケアは、人が生きるために不可欠な要素である。かつて、日本で死亡率が高かった時代には、1歳になるまでに子どもの5人にひとりが死んでいたといわれている。◁5 そのような社会においては、子どもが成人することを保障するための「生育儀礼」が数多く用意され

図1　妊婦体験をする小学生

出所：宮崎つた子、2008、「性教育の意義と変遷」我部山キヨ子編『臨床助産師必携――生命と文化をふまえた支援［第2版］』医学書院、p. 107。

ていた。子どもの日常的な養育も生育儀礼も、子どもの成育を願う大切なケアの行為である。それらのケアは、親の死亡率も高く離婚も多かった時代にあって、実親だけでなく義理の親や親族、近隣の人々によって広くになわれた。「親」は必ずしも実親だけを指すのではなく、子どものケアを人々が分担して「親」となっていた。例えば子を丈夫に育てた経験のある女性の乳房から乳を飲むしぐさを儀礼的にさせる「乳親」、名声がある人などに子どもの名前を付けてもらう「名付け親」、現在の成人式にあたる元服（烏帽子を被る）を行うときに定められる「烏帽子親」などである。◁6 そのような時代と現代を同列に論じることはできないが、「親」が実親でなければならないと考えられるようになり（これを「実親実子主義」と呼ぼう）、「親」になるかならないかを人々が悩むようになったのは、近代という時代に入ってからのことである。「親」になることは時代によって変化してきた。今や、「親」になるにも学習や戦略が必要とされる時代である。◁7

しかし、ここで「親」という存在の必要性という原点に立ち戻ってみよう。すると、「親」になるか？　ならないか？　という問いは、血縁の有無を超えて、〈「子ども」という存在をケアし、関係性を育もうとするか？　しないか？〉という問いにほかならない。◁8 何人の子どもをいつもつかを責任をもって決めることは、個人のリプロダクティブ・ライツであり、日本政府はこれを保障する責務がある。しかし、現代日本では現実問題として、「親」になることは重い経済的負担や心理的負担をともなうため、この権利は保障されていないといえる。◁9 「親」になるか？　ならないか？　という問いは、その権利が政策的に保障された上での、人々の責任ある選択となるべきである。　（田間泰子）

▷5　ただし地域・階層・凶年かどうかによる差が非常に大きい。鬼頭宏、2007、『［図説］人口で見る日本史』PHP研究所。

▷6　「名付け式」「お宮参り」「お食い初め」「七五三」などいくつかの儀礼は現代も残っている。大藤ゆき、1967、『児やらい――産育の民俗』岩崎美術社。

▷7　天童睦子編、2004、『育児戦略の社会学――育児雑誌の変容と再生産』世界思想社。

▷8　「親子」の関係性の由来については学問的に論争がある。その1つは、「親分子分」「親方子方」という言葉にみられるように、親子関係が本来は経済的関係に基づく庇護と従属の関係を示すものであって、血縁関係は必須要件ではなかったとする主張をめぐるものである。柳田國男、1979、『定本柳田國男集第15巻』筑摩書房。

▷9　カイロ国際人口・開発会議編、外務省監訳、1994、『国際人口・開発会議「行動計画」：カイロ国際人口・開発会議（1994年9月5-13日）採択文書』世界の動き社。

IX 父になること，母になること

 法律における親子とはなにか

1 親子はどのようにして決められるのか

　子が生まれたとき，母親が誰なのかは分娩という事実によって明らかである。民法では，嫡出でない子（婚姻関係にない男女の間で生まれた子）は，その父または母が認知をすることができるとなっているが，裁判所は，母親は認知をする必要はなく，出生証明書を添えて出生届を出せば当然に母親であるとしており，そのように取り扱われている。婚姻をしていない母親が出生届を出せば，母と子の戸籍が作られる。

　これに対して，子の父親が誰なのかは外形的にわかりにくい。そこで民法は，婚姻中に妻が懐胎した子は，夫の子であると推定し，さらに婚姻成立の日から200日を経過した後，または婚姻解消の日から300日以内に生まれた子は，婚姻中に懐胎したものと推定している。そして，これらの条件に当てはまる子を，嫡出推定を受ける嫡出子と呼んでいる。嫡出子とは，婚姻中の父母から生まれた子のことである。これらの場合には生物学的父が誰かということは追求されない。そして，法律上，嫡出推定を受けている子が自分の子ではないと否認できるのは父親だけであって，それも1年以内に嫡出否認の訴えを提起しなければならないとされている。法律は，婚姻制度のもとで親子の身分関係を早期に安定させることが望ましいと考えているためである。

　最近は科学技術の進歩によって，DNA鑑定によって生物学上の父子関係を99.9％の精度で証明することが可能となっている。そのため，新たな紛争も生じてきている。妻が婚姻中に夫以外の男性との間の子を懐胎，出産し，その子が婚姻中の夫の子として嫡出推定を受けている場合について，裁判所は，どのように考えているのであろうか。その子が生まれた後に夫婦が離婚し，子は法律上の父（離婚前の夫）のもとで監護されておらず，妻とDNA鑑定によって生物学上の父であることが証明された男性のもとで養育され，順調に成長している事情のある場合についても，裁判所は，子の身分関係の法的な安定を保持する必要があり，夫の子として嫡出推定が及ぶとしている。法は，速やかに父子関係を確定して子の利益をはかることを重視しており，法律上の父子関係が生物学上の父子関係とは一致しないことを容認している。

　また，裁判所は，生物学的に女性であった性同一性障害者が，特例法に基づいて，戸籍上，男性への性別の取扱いの変更を受け，その後に女性と婚姻し，

▷1　裁判所は，代理母の場合には，卵子を提供した女性ではなく，出産した女性を母と認めている。

▷2　なお，妻がその子を懐胎すべき時期に，すでに夫婦が事実上の離婚をしていて夫婦の実態が失われていたり，遠隔地に居住していて夫婦間に性的関係をもつ機会がなかったことが明らかであるなどの場合には，例外的に親子関係不存在の確認の訴えという方法によって父子関係の存否を争うことができる。

▷3　正式には，性同一性障害者の性別の取扱いの特例に関する法律という。2004年（平成16）7月16日に施行，2008年（平成20）12月18日改正施行，2013年（平成25）1月1日改正施行。

その女性（妻）が，第三者の男性からの精子提供を受けて人工授精によって懐胎し，出産した場合，生まれた子は，特例法により性別の取扱いの変更を受けた夫の子として，嫡出の推定が及ぶとしている。

2 嫡出でない子

婚姻関係にない男女の間に生まれた子は，「嫡出でない子」として，非嫡出子と呼ばれており，父親が誰なのかを推定する規定はない。

戸籍法に基づいて，認知の届出をした者が父と認められ，父は遺言によって認知することもできる。また，父親は母の承諾なく認知をすることができる。▷4

他方，子の側から，父親に対して認知を求めることもできる。そして，父親が任意に認知に応じない場合には，調停や訴訟を提起し，DNA鑑定などによって生物学上の親子関係を証明することが必要となる。

民法は，「正統な」という意味のある「嫡出」という言葉を使っており，両親が婚姻関係にある男女のもとで生まれた子であるか否かによって，嫡出子と非嫡出子という異なる扱いをしている。ごく最近まで法律上，国籍の取得や相続分に関して，非嫡出子を差別する明文の規定が残っていた。これらは幾多の裁判の闘いの積み重ねによって，ようやく最高裁にその違憲性が認められるに至っている。▷5

3 養子縁組と離縁

親子関係は，実の親子だけでなく他人どうしでも成立させることができる。これが養子であり，養親と養子との間で養子縁組の届け出をすることで，法律上親子関係が発生する。養子は，嫡出子と同じに扱われ，扶養や相続においても同じである。また，養子が6歳未満であるときは，一定の要件のもとで，実親との親族関係を終了させて実子と同じ扱いをする特別養子制度が設けられている。

養子を未成年者に限り，縁組みの目的を子の育成におく国が多い中で，日本は歴史的経過から成年養子を認めている。家のあと継ぎのために扶養や相続や墓の継承を目的としたものが多く，そのため，お互いの利害が対立しやすく，世代間の考え方の変化もありトラブルが多い。▷6

養子と養親の間が不仲になったときには，離婚と同じく，お互いが合意をすれば協議離縁ができる。しかし，一方だけで離縁を求める場合には，まず調停を申し立て，調停が不成立となったときに家庭裁判所に人事訴訟を提起できるのも離婚と同じである。他方の納得なしに判決で離縁を決めるため，離縁原因が必要である。▷7

（雪田樹理）

▷4 ただし，子が生まれる前の胎児を認知する場合には，母の承諾を得ることが必要とされており，また，成年の子を認知する場合にも，子の承諾が必要である。

▷5 国籍に関しては2008年（平成20）6月4日最高裁大法廷違憲判決，2009年（平成21）1月1日に国籍法3条1項改正。相続分に関しては2013年（平成25）9月4日最高裁大法廷違憲決定，2013年（平成25）12月5日に民法900条4号但書削除改正。Ⅲ-7も参照。

▷6 また，日本では同性婚が認められていないため，同性愛カップルが養子縁組制度を利用することもあるが，法的効力や他の親族とのトラブルなどのリスクがある。

▷7 悪意の遺棄，3年以上の生死不明，その他縁組を継続しがたい重大な事由。

X　父であること，母であること

教育とジェンダー

1　家族にようこそ！：誕生からはじまる性別の社会化

　私たちの人生は，多くの場合，ある家族の新しいメンバーとして「迎えられる」という形ではじまる。母親と父親，あるいは母親のみの場合もあるだろうが，いずれにしても「親」にあたる人物が，新しく社会に生まれ出てきた新生児を迎える。赤ちゃんが生まれると，「元気に生まれたか」ということと，「男か女か」ということが，まず伝えられる。誕生の瞬間から（あるいは胎児の段階から）性別は，家族に知らされるべき基本情報なのである。

　そして，名前がつけられる。その際，「△子」は女の子，「○郎」や「◇彦」は男の子と，性別を示す指標が含まれることも多い。親や親族が名前にこめる期待や願いには子どもの性別による違いもあるだろう。例えば，同じ「優」という漢字が使われていたとしても，女の子には「優しさ」が，男の子には「優秀さ」が期待されている。近年ではジェンダー・ニュートラルな名前が増えてきているといわれるが，名前で性別を判断する慣習はまだ通用することが多い。そして，名前に象徴されるような親の期待やしつけを本人が受けとめていくプロセスは，成長の過程で，それぞれ「男」の経験，「女」の経験として意識化されていくことになる。

　子どもの発達過程は，すなわち現代社会がもとめる「女」「男」として社会化されていく過程でもある。家族は，マスメディアや学校などとならんで，性別の社会化を推し進める社会的な装置なのだ。

2　家族の中の無意識の育て分け

　「こんなちいさな子どもでも，やっぱり女の子／男の子だね」という会話は子どもがいる場所ではよく耳にする言葉である。お人形遊びを好む女の子，アニメのヒーローものを真似してキックをしたがる男の子。幼児期には，それぞれの個性もさることながら，性別による違いが際立ってくるようにみえる。

　しかしながら，それは生来的な違いなのだろうか。生来的な男女の性質の違いというものがあるのかどうかは，解決不可能な問いだが，発達心理学や教育学・社会学の分野では，乳幼児の段階から周囲の大人の対応が子どもの性別によって異なっていることを示唆する研究が蓄積されている。

　よく知られた発達心理学の実験として「ベビーX実験」と呼ばれるものがあ

◁1 る。同じ赤ちゃん（この赤ちゃんの性別はどちらでもよい）に違う色の服を着せたり，男の子らしい名前あるいは女の子らしい名前をつけたりすることで，推測される性別によって大人の反応が違うかどうかを観察する実験である。例えば，赤ちゃんXがピンクの服を着た場合，「おとなしい赤ちゃん」と判断し，泣いているときには「何か怯えているようだから，抱き上げて安心させてあげよう」と考える人が多いが，ブルーの服を着た場合には，「元気のよい赤ちゃん」「何かに怒っているようだから，不快の原因をとりのぞいてあげよう」と考える人が多いという。乳幼児期からすでに親は，女の子か男の子かをつねに意識し，異なる対応をしているのかもしれない。成長してくると，子どもたちは自分でいろいろなことを選択しはじめるが，そこであらわれるおもちゃや洋服の好みもまた，周囲の大人による無意識の水路づけに影響されている可能性がある。

　自分の子どもにどの程度の教育を受けさせたいかを保護者世代にたずねてみると，子どもの性別によって大きな違いがでてくる。近年の調査でも，「大学まで進学させたい」という保護者の割合は，子どもが男の子の場合7割にのぼるのに対して，女の子の場合は5割弱にとどまる。実際の4年制大学進学率は，そうした親の期待の反映であるかのように，男子の方が女子より高い。こうした進学率の差は，家族など周囲の大人の期待や社会的状況によって生じていると考えることができよう。

③ 近代家族のジェンダー社会化機能

　家族は「女」と「男」で構成されている。性別役割分業を基盤とする近代家族，すなわち「女」を生きる母親と「男」を生きる父親によってつくられている近代家族は，その日常生活を通じて子どもたちをジェンダー化された存在へと形成していくことになる。

　心理学者であるナンシー・チョドロウは，乳幼児の養育が母親の「天職」とされ，主に母親によって担われているという現実から，男の子と女の子の自我形成のあり方に根本的な違いが生まれ，そのことがパーソナリティの性差として発展していくのではないかと論じている。乳児期の原初的な同一化の対象である母親からの分離が，母親と性別の異なる男児の発達課題となるのに対して，女児の場合は同性である母親とのきずなを維持したまま発達していくことが可能となる。その結果，女児は他者との親密性を維持するパーソナリティをもち，子どもをケアする母親業（mothering）に適合的な大人になっていくという。

　性別が強く意識される社会にあっては，女の子と男の子はそれぞれに同性の親を最も身近な社会化モデルとみなす。しかし，親の性役割行動が子どもにとってのアンチ・モデルとなることもある。性役割が流動化しつつある現代社会においては，家族のジェンダー社会化機能もさまざまな形で作用していると考えるべきかもしれない。

（木村涼子）

X-1 教育とジェンダー

▷1 青野篤子ほか，1999，『ジェンダーの心理学――「男女」の思い込みを科学する』ミネルヴァ書房。

▷2 2002年にベネッセ・コーポレーションにより小学生・中学生の保護者1万人近くを対象に実施された第2回「子育て生活基本調査」。

▷3 チョドロウ，N．，大塚光子・大内菅子訳，1981，『母親業の再生産』新曜社。

第4部　家族の相対化

X　父であること，母であること

2　親として生きる
子育てと子育て支援

1　構造的育児困難社会

　便利なモノに囲まれて豊かな消費社会に暮らしているにもかかわらず，現代の子育ては昔より楽になったとはいえず，構造的に困難な側面がある。きょうだい数が減り，身近に子育てを知らないまま親になるので，はじめての育児で戸惑う。子どものいる世帯の割合が減少し，親子は地域の中で孤立しがちである。父親の長時間労働による家庭不在が続くと，母親ひとりの肩に育児責任がおおいかぶさってしまう。さらに子育ての期待水準が高まり，子どもは単に生きていればいいのではなく，勉強もスポーツも芸術も，また主体的に生きる力も身につけさせなければならないとされる。子育ての社会的基盤が失われていく中で，子育ての達成水準が高度化していくならば，孤立した母親が育児に関する漠然とした不安の感情を抱き，苛立ちを覚えるのは当然といえよう。

　牧野カツコは，このような育児に対する漠然とした不安の感情を「育児不安」と名づけて社会学的調査を行い，2つの発見をした。第1に，夫婦で協力して子育てをしているという気持ちをもてている母親ほど，有職・無職に関係なく，育児不安が少ない。第2に，子どもと密着している母親より，子どもと離れて自分の時間をもてている母親ほど，育児不安が低い。

　また，精神科医の原田正文は，1980年と2003年に大規模な子育ての実態調査を行い，2つの調査結果を比較して23年の間に，①自分の子どもを生むまでに小さな子どもの世話をまったくしたことがない母親が増えていること，②近隣の育児ネットワークが衰退して母親の孤立が深まっていること，③母親の子育て負担感・不安感・イライラ感が高まってきたことを明らかにした。

　これらの現実をふまえ，少子化の進行に後押しされて，しだいに育児の社会的支援の必要性が認識されるようになってきた。

2　育児支援政策の動向

　日本の育児支援政策を振り返ると，「エンゼルプラン」(1995年)や「新エンゼルプラン」(2000年)までは保育政策が中心であったが，「少子化社会対策基本法」および「次世代育成支援対策推進法」(2003年)を経て「子ども・子育て応援プラン」(2005年)では，より総合的な地域子育て支援政策が推進され，男性も含めた働き方の問題（ワーク・ライフ・バランス）まで政策の射程に収めら

▷1　子育ての達成水準の高度化によって「子育てに脅迫される母親たち」の困難を分析した研究に，本田由紀，2008，『「家庭教育」の隘路』勁草書房がある。

▷2　牧野カツコ，2005，『子育てに不安を感じる親たちへ』ミネルヴァ書房。

▷3　原田正文，2006，『子育ての変貌と次世代育成支援——兵庫レポートにみる子育て現場と子ども虐待予防』名古屋大学出版会。

れるようになってきた。そして2010年より社会保障と税の一体改革の枠組みのもとに「子ども・子育て支援新制度」の検討が進められ，2012年に「子ども・子育て関連3法」が成立，2014年4月からの消費税値上げとともに総合的育児支援政策の財源の一部を確保するに至った。同時に政府だけでなく自治体レベルでも親を含む育児支援にかかわる各界代表を取り込んだ「子ども・子育て会議」が組織され，ニーズ調査に基づいた各地域に固有の子育て支援システムの模索がはじまった。

　子ども・子育て支援新制度は，同じ子どもを親の就労状況にかかわりなく支援すべきだという理念の下に，まずは財源を確保し，幼稚園と保育所を統合する「認定こども園」を推進するほか，地域の実情に合わせた小規模保育（家庭的保育など）や企業内保育，病児・病後児保育などの多様な保育の仕組みを，総合的に増設していこうとするものである。

　そのなかでも特に個々の親の育児困難に寄り添って解決していく地域子育て支援拠点は，先進的自治体やNPOによって推進されてきた。親が子どもを連れてきて仲間と集い，専門家のアドバイスを受けながら相互に学び合う場が，「子育てひろば」である。いまや全国津々浦々にさまざまな子育て支援拠点が作られ，母親に対する支援だけでなく父親や祖父母にも対象が広がり，子育て支援員の養成に取り組むところも出てきている。

３　子育てを学びながら親になる

　一般によい親になろうと努力すればするほど，理想通りにはいかない子育てにいらだち，つらくなってしまう人が多い。このような育児の悩みへの対応が世界中ですすめられている。「完璧な親なんていない！（Nobody's Perfect!）」というカナダ生まれのプログラムが，Nobody's Perfect Japan（NP-Japan，代表原田正文，副代表三沢直子・伊志嶺美津子，2004年設立）によって日本にも導入されている。母親バッシングをするのではなく，未熟な母親を受容し，「完璧な人間などどこにもいません。完璧な親や完璧な子どもなど，存在しないのです。ですから大事なのは，可能な限りベストをつくすことです。そして必要なときには，まわりから助けを借りることです」と呼びかけ，親が自分の長所に気づき，子育てに対して前向きな方法を見出せるように手助けするファシリテーターを養成している。

　また池本美香は，単なる保育サービス増強要求をこえて，あえて育児の意味をみつめ，子育ての権利という視点から，親にとって子育てを学ぶ場が必要であると述べている。このことは，母親だけでなく父親にもあてはまることだろう。就労の有無にかかわりなく，子どもと過ごし学んでいくことは大切なことだから。

（舩橋惠子）

▷4　無藤隆・北野幸子・矢野誠慈朗, 2014, 『認定こども園の時代――子どもの未来のための新制度理解とこれからの戦略48』ひかりのくに。

▷5　その先駆例として，1992年にオープンした「子育て広場　武蔵野市立0123吉祥寺」や，2000年にスタートした横浜のNPO法人「びーのびーの」による広場事業，2003年にオープンした東京都港区のNPO法人「あい・ぽーとステーション」による子育て・家族支援事業などが挙げられる。柏木惠子・森下久美子, 1997, 『子育て広場　武蔵野市立0123吉祥寺』ミネルヴァ書房。

▷6　NP-Japanのホームページ（http://homepage3.nifty.com/NP-Japan/index-main.html）を訪ねてみよう。

▷7　池本美香, 2003, 『失われる子育ての時間』勁草書房。

X 父であること，母であること

 母性神話と3歳児神話

1 母性神話

「母性」という言葉は，古来から日本にあった言葉ではなく，大正期の人口転換の開始期に乳児死亡率を下げるために母親の自覚を求める文脈で使われるようになった。「母性」という言葉によって，①母子は一体である（子は母のすべてであり母は子のほかにはなにもない），②産みの母があらゆることを断念して育児に専念すべきである，③母の愛は盲目なので育児知識を学ぶ必要がある，という主張がなされた。つまり，母親の育児責任を自覚させるとともに，祖父母による民俗的育児法を否定して，男性小児科医の指導に従った「科学的育児」を推進したのである。母乳の価値を認識すること，時間決め授乳，早期の離乳，抱き癖をつけないこと，排泄の訓練などが推奨された。

しかし母性が美化され強調される裏で，徳川時代には少なかった親子心中，特に母子心中が大正期に急増した。母親に経済力がないため，母子の生活が行き詰まってしまうと，自分が死んでしまえば子ははたして幸福になれるかわからないと思い詰めて，子どもを道連れにしてしまうのである。このような歴史的経緯の中にすでに，今日の孤立した母親の育児の問題点が含まれている。

戦後もなお，産みの母による献身的な子育てが賛美され，「母性」が社会的な物語構成のキーワードであり続けた。マスコミにより，しばしば「母性喪失」という名の母親バッシングも行われた。

女性は子どもを産むのが自然で，子どもを産んだらあふれる愛情で献身的に育てるのが当然であるという「母性神話」は，子どもができない不妊の女性，事情によって中絶を選んだ女性，育てられずに子どもを手放す女性，懸命に育てるほど子育てがつらいと感じる女性たちを苦しめてきた。

2 3歳児神話

3歳児神話とは，乳幼児期の大切さゆえに，子どもが3歳になるまでは母親がつねに子どものそばにいて育児に専念すべきだという考え方である。実際に3歳まで母親が育児に専念した場合と就労継続した場合とで子どもの発達に差が出るかどうかについて，科学的な根拠は明確に示されていない。しかし日本ではこの信念が広く行き渡っており，いまもなお少なからぬ若い女性が子どもが生まれたら仕事を辞めて育児に専念しなければと思い込んでいる。

▷1 沢山美果子，1979，「近代日本における『母性』の強調とその意味」人間文化研究会『女性と文化――社会・母性・歴史』白馬出版。

▷2 田間泰子は，1973年を中心に盛んに行われた子捨て・子殺し報道を分析し，実際の統計的傾向とはうらはらに「父親不在の，母親による子捨て・子殺しの物語」のみが紡がれてきたことを明らかにした。田間泰子，2001，『母性愛という制度――子殺しと中絶のポリティクス』勁草書房。

その根拠とされたのが，母性剥奪（Maternal deprivation）理論であった。1951年に世界保健機構が精神医学者のジョン・ボウルビィに委託してホスピタリズム（施設病）研究を行った。その結果，当時劣悪な環境にあった乳児院の子どもの心身の発達が遅れているのは，子どもにきめ細やかな感覚刺激を与える母性的なケアが欠けていたからであった。それが，母親がそばにいないと子どもの発達がゆがむと短絡化されてしまった。欧米では母性剥奪理論の功罪を問いなおす研究（マイケル・ラター▷3）が行われ，子どもの発達に必要なのは，必ずしも生みの母親が子どものそばにいることなのではなく，あたたかいケアをする大人たちが子どもと安定的な関係を結ぶことであると修正されていったが，日本では母性剥奪理論の問い直しが遅れた。

　3歳児神話は保育制度の中にも根を下ろしている。3歳未満の保育所入所については人数枠が少なく，待機児が多い。また保育者の側に，本来は母親がみるべきであり，保育に欠ける（母親が働かないと生活できない，母親が病気で育児ができないなど）場合を除いては，できるだけ保育時間を短くする，あるいは母親に世話をさせるように仕向けるという傾向がしばしばみられた。1986年に施行された男女雇用機会均等法の後も，職業をもつ母親は，就労時間と通勤時間をカバーしていない保育時間や，病児保育の欠如に悩まなければならず，世間から「子どもがかわいそう」という言葉を投げられ，両立の環境は困難に満ちていた。

　3歳児神話は，制度や意識の中に組み込まれ，再生産されつつ根強く生き残っており，それが今日の先進国の中で例外的な日本女性のM字型就労パターンの存続を支えている。

3　現代の「母性」意識

　当事者の母親たちの孤立し，休みのない子育てがつらいという声や，女性研究者による実証的な産育研究の蓄積，男女平等教育の成果などにより，現代の若い母親たちの母性意識は変容しつつある。

　意識調査の結果をみると▷4，パートナー・父親の育児責任を問う意識が高まっている。いまや，父親も子どもが小さいうちから子育てに参加すべきである，子どもの問題は母親だけでなく父親の責任でもある，父親も母親と同じく家計の安定と家事や子育てを共有すべきである，父親は子どもの誕生に立ち会うべきである，と考える女性が過半数である。さらに職業と育児の優先度をカップルの組み合わせ方で聞くと，夫には職業と育児を同じように重視してほしいが，自分は育児を優先したいという，「男性の二重役割，女性の育児優先」という新しい性別分業意識が生まれている。これは，「父親の育児」と「母性神話」との新しい妥協形とみることができよう。

　　　　　　　　　　　　　　　　　　　　　　　　　　　　（舩橋惠子）

▷3　ラター, M., 北見芳雄・佐藤紀子・辻祥子訳, 1979, 『母性剥奪理論の功罪』誠信書房；ラター, M., 北見芳雄・佐藤紀子・辻祥子訳, 1984, 『続母性剥奪理論の功罪』誠信書房；大日向雅美, 2000, 『母性愛神話の罠』日本評論社。

▷4　舩橋惠子, 2000, 「『幸福な家庭』志向の陥穽」目黒依子・矢澤澄子編『少子化時代のジェンダーと母親意識』新曜社；舩橋惠子, 2008, 「育児期における家族生活と職業生活のバランス」舩橋惠子・宮本みち子編『雇用流動化のなかの家族』ミネルヴァ書房。

X 父であること，母であること

子ども虐待

1 子ども虐待が生まれるまで

家族の中でさまざまな暴力が生起していることが明らかになったのはそれほど前のことではない。長年親子，夫婦，同胞の関係における殴る，蹴るといった行為は暴力と命名されず，しつけや体罰と呼ばれてきたからである。最も早く暴力と名づけられたのは，70年代末よりマスコミで騒がれるようになった「家庭内暴力」は子どもが親を殴ることであり，それが最初に暴力と定義されたのだ。親から子への権力行使は正当化され，それへの反逆が暴力と名づけられたことになる。▷1 アメリカでは1960年代初頭より，小児科医たちが親から殴られる子どもの保護に立ち上がった。▷2 それから約30年後，日本でも親から子への力の行使が暴力＝虐待と名づけられることになった。▷3 背景には，小児医学の発展と，70〜80年代にかけて日本の高度経済成長がピークに達し，国民生活のレベルが向上して飢えの危機が去ったことが挙げられよう。最低限の生活が保障されてはじめて，子どもへの不適切な養育態度が虐待と名づけられるようになったのである。このように，子ども虐待（以下虐待と略す）は隠されていたのではなく，日本の国民生活の向上や医学の発展にともなって暴力として再定義されることで，構築されたのである。

2 虐待防止法の制定

2000年に児童虐待防止法が制定され，その後3年ごとの見直しを経て現在に至っている。同法制定により，全国の児童相談所による防止と保護の取り組みがはじまり，疑わしきは通報するという発見・通報の義務化も進んだ。図1のように，制定前の1999年に比べると相談件数は3倍となった。マスコミを通じた虐待死の悲惨さも加わって，多くの人たちが関心を払うようになったことも大きい。2004年の改正では，地方自治体の取り組みが義務化され，虐待する親への出頭命令なども強化された。しかしながら，まだ虐待死する子どもは跡を絶たず，今後は児童相談所の職員の増員や親への教育も含めた義務化されたプログラム実施などが政策課題となっている。

3 虐待の種類とその影響

虐待は，①身体的虐待，②ネグレクト，③心理的虐待，④性的虐待の4種類

▷1 信田さよ子，2002，『DVと虐待——「家族の暴力」に援助者ができること』医学書院。

▷2 アメリカの小児科医ヘンリー・ケンプは，1961年にアメリカ小児科学会で児童虐待に関するシンポジウムを開催した。62年には彼の提唱による《被殴打児症候群》が医学用語として定着した。

▷3 池田由子，1987，『児童虐待——ゆがんだ親子関係』中公新書参照。1990年大阪で小児科医を中心とした子どもの虐待防止のための市民団体が，1991年には東京で弁護士，精神科医，保健師などを中心とした子どもの虐待防止センターが，それぞれ相次いで設立された。

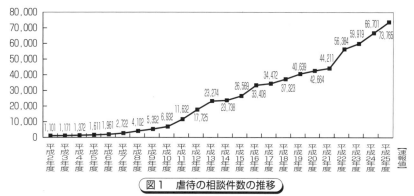

図1　虐待の相談件数の推移

出所：厚生労働省『平成25年度社会福祉行政業務報告書』。

に分類される。①と②は生命の危険をともなうが，怪我や骨折，火傷の跡といった客観性を呈するために，保育者や教師などの第三者によって発見されやすい。ところが，③の心理的虐待は被虐児の主観的経験でしかなく，発見は困難であるとされてきたが，2005年に子どもの面前でDVが起きた場合，それを心理的虐待とすることが防止法に付加された（第2条の4▷4）。それにともなって2013年からは警察がDVの現場に子どもが居た場合，「面前DV」として通報するようになり，結果的に児童相談所への心理的虐待の通報件数が激増した。④の性的虐待は，注意深く第三者が観察すれば発見することは可能であるが，現在でも隠ぺいされがちな虐待である。

　虐待が子どもの心身に大きな影響を与えることはいうまでもない。PTSD▷5の諸症状はいうまでもなく，成長後の対人関係や人生観，さらには自己認知にまで深い影響を与える。トラウマの影響にはジェンダー差があり，男児と女児では影響の表れ方に違いがみられる。女児の場合は自分に対して攻撃性をむけることが多いが，男児は他者にむけるといわれる。女性・女児の自傷行為についてもトラウマの影響が指摘されるようになった▷6。またDVの加害男性の70％近くが親のDVを目撃しているという研究結果もある▷7。なかでも性的虐待は，被害を受けてから長期間を経過したのちに想起されることがある。20年以上前の性被害が突然想起され，以後フラッシュバックや身体症状，自傷行為などが出現する例も珍しくない。これらを「偽記憶（フォールスメモリー）」▷8であると主張する説もあるが，臨床現場では被害者のことばを信じることから出発する。虐待が発見された場合，児童相談所が介入し，養護施設へ一時保護されるのが一般的である。家族再統合も試みられ，子どものケアは少しずつ進歩してきているが，加害者である親へのアプローチはまだ手探り状態である。今後の被虐待児の支援には，思春期以降や成人後までも射程に入れた長期的な視点が必要である。

（信田さよ子）

▷4　第2条の4「児童に対する著しい暴言又は著しく拒絶的な対応，児童が同居する家庭における配偶者に対する暴力（配偶者（婚姻の届出をしていないが，事実上婚姻関係と同様の事情にある者を含む。）の身体に対する不法な攻撃であって生命又は身体に危害を及ぼすもの及びこれに準ずる心身に有害な影響を及ぼす言動をいう。）その他の児童に著しい心理的外傷を与える言動を行うこと」。

▷5　Post Traumatic Stress Disorder（心的外傷後ストレス障害）の略。

▷6　松本俊彦，2009，『自傷行為の理解と援助――故意に自分の健康を害する若者たち』日本評論社。

▷7　Markowitz, E., 2001, "Attitudes and family violence: Linking intergenerational and cultural theories." *Journal of Family Violence*, 16(2): pp. 205-218.

▷8　ラッセル，D., 斎藤学監訳，白根伊登恵・山本美貴子訳，2002，『シークレット・トラウマ――少女・女性の人生と近親姦』ヘルスワーク協会。

X 父であること，母であること

5 教育格差

1 「教育格差」とはどのような問題か？

教育基本法は，誰もが等しく教育を受ける機会があることを規定している。しかし，実際には生まれ育った家庭の経済力，文化的豊かさ，教育熱心さなどの環境により，子どもが受ける教育や進学状況に格差が存在する。例えば，経済的に豊かな家庭では複数の子どもが大学進学を希望すれば授業料を負担することができるが，経済的にゆとりのない家庭では子どもの大学進学を断念せざるを得ないことがある。また，早期教育に熱心な親がいる一方で，子どもの教育にはまったく関心を示さない親もいる。

このような教育における格差（図1のA）には，2つの段階がある。まず第1に，家庭の環境の違いにより，子どもの学習意欲，興味関心，学力などに差が生じる。第2に，その格差は子どもの進路，進学状況に影響を及ぼす。子どもが受ける教育や進学状況の格差は，成人期以後の職業達成，所得にも影響を与えるため（図1のB），世代間で格差が再生産される原因ともなり得る。

「教育格差」という言葉は，学術的な専門用語ではない。教育機会の不平等の問題は，古くから教育社会学で指摘されてきた。「教育格差」という言葉が生まれ，一般の人々の関心を集めるようになったのは，1990年代後半の「格差社会」の議論の活発化が背景にある。その後，教育の領域では，PISAなどの国際的な学力調査の結果に基づき「学力低下」と「学力格差」が問題となった。そのような状況のなかで，学力や教育に関する格差を社会階層の違いがもたらす結果と結びつける問題意識が広がりをみせたと考えられる。

2 教育機会の不平等に対するアプローチ

それでは，「教育格差」はなぜ生じるのであろうか。ここでは，教育機会の不平等に対する教育社会学の代表的な考え方をみておこう。第1は，経済的な要因に着目した考え方である。日本は，教育についての公的支出が少なく，家計の支出に依存する傾向にある。そのため，経済的に豊かな家庭ほど塾・家庭教師・予備校などに子どもを通わせることが可能であり，大学進学率も高くなる。他方で，経済的にゆとりのない家庭では，授業料の負担が原因となって希望する進学ができないケースもある。第2は，文化的な要因に着目した考え方である。フランスの社会学者P・ブルデューらの研究に依拠した分析視角であ

▷1 第4条第1項 すべて国民は，ひとしく，その能力に応じた教育を受ける機会を与えられなければならず，人種，信条，性別，社会的身分，経済的地位又は門地によって，教育上差別されない。

▷2 耳塚寛明編，2014，『教育格差の社会学』有斐閣における耳塚の指摘。同書は「教育格差」を幅広く学ぶ上で有益。

▷3 OECDが15歳児を対象に実施している生徒の学習到達度調査。

▷4 「教育格差」だけでなく，格差に関する社会学的な分析については，平沢和司，2014，『格差の社会学入門』北海道大学出版会が参考になる。

る。高学歴な親ほど文化的に豊かな傾向があり，子どもの教育に熱心である。幼い頃から美術館や博物館に子どもを連れていき視野を広げ，本の読み聞かせを行うことにより読書習慣をつけ，さまざまな習い事により経験を積ませる。こうした豊かな文化的経験を

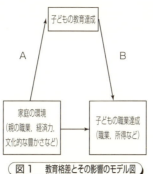

図1　教育格差とその影響のモデル図

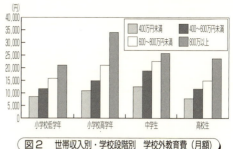
図2　世帯収入別・学校段階別　学校外教育費（月額）
出所：ベネッセ教育総合研究所「第2回学校外教育活動に関する調査」（2013年）のデータを用いて作成。

背景に，子どもは高い学力を身につけ，高い教育達成を成し遂げる。第3は，親の学歴によって子どもの進学への動機づけが異なることに着目した考え方である。この考え方では，「子どもは親と同じかそれ以上の学歴を得たいと希望する」という仮定がなされている。親が大学卒の場合，子どもも大学に進学したいという動機づけが大きくなる。他方で，親が非大学卒の場合，子どもの進学に対する動機づけは弱くなる。その結果，社会階層による進学機会の格差は維持され，平等化しないことになる。◁5

　実際には，この3つの要因に加えて地域的要因やジェンダー要因などが複合的に関係し，教育における格差に影響を与えていると考えられる。

3　学校外教育費の実態と「教育格差」是正の難しさ

　図2は，世帯年収別に学校外教育費を示したものである。学校外教育費は，塾，スポーツ活動，芸術活動，参考書購入の費用などで構成される。どの学校段階であっても，世帯収入が多いほど，学校外教育費が多いという関係が読み取れる。世帯収入が最も多い層では，小学校高学年と高校生段階で，他の層よりもとりわけ学校外教育費の支出が多い。高所得層の子どもは，小学校高学年では学習だけでなく，スポーツ活動，芸術活動などに取り組み，多様な経験を積んでいる。また，高校生段階では，大学受験を目的とした学習活動の費用が多い。◁6 学校外教育費の格差は，まず第1に家庭の経済力の影響を受けている。しかし，子どもの習い事などに注目すれば，経済的な要因に文化的な要因がリンクしていることが推察される。また，高校生段階の学校外教育費の格差は，親世代の学歴格差に基づく進学動機の差と読み取ることもできる。

　家庭の経済力に基づく「教育格差」については，子育て世帯に対する経済的支援を充実させることが必要である。次世代を担う子どもの教育は，各家庭だけに負わされるものではなく，社会全体で取り組むべき課題だからである。

　しかし，前述したように「教育格差」は経済的な要因だけでなく，文化的な要因などとも関連しているため，容易には解決し得ない問題を含んでいる。格差に対するさまざまな角度からの分析と多様な支援が求められる。　（都村聞人）

▷5　吉川徹，2006，『学歴と格差・不平等』東京大学出版会。

▷6　都村聞人，2015，「学校外教育の活動タイプと支出格差」『現代社会研究』1：pp. 115-129。

X 父であること，母であること

6 ひとり親家族

1 「ひとり親家族」という言葉が意味すること

「ひとり親家族」「ひとり親家庭」という言葉は，シングルペアレント・ファミリー，ワンペアレント・ファミリーの訳語として定着したものである。行政がこの訳語をはじめて使用したのは，1981年にまとめられた東京都児童福祉審議会の意見具申「単親家庭の福祉に関する提言」においてであり，報告書では「単親」と訳されていた。しかし，「たんしん」という語句が「単身」と混同されることから，その後，「ひとり親」という言葉が使用されるようになったこの訳語の導入の契機は，1970年代にイギリスの保健・社会保障省がワンペアレント・ファミリーに対する社会福祉の将来構想を提起した委員会について，識者が日本に紹介したことにある。この委員会では，ひとり親家族を両親家族と対置して「欠損家族」「問題家族」とみなしてきた潮流を転換し，親の数の相違にのみ着目して，より価値中立的に家族をとらえる必要が重視されていた。このような転換は，家族の多様化が進む時代状況の中で，「ありのままの家族」を尊重する視座を拓いてきたといえるだろう。

ひとり親家族は家族の多様化の一形態であるが，ひとり親家族にも多様性があることを認識することが重要である。例えば，死別の態様をみてみよう。車社会化の急速な進展は，親の交通事故死による遺児を生み出し，生活習慣病の一般化は，親の病死による遺児を増加させた。また，阪神・淡路大震災を契機に震災遺児への支援の必要が認識され，経済不況による中高年男性の自殺の社会問題化は自死遺児への支援の必要性を顕在化させている。一方，生別の態様をみると，離婚や非婚（未婚）によるひとり親家族のほか，ドメスティック・バイオレンスにより離婚の交渉もできない中で事実上の母子家族を形成するケースも増加している。さらに，「母子及び父子並びに寡婦福祉法」では，配偶者が海外滞在により扶養を受けられない場合や，配偶者が精神や身体の障害により長期にわたり労働能力を失っている場合なども，広義のひとり親家族の範疇に入れており，家族の個別性に即した社会的対応の必要が確認できる。

2 ひとり親家族が照射する日本社会

先進諸国においては，離婚率の上昇にともない，ひとり親世帯数が増加する趨勢がみられ，生活問題への社会的対応が政策課題となっている。しかしなが

▷1 ホプキンソン，A.，五味百合子・京極高宣訳，1980，『未婚の母たち Part 2 その自立』連合出版。

▷2 Ⅷ-6 参照。

ら，ひとり親家族の趨勢は，家族制度・政策体系や社会意識などの諸側面に規定されることから，各国において相違がみられる。そこで，日本におけるひとり親家族の動向から，日本社会の特徴をみていこう。

世帯動態からみると，日本の離婚率は増加傾向にあるとはいえ，ひとり親家族の出現率は先進諸国と比較すると相対的に低い。その背景の1つには，男女の賃金格差がいっこうに縮小されず女性の経済的自立度が低い現状の中，依然として結婚制度が女性の生活保障として機能している現実がある。2点目には，日本においては婚外子（非嫡出子）の出生率がきわめて低く，非婚母子家族は圧倒的なマイノリティであることが挙げられる。法律婚主義が浸透し，戸籍の続柄差別や相続分差別といった負のサンクションが機能してきたことなどが要因として考えられる。3点目には，日本では父子世帯を形成すること自体が困難な状況にある点が挙げられる。母子世帯数の方が父子世帯数よりも多い傾向は諸外国にも共通しているが，日本の場合には3世代同居という方策によって父子家族を営む層が相当数存在するという特徴がある。日本の男性の長時間労働のあり様は，男性が単独で親役割を遂行する困難を生み出しているからである。

ひとり親家族の大半は就労しており，とりわけ，母子世帯の母親の就労率が約85％に及ぶという現実は，諸外国と比較した場合，きわめて高い水準である。高就労率であるにもかかわらず，貧困・低所得階層として生活問題が深刻化している現実は，社会政策のあり方の再考を要請しているといえるだろう。

❸ ひとり親家族が暮らしやすい社会とは？：多様な家族の共生社会

ひとり親家族を取り巻く諸困難を解決することは，ひとり親家族のためにのみ求められることであろうか。仮に，男性Aさんが父子家族になることを選択したとしよう。Aさんは，残業・休日出勤・出張など，長時間労働が日常化している企業で勤務している。幼児を抱え，延長保育や夜間・休日保育がある保育所を利用できなければ，子どもとともに暮らすことはできない。上司に定時での帰宅を要望したが受け入れられず，やむをえず退職。転職先を探したが，残業がない会社をみつけることは至難であり，時間給の職場に就職。子どもと共に生活できることになったが，所得は激減し厳しい家計を余儀なくされている。

日本の労働時間は先進諸国の中でも顕著に長く，「過労死」という日本語を生み出したほどである。もし，生活時間と労働時間の調和の取れた社会環境が整備され，子育ての社会化が促進されていれば，ひとり親であることによる子育てと労働の狭間での苦悩は回避されるだろう。言い換えれば，ひとり親家族が暮らしやすい社会を創ることは，過労死もせず，子育ても謳歌できる社会を創ることにつながる。ひとり親家族が抱える問題を解決する道筋は，誰もが労働や子育て，自分らしい暮らしにアクセスすることができる社会への道筋となるのである。

（湯澤直美）

▷3 日本のひとり親世帯を対象とした全国レベルの実態調査として参照できるものに，厚生労働省が5年に1回実施している「全国母子世帯等実態調査結果報告」がある。

▷4 湯澤直美, 2008,「ひとり親家庭」山野則子・金子恵美編著『児童福祉』ミネルヴァ書房, pp. 192-212.

X 父であること，母であること

両親の離婚と子ども

1 離婚と親権

両親の別居や離婚によって，子どもの生活は大きな変化を余儀なくされる。引越しや転校により慣れ親しんだ人と別れることになったり，生活水準が低下したり，また，自分の名字が親の離婚によって変わる場合もある。日本では，1年間に親の離婚を経験する未成年の子が20万人以上いる。未成年の子に対して，婚姻中は父母が共同親権であるが，離婚をすると単独親権になる。子どもと一緒に生活をして養育する者が，親権者となることがほとんどである。

どちらが親権者になるか，協議離婚の場合は，夫婦の合意でこれを決め離婚届に記入しなければ，受理されない。どちらを親権者に定めるか協議で決められない場合は，家庭裁判所に調停を申し立てることになる。家庭裁判所では，両者の話し合いだけでなく，家庭裁判所調査官が双方の生活状況や子どもの気持ちなどを調査して助言もしてくれる。調停でも解決しない場合は，離婚を希望する方が離婚訴訟を提起することになるが，判決で離婚が認められる場合は，同時に親権者も判決中で指定される。

両親のうちどちらを親権者にするかは，子どもの成長にとってどちらを指定するのが望ましいかという視点で決められる。親の側の事情としては，監護の実績（継続性）や監護能力，監護体制，子どもとの情緒的結びつき等であり，子の側の事情としては，年齢や従来の養育環境への適応状況等が具体的に考慮される。子どもの意思の尊重は重要であり，家事事件手続法は，子の年齢を限定せずに，子の陳述の聴取等適切な方法により，子の意思の把握に努め子の年齢および発達の程度に応じてその意思を考慮すべきとした。特に，子が満15歳以上の場合は，家庭裁判所は親権者の指定等にあたって子の陳述を聴取しなければならないとしている。

親の離婚は親だけの問題ではなく，親と暮らす子どもの生活に大きくかかわる問題であるから，子どもを取り巻く大人は，別居や離婚の理由，いま何が起こっていてこれからどうなるのかなど，年齢相応に子どもにわかるよう説明することで子どもの不安や負担を少しでも軽減するよう努めるべきである。

2 子どもの養育費

離婚をすると夫婦は他人になるが，親子関係が切れるわけではない。離婚に

▷1　厚生労働省『人口動態統計』によると，2013年の離婚件数23万1,383組のうち，未成年の子がいる離婚は13万5,074組（全体の58.4％）で，親が離婚した未成年の子の数は23万2,406人となっている。

より親権を失った親も，子の親であることに変わりはなく，相互に相続権を有し，また扶養義務がある。扶養義務の内容は，義務者と同程度の生活を子に保障する生活保持義務であるとされる。日本では離婚にあたり，妻が未成年の子の親権者となることが多く，全体の約8割を占めている。それゆえ，元妻（母親）から元夫（父親）に対して，子どもの養育費を請求するケースが多い。子どもは両親の離婚に責任はなく，夫婦が別れても，ふたりの間の子どもの養育に必要な費用はふたりで分担するのが当然である。しかし，養育費を取り決めずに離婚する親は多く，取り決めても約束通り履行されていない例も少なくない。さらに家庭裁判所の関与のある離婚（調停離婚，判決離婚等）では約7割が養育費の取り決めをしているが，協議離婚では3割程度しか取り決めておらず，今日，養育費の取り決めを促進する制度の創設が議論されている。当事者で協議が調わない場合，家庭裁判所の手続を利用して具体的な養育費を決めることとなるが，簡易迅速な取り決めを目指して，権利者・義務者双方の年収を基準とした算定表が作成され，実務で定着している。

なお，養育費が公正証書となっている場合や，調停調書や判決など家庭裁判所の手続で決まっている場合には，義務者が任意に支払わないとき，義務者の給料等に対して強制執行が可能である。

3 子どもと親との面会交流

子どものいる夫婦が離婚をするにあたり，養育費の取り決めと並んで協議する課題として，子どもと非監護親との面会交流がある。子どもにとっては，離婚後も父・母ともに親であることに変わりはなく，離れて暮らすことになる親子が会って遊びに行ったり食事をしたり，また電話のやりとりをするといった交流を続けること，そして，子どもが両方の親の愛情を思う存分受け取ることのできる環境を整えることは大事なことである。

日本では従来，子どもは引き取った親の側のもの，引き取らなかった親は子どもにあまりかかわらない方がいいといった社会意識も強かったが，今日では，法改正もあって，家庭裁判所は，面会交流を適切に行うことが子どものすこやかな成長につながるとして，実施を促すためのかかわりを強めている。

もっとも，観念的に「親と子が会うのはいいこと」と単純にいえない場合もある。暴力や虐待のおそれがあったり，同居中から続いた両親の熾烈な紛争に子どもが巻き込まれ，それが子どもの安全や，安心感のある生活を損なう場合もあるからである。面会交流は「子どもの利益を最優先に考えるべきもの」という基本的視点を関係者はつねに頭におく必要がある。

（乗井弥生）

▷2　2011年，民法766条に面会交流と養育費に関する明文が加えられた際，衆議院法務委員会は，「離婚後の面会交流及び養育費の支払い等については，児童の権利利益を擁護する観点から，離婚の際に取決めが行われるよう，明文化された趣旨の周知に努めること」との附帯決議を可決した。2012年4月より，法務省は，離婚届書に，養育費及び面会交流の合意の有無をチェックする欄をもうけている。

▷3　2003年，東京・大阪養育費等研究会による「簡易迅速な養育費等の算定をめざして——養育費・婚姻費用の算定方式と算定表の提案」で提案された算定表。現在，家庭裁判所で広く利用されているが，2019年に約16年ぶりに改定された。

▷4　婚姻費用や養育費扶養義務に係る債権については，その一部の不履行があるときは，期限未到来の分についても過去の不履行分の差押えと同時に差し押さえることができる（民事執行法第151条の2）。

第4部　家族の相対化

XI　家族であること，ひとりになること

高齢期の夫と妻

▷1　平均寿命とは0歳の平均余命のことである。

▷2　コーホートとは同じ年（または同期間）に出生した集団を意味する。

▷3　松田智子・玉里恵美子・杉井潤子，1998，『中高年期の豊かな関係づくりに向けて——中高年期の夫婦関係とソーシャル・ネットワークに関する調査研究』コープこうべ・生協研究機構。

▷4　ソーシャルネットワーク
社会的ネットワークともいう。個人が所属している集団や組織に限定されない支援的な人間関係の拡がりをとらえるために開発された分析概念（藤崎宏子，1985，「老年期の社会的ネットワーク」副田義也編『日本文化と老年世代』中央法規

1 長寿の大衆化・夫婦期間の長期化

　厚生労働省発表の平成26年簡易生命表（2015年発表）によれば，平均寿命は男性80.50歳，女性86.83歳である。生命表上の特定年齢まで生存する者の割合をみると，65歳まで生存する割合は1947年では男性39.8％，女性49.1％であったのが，2014年には男性88.4％，女性94.0％になった。また75歳まで生存する割合は1947年では男性18.5％，女性29.0％に過ぎなかったのが，2014年には男性74.1％，女性87.3％になった。現代社会は長寿であることが大衆化したといえる。図1にみるように，1950年出生コーホート（cohort）による夫婦の生存状態をみていくと，長寿とともに夫婦である期間も長期化し，夫婦ともに生存して，いわゆる25周年銀婚式を迎えられる割合は93.8％，50周年金婚式を迎えられる割合は57.9％と高くなっている。1900年出生コーホートでは25周年が61.1％，50周年が18.3％であったことを考えると，金婚式を迎えることも稀ではなくなり，大衆化したことがわかる。最新の平均初婚年齢が男性30.9歳，女性29.3歳（厚生労働省「人口動態統計」（確定数）2013）であることを考えると，人生の約3分の2にあたる約50～55年を，夫婦として，終末の介護までを含めて，いかに向き合って生きるかという課題がみえてくる。

2 夫の生き方／妻の生き方

　高齢期の夫と妻それぞれに「かりに夫婦のどちらかが亡くなったとしたら，より困るのはどちらでしょうか」とたずねたところ，妻の67.2％が「夫がより困る」と回答し，夫の73.3％もまた「私がより困る」と回答した調査結果がある。夫は子どもや親戚，近所とのつきあい，生活全般にわたって妻がいなければ生活は悪くなるとも思っている。夫妻ともに「夫がより困る」と考えた背景には，いわゆる高齢期夫婦における役割のあり方とソーシャルネットワークの違いがある。
　図2は「夫は外で働き，妻は家庭を守

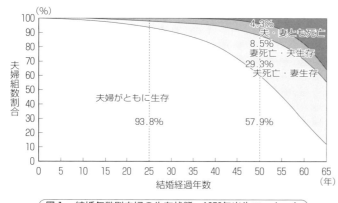

図1　結婚年数別夫婦の生存状態，1950年出生コーホート

出所：髙橋重郷，2001，「日本人のライフサイクルをどう計るか」『日本人のライフサイクル変化に関する研究』エイジング総合研究センター，p.19。

るべきである」という考え方に対する世論調査の結果である。性別・年齢によって違いが認められるが，男女ともに60歳以上で過半数を超える人が賛成と回答し，性別役割分業を支持している。これが世代によるものであるのか，加齢によるものであるのかはなお注視していく必要がある。高齢者の生活と意識を国際比較した調査▷5において，性別・年齢階層別に，炊事，洗濯，掃除などの家事の主体者をみても，日本男性は60〜79歳までの約7割が「配偶者あるいはパートナー」をあげ，また日本女性は60〜79歳までの約8割が「自分」と回答しており，定年退職後の高齢期においても，主に妻が家事を担っていることがわかる。

また，夫と妻それぞれのソーシャルネットワークをみていくと，「男性は配偶者を中心としたサポートネットワークパターンを保有し，一方，それに対して女性は子どもを中心としたサポートネットワークパターンを保有している」▷6という知見がある。夫は妻だけを頼りとする固定的なネットワーク構造をもつ傾向があるのに対して，妻は夫のみではなく，子どもや孫とのつきあいを軸に親族，友人，隣人をも含めた柔軟かつ融通性をもったネットワーク構造を作っていることが数々の調査によっても明らかとなっている。仕事と生活の調和（ワーク・ライフ・バランス）の観点から，定年退職後の高齢期の夫と妻それぞれの家庭や地域生活での暮らし方を見直さなければならない。

3 ケア関係と個の自立

前述の国際比較調査（▷5参照）において，「夫婦一緒に過ごす時間を持つようにしている方か，それぞれが自分の時間を持てるようにしている方か」についてみると，「夫婦一緒に過ごす時間を持つようにしている」が約6割を占め，自分だけの時間は2割にとどまっている。夫妻ともに，高齢期は夫婦で生き抜くことを想定していることがわかるが，同時に死を迎えることはできない。要介護になったときの主な介護者の続柄▷7をみると，その61.6％は同居者であり，内訳をみると，配偶者26.2％，子21.8％，子の配偶者11.2％ほかで，性別では女性68.7％と多く，年齢では女性の60歳以上が68.5％である。

家事の主体者として，その延長線上に「老々介護」があることもライフコースにおいて考えることが大切であり，そのためにも，高齢期に至る以前から，夫と妻が個として対等に向き合い，責任を分かち合える関係を築いているかが重要と考えられる。

（杉井潤子）

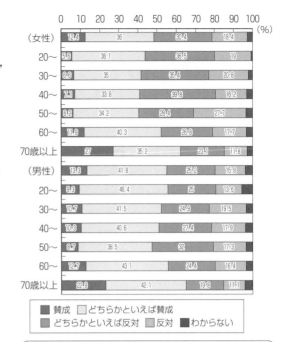

図2 夫は外で仕事，妻は家庭を守るべきであるという考え方について

出所：男女共同参画社会に関する世論調査（2012年10月）表13-1をもとに作成。

出版）。個人をとりまく支援的社会資源の総体。

▷5 内閣府，2010，「第7回高齢者の生活と意識に関する国際比較調査」。日本，アメリカ，韓国，ドイツ，スウェーデンの5ヶ国の60歳以上の男女を対象とし，1980年から5年ごとに調査が行われている。

▷6 玉野和志ほか，1989，「日本の高齢者の社会的ネットワークについて」東京都老人総合研究所編『社会老年学』30：pp. 27-36。

▷7 内閣府『平成27年度版高齢社会白書』図1-2-3-14参照。

XI 家族であること，ひとりになること

親として，子どもとのつきあいや交流

1 親として／子どもとして

▷1 内閣府政策統括官（共生社会政策担当）が高齢化問題基礎調査として，日本の高齢者と諸外国の高齢者の生活意識を把握するため，60歳以上の男女を対象として「高齢者の生活と意識に関する国際比較調査」を実施している。1980年以降，5年ごとに実施されている。

表1は，子どもと親との平均的なライフサイクルを示している。子どもは結婚して新しい家族をつくるという新居制が夫婦家族制家族の基本理念である。そこで，新たに子ども家族（子どもがつくった家族であり，子どもからみれば親としての関係的地位を築く家族）と，親家族（親がつくった家族であり，子どもからみれば子どもとしての関係的地位にあった家族）という2つの家族が生まれる。子ども家族からみれば，夫と妻という2つの親家族が存在し，理念上は双系的かつ対等な拡がりをもつこととなる。戦前までのイエ制度下では，イエの後継子として長男が同居し扶養するという規範が根強く，旧民法において「妻ハ婚姻ニ因リテ夫ノ家ニ入ル」（第788条），「子ハ父ノ家ニ入ル」（第733条）と規定されていたことからもわかるように，夫系（父系）の「家族」の中に妻や子どもが組み込まれるという構造をもっていた。そのことを考えると，家族のとらえ方が大きく変化したことがわかる。実態としても，図1にみるように内閣府「第7回高齢者の生活と意識に関する国際比較調査」(2010)において「既婚の子ども（男）」やその配偶者や孫との同居はこの30年間で大きく減少し，むしろ未婚の子どもとの同居，あるいはひとり暮らしが増加していることが確認できる。高齢の親にとって，成人した子どもがそもそも家族をつくるのかどうかという視点も今後は重要になる。また子どもとの同居率そのものも，家族形態別からみた高齢者の割合からみると，大幅に減少していることがわかる。

表1 標準ライフサイクルの老親の年齢

親（老親）の年齢（歳）				子の年齢（歳）	
夫方父親	夫方母親	妻方父親	妻方母親	夫	妻
65	63	65	63	34	32
70	68	70	68	39	37
75	73	75	73	44	42
77	75	77	75	46	44
	(84)		(84)	55	53

出所：岡崎陽一，2001，「ライフサイクルからみた少子高齢社会の問題」『日本人のライフサイクル変化に関する研究』エイジング総合研究センター，p.8。

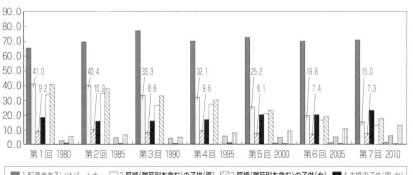

図1 家族との同居の状況

出所：内閣府，2010，「第7回高齢者の生活と意識に関する国際比較調査結果」表4「エ 家族との同居の状況」より筆者作成，無回答を除く。

2 居住距離と別居している子どもとの交流

同居が前提ではなくなるとすると，高齢の親は子どもとどのような暮らし方をしているのだろうか。図2は65歳以上の単身普通世帯および夫婦とも65歳以上の夫婦普通世帯という高齢の親からみた，最も近くに住んでいる子どもの場所を示している（総務省「住宅・土地統計調査」2013年）。子どもがいないを除くと，ひとり暮らしの世帯と夫婦のみ世帯に大きな差異はない。「片道1時間以上」の遠居は，それぞれ2割強もしくは3割にとどまる。「片道1時間未満」の近居から「片道15分未満」，「徒歩5分以内」の隣居の傾向は強まり，親と子どもがいざという時には駆けつけることができる，いわゆるつかず離れずの距離に住んでいるといえる。

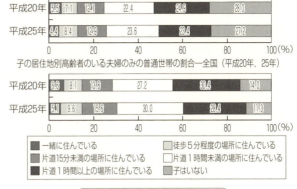

図2　子どもの住んでいる場所

出所：総務省統計局「平成25年住宅・土地統計調査」図5-8-1および図5-8-2。

では，親は別居している子どもとどのように行き来しているのであろうか。前述の「第7回高齢者の生活と意識に関する国際比較調査結果」から「別居している子どもが1人以上いる高齢者が別居している子どもと会ったり，電話等で連絡をとったりしている頻度」についてみると，「夫婦と未婚の子からなる世帯」および「三世代世帯」など同居の子どもがいる場合には別居の子どもとの接触や交流は低くなり，「単身世帯」や「夫婦世帯」など同居の子どもがいない場合には相対的に高くなるということが示されている。かつて「同居子との濃密な接触・別居子との疎遠な交渉」と指摘されたが，同居が前提ではなくなりつつある現在もなお，別居の子ども家族との交流のしかたが確立されているとはいいがたい。

3 子どもや孫とのこれからのつきあい方

さらに，「第7回高齢者の生活と意識に関する国際比較調査結果」から，老後における子どもや孫との日常的な交流をどの程度希望しているのかをみると，「子どもや孫とはときどき会って食事や会話をするのがよい」の割合が最も高くなっている。経年変化をみると，「子どもや孫とはいつも一緒に生活できるのがよい」の割合が59.4％（1980年）から33.1％（2010年）に減少し，「子どもや孫とはときどき会って食事や会話をするのがよい」の割合が30.1％（1980年）から46.8％（2010年）に増加している状況にある。

高齢の親と成人した子どもが理念上それぞれに独立したライフスタイルを築きながら，家族としての対等性や，夫方／妻方（息子方／娘方）のバランスをどのように保ちつつ，成人子親子関係を維持し，相互に支え合っていくのか，なお模索の時期といえる。

（杉井潤子）

▷2　『平成27年度版高齢社会白書』図1-2-1-2『家族形態別にみた高齢者の割合』によると，2013年現在，65歳以上の高齢者の同居率は40.0％であり，1980年の69.0％から29ポイント下がっている。

▷3　家族概念と世帯概念は基本的に下記のように異なるので，同居でも別世帯という理解が生じる。
家族＝同居親族＋他出家族員（大学入学でよそに下宿している子どもなど）＝社会単位
世帯＝同居親族＋同居非親族（使用人なども）＝家計単位・消費単位
なお，官製統計は世帯単位で施行されている。

XI 家族であること，ひとりになること

3 祖父母と孫

1 祖父母であること・孫であること

　祖父母になること・祖父母であることを祖親性（Grandparenthood）という。表1は平均的な祖父母となる祖親期を示しており，60歳代はじめに祖父母になると想定されている。また，孫からみた祖父母は父方の祖父／祖母，母方の祖父／祖母の4人が存在する。孫の学齢ごとに4人の祖父母との同別居や死別経験を図1でみていくと，祖父母の続柄による違いが認められる。父方祖父母との同居割合が母方祖父母よりも高く，特に父方祖母は中高生の段階で高くなっており，晩年同居が推察されるなど父系同居の影響が認められる。

　死別経験では平均寿命の影響により，父方祖父，母方祖父，父方祖母，母方祖母の順に死別を経験する割合が学齢とともに高くなる。母方祖母は4人の祖父母のうち，孫が大学生になっても8割近くが健在となっている。少子高齢化の進行によって「親族構造は孫の数が多い，底辺に広がる三角形のこれまでの拡散的関係から，祖父母あるいは曾祖父母までが生存する逆三角形の凝集的関係へ」◁1と変化していることをふまえると，祖父母であることおよび孫であることはそれぞれのライフコースにおいて，長寿化の進行とともに長くなり，約20～25年間も続く世代間関係であることがわかる。

2 祖父母としての役割と孫育て

　近代以降，夫婦という横軸の関係が家族の中心となり，祖父母と孫の関係は親子関係を介在したいわゆる核家族境界の外におかれた縦軸の関係であり，その関係的地位や役割に積極的意義がなかなかみいだされてこなかった。

　かつてニューガーテンとウェインステインは祖父母タイプを次の5つに分類していた。◁2両親と祖父母との役割をはっきりと区別し，孫を慈しむが責任は親に委ね，親役割を侵さない「フォーマルタイプ」，母親が就労している間などに子どもの世話をする「両親代理タイプ」，孫と友愛的でかつ遊び友達的，相互に満足し合う関係を保つ「享楽追求タイプ」，権威的父系関係に基づき，特殊な技術や財産の継承者である「家族の知恵の貯蔵庫タイプ」，孫との接触を稀にしかしない「疎遠タイプ」である。さらに祖父母は役割を通して喜びを感じ，満足感を得ている一方で，期待した見返りや報酬が得られないことへの不満，失望感を表明しているとも述べている。これには子ども家族への不干渉規

▷1　藤本信子, 1976,「祖父母・孫の関係」上子武次・増田光吉編『三世代家族』垣内出版, pp. 175-195；藤本信子, 1989,「祖父母と孫」上子武次・増田光吉編『日本人の家族関係』有斐閣, pp. 167-194。

▷2　Neugarten, B. L. & Weinstein, K. K., 1964, "The Changing American Grandparent", *Journal of marriage and the family*, 26：pp. 199-204.

▷3　祖父母による孫育てについては，近年，「孫の手」よりも「じいじ，ばあばの手」といわれ，子どもにはよい遊び相手に，父母には力強い助っ人に，そして祖父母世代には地域参加の場に，と「一石三鳥」の役割を期待され（朝日新聞埼玉版2015年1月27日付），孫育てを促進する動きや「祖父母手帳」や「孫育て

範と扶助義務規範が交錯する中で親役割の補助・代理と位置づけられる一方，責任や主体性がないことが影響を及ぼしていると考えられる。

近年，共働きの増加，離婚・再婚やひとり親家庭も増加する中で，子ども家族の子育て支援の観点から，いわゆる祖父母の孫育てへの期待が高まっている。しかし，その一方で，実際に祖父母の6割近くは，孫の親が祖父母に子育てを頼ることと，祖父母が孫育てを引き受けることをめぐって，「親自身が行うべきだが，引き受けるべき」という複雑な意識を抱いていることも明らかになっている。◁4

また，孫からみても，小さいときには祖父母は高価な品物やお小遣いをくれて，親代わりとなって病気やけがの世話をしたり，遊んでくれると好意的に思っているが，中高生になると，よくけんかをし，わずらわしいと思うようになり，祖父母から親の悪口は聞きたくないと感じるようになることが調査から明らかとなっている。また，同居のほうが別居よりも祖父母のイメージは悪くなるという調査結果も示されている。◁5

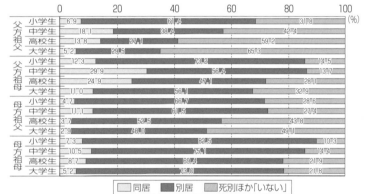

表1 標準型ライフサイクルの孫と祖父母の年齢

出所：岡崎陽一，2001，「ライフサイクルからみた少子高齢社会の問題」『日本人のライフサイクル変化に関する研究』エイジング総合研究センター，p. 8.

図1 続柄別祖父母との同別居状況

出所：杉井潤子ほか，2002，「現代における祖父母と孫との関係性──祖父母の加齢と孫の成長による変化と連続性」平成13・14年度科学研究費補助金（基盤研究（C）(2)）〈課題番号13680116 研究代表杉井潤子〉研究成果報告書より。

③ 新たな世代間関係の創造：祖父母世代と親世代，孫世代

2012年9月に閣議決定された「高齢社会対策大綱」では，「全員参加型社会の推進」が謳われ，今後の超高齢社会に対応するために，高齢者のために対応が限定された社会ではなく，高齢社会に暮らす子どもから高齢者まで，すべての世代の人々が安心して幸せに暮らせる豊かな社会を構築すると記されている。祖父母と孫という既定の枠組みを超えて，祖父母世代に対する家庭教育支援への働きかけや，孫世代に対する老いや認知症理解を深めるジェロントロジー教育の推進など，社会全体において世代を超えるかかわりを希求した動きが認められる。

（杉井潤子）

ガイドブック」を配布する自治体もある。

▷4 北村安樹子，2015，「祖父母による孫育て支援の実態と意識」第一生命経済研究所ライフデザイン研究本部『Life Design Report summer 2015.7』。

▷5 杉井潤子ほか，2002，「現代における祖父母と孫との関係性──祖父母の加齢と孫の成長による変化と連続性」平成13・14年度科学研究費補助金（基盤研究（C）(2)）研究成果報告書より。

XI　家族であること，ひとりになること

同居・扶養

1　高齢世代を全世代で支え合うには

　人口減少がはじまった現代社会では，全世代がどのように支え合うかが大きな課題である。特に個人や家族レベルでの同居・扶養にとどまらず，社会全体の経済，労働，福祉などに及ぶ。私たちの生活という視点から同居と扶養について考えていきたい。

2　高齢者世帯の現状と同居志向の低下

　『平成27年度高齢社会白書』によると，65歳以上の高齢者のいる世帯は全世帯の44.7％を占めている。内訳は夫婦のみの世帯31.1％，単独世帯25.6％，三世代世帯13.2％，親と未婚の子のみの世帯19.8％ほかとなり，三世代世帯の占める割合は1980年50.1％から36.9ポイント低下している（2013年現在）。また65歳以上の高齢者の子どもとの同居率をみても，1980年69.0％から2013年には40.0％へと大幅に低下しており，この30年間で著しい変化が認められる。

　さらに現在と将来に分けて子どもとの同居志向を示したものが図1である。1995年から2010年の時系列変化を合わせてみていくと，2010年時点で「現在同居しており，将来も同居のまま」が28.1％と最も多くなっているものの，1995年からは大幅に減少しており，むしろ，「現在別居しており，将来も別居のまま」あるいは「現在同居しているが将来は別居する」あるいは「現在同居しているが将来はわからない」などの将来別居志向や未定が増えている。

3　同居・扶養規範の変化

　そもそも，なぜ高齢者と子どもは同居をするのか，その背景には老親子間で同居と扶養・介護とが対をなすという根強い慣行がある。

　戦前までのイエ制度下では，1898年（明治31）に施行された明治旧民法において，「第747条戸主ハ其家族ニ対シテ扶養ノ義務ヲ負フ。2 夫婦ノ一方ト他ノ一方ノ直系尊属ニシテ其家ニ在ル者トノ間亦同シ」，「第954条直系血族及ヒ兄弟姉妹ハ互ニ扶養ヲ為ス義務ヲ負フ」と規定されている。イエという親族組織内の，いわゆる義理を含めた老親子間および夫婦間で，同居を前提とした扶養義務が明確に位置づけられていたことがわかる。1947年（昭和22）の民法改正後，夫婦家族制家族制度のもとで扶養義務は下記の2つに大きく分かれた。1

▷1　平成24年9月閣議決定の「高齢社会対策大綱」では，「『高齢者』の捉え方の意識改革」が指摘され，「一律に『支えられる』人であるという認識と実態との乖離をなくし，……『支えが必要な人』という高齢者像の固定観念を変え，意欲と能力のある65歳以上の者には支える側に回ってもらうよう，国民の意識改革を図るものとする」と意識変革が求められている。しかし，現実問題としては，人口構造の観点から，高齢世代を何人で支えるかが問題となっている。『平成27年度版高齢社会白書』によれば，1950年にはひとりの高齢者に対して12.1人の現役世代（15〜64歳の者）がいたが，2015年には高齢者ひとりに対して現役世代2.3人になっており，2060年にはひとりの高齢者に対して1.3人の現役世代という比率になるといわれている。財政，労働やケア等の視点から考えると課題が多い。

▷2　明治旧民法では「第732条戸主ノ親族ニシテ其家ニ在ル者及ヒ其配偶者ハ之ヲ家族トス」と家族の法的範囲を明示している。

つは「第752条夫婦は同居し，互いに協力し扶助しなければならない」という夫婦間および親の未成年子に対する同居を前提とした扶養義務で，権利者に義務者の生活程度に均しい生活を全面的に保持させる「生活保持義務」である。いま1つは「第877条第1項直系血族及び兄弟姉妹は，互に扶養をする義務がある」という親族関係間の扶養義務で，相手方の生活を維持させるための必要生活費を自己の地位相応な生活を犠牲にすることなしに扶助すればよいという「生活扶助義務」である。これによって，核家族境界に基づいて夫婦間と老親子間の扶養義務は一線を画することになり，老親子間の同居・扶養は自己の生活優先の生活扶助義務として考えられるようになった。それとともに，1961年（昭和36）から国民皆年金制度が確立され，老後の生活保障がこれまでの家族内での私的扶養から社会全体で支える社会的扶養に転換された。

こうした法的な動きと連動して，家族内での個人志向の高まり，高齢者の自立の強調によって同居・扶養規範は義務から慣行へとゆるやかに移行している。

1950年（昭和25）以降続けられてきた「全国家族計画世論調査」（1950〜2000）および「第1回人口・家族・世代世論調査」（2004）（いずれも毎日新聞社人口問題調査会）の調査結果を併せて経年変化をみていくと，子どもがいる人に対して「老後の暮らしを子どもに頼るつもりですか」という問うたところ，「子どもに頼るつもり」と答えたのは第1回1950年調査では59.1％であったのが，その後減り続け，第25回2000年調査では10.8％となった。その後，継続された「第1回人口・家族・世代世論調査」(2004)でも「頼るつもり」は9.0％とさらに減少し，「頼るつもりはない」57.0％，「考えたことがない」26.0％ほかとなっている。具体的に老後の暮らしのどういう部分を誰（どのような機関やサービス）にどの程度頼れると期待するのか，その詳細はこの世論調査では明らかではないが，子どものみに依存しようとする私的扶養意識はもはや1割にも満たない。

しかし，同調査で，既婚者に「子どもが老父母の面倒をみることについて」の規範意識をたずねた結果では，「よい習慣（しきたり）」とする考え方は第7回1963年調査の36.1％から減り続け，第25回2000年調査では14.3％，2004年調査では16.0％となり，一定の下げ止まり傾向が認められる。同じく「子どもとしてあたりまえの義務」という考え方においても，第7回1963年調査の38.6％から第18回1986年調査までは上昇傾向がみられ，56.5％あったものの，その後一気に減少し，第25回2000年調査では30.9％になり，2004年調査では35.0％に上昇している。超高齢社会にあって，社会全体として高齢者介護や年金問題が新たな負担意識を生み出している現状も影響しているのであろうか。「基本的には日本人の老親扶養に対する行動倫理は変化しているとは思われない。日本人の社会行動規範には儒教的倫理が歴史的に長期的に根を張っている」という指摘もあり，老親子間においては，新たな関係性の構築がなお模索されている時期といえる。

（杉井潤子）

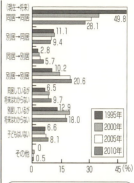

図1　高齢者の子どもとの同居志向

出典：財務省「経済社会の構造変化——高齢者——」説明資料　平成27.8.20　総16-1
（出所）内閣府，2011年，「高齢者の住宅と生活環境に関する意識調査」

▷3　イエ制度の流れを受けて，現行民法においても「第730条直系血族及び同居の親族は，互いに扶け合わなければならない」という条文は残るものの道徳的意味合いしかないと解されている。

▷4　生活扶助義務については，「扶養義務者の社会的地位，収入等相応の生活をした上で余力を生じた限度で分担すれば足りるものとされる（大阪高裁決定昭和49年6月19日）」という判例が出ている。

▷5　黒田俊夫，2005，「老親扶養をめぐって——人口転換の先駆と国際的貢献」毎日新聞社人口問題調査会『超少子化時代の家族意識——第1回人口・家族・世代世論調査報告書』毎日新聞社。

▷6　▷5のp.307参照。

XI 家族であること，ひとりになること

5 介 護

1 日本人の老いのパターンと健康寿命

高齢期の長期化とともに，老後は誰に介護を受けるのか，どこで終末を迎えるのかは大きな課題である。図1は，加齢にともなう自立度の変化パターンを示している。これをもとに日本人の老い方を男女別にみていくと，男性の場合，20％が70歳になる前に健康を損ねて死亡するか重度の介助が必要になる。10％が80〜90歳まで自立を維持する。残りの70％は75歳頃から徐々に自立度が落ちていき，要介護になっていくという。女性の場合，90％が70歳代半ばから緩やかに衰えて運動能力の低下により自立度が落ちていく。男女合わせると，約80％の人たちが70歳代半ばから何らかの介助が必要になることがわかる。

病気に苦しむことなく，元気に長生きし，病まずにコロリと死のうという意味の標語として「ピンピンコロリ（PPK）運動」や「ポックリ信仰」が各地で存在する。しかし，願望通りに皆が誰にも迷惑をかけず，世話にならず，コロリやポックリの終末を迎えることは現実的には難しい。健康寿命という観点から平均寿命との差をみたものが図2である。大衆長寿化が進行したとはいえ，健康上の問題で日常生活になにか影響がある期間，いわゆる要支援あるいは要介護となる期間は，男性約9年間，女性約12年間と算定されている。

2 家族介護のパラドックスと介護の社会化

そもそも家族と介護を結びつけて家族介護を自明視する規範は「創られた伝統」であり，歴史的に新しい現象といわれている。1970年（昭和45）に高齢化率が7％を超えて高齢化社会に突入した直後に有吉佐和子の『恍惚の人』（1972年）が大ベストセラーとなったが，「老人ホームに親を送りこむっていうのは気の毒ですよねえ。子供や孫と一緒に暮らすのが誰でも一番幸福なんですもの」「老人を抱えたら誰かが犠牲になることはどうも仕方がないですね」「耄碌の

▷1 秋山弘子，2010，「長寿時代の科学と社会の構想」『科学』80（1）：pp.59-64。1987年から2006年に至る全国の60歳以上の男女（N＝5,715）を対象とした調査結果である。

▷2 WHOによって「健康寿命（healthy life expectancy）」という概念が提起され，『国民生活白書』（2006）では「健康上の問題で日常生活に何か影響がありますか」との問いに対して「ない」とされる者を「無障害者」として，65歳時点の「無障害平均余命」を男性12.64年・女性15.63年と算出し（2004年時点），さらに「現在の高齢者は，老後をどう過ごすかではなく，第二の人生をどう生きるかという問いに向き合っている」とし，「我が国の平均寿命は世界でもトップクラスを誇っているが，これは戦後の我が国の経済発

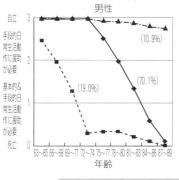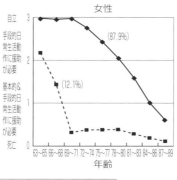

図1 日本人の加齢にともなう自立度の変化パターン

出所：秋山弘子，2010，「長寿時代の科学と社会の構想」『科学』80（1）：p. 61，図2 加齢に伴う自立度の変化パターン，全国高齢者20年の追跡調査（N=5715）。

果てのことを人があまり知らないのは，家の中の秘めごととして他人には漏らさないからなのだろう」と語られている。家族介護を美風として礼賛する風潮，施設介護姨捨感があったことがわかる。その後，介護破綻にかかわる高齢者虐待・介護殺人・介護心中などの社会問題が認識されるようになり，1995年（平成7）育児・介護休業法，1997年（平成9）介護保険法，2000年（平成12）公的介護保険制度が導入された。「一部の限られた問題ではなく，普遍的な問題となった高齢者介護に対して，国民皆で介護を支え合おう」という考え方のもとで「介護の社会化」がはかられることになった。

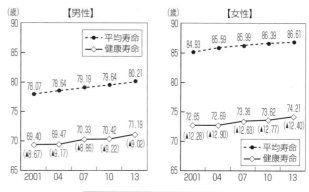

図2　平均寿命と健康寿命の推移

出所：村松容子「健康寿命も延びているか——2013年試算における平均寿命と健康寿命の差」ニッセイ基礎研レター2014年08月06日：p. 2。
注：（ ）内の数字は，健康寿命から平均寿命を引いた年数。

しかし，介護の実態として要介護者等からみた続柄・主な介護者の性別をみると，61.1％が同居親族であり，その内訳は配偶者26.2％，子21.8％，子の配偶者11.2％ほかとなっている。性別では女性が68.7％と多く，同居の主な介護者の年齢では60歳代から70歳代が過半数を占め，老老介護の様子が想定される。また，実際の介護場面では，夫婦や親子，きょうだいで交わされるいくつかのパラドックスも存在する。誰に介護してもらうのか・誰が介護をするのかという問いに対して，「早いが勝ち，逃げるが勝ち」という答えがあり，その一方で「見捨てられない，私しかいない，先には死ねない」という思いがある。また，なんのために介護するのかという問いに対して，「報われない，つらい」という答えがあり，その一方で「家族だからあたりまえ，弱音は吐けない」という思いがある。さらに，いつまで続くのかという問いに対して，「早く楽になりたい，解放されたい」という答えがあり，その一方で「いつまでも生きていてほしい」という思いがある。家族・親族ゆえの在宅介護の困難さと大きなストレスがみてとれる事例が多い。

3　高齢者介護の課題とケア権利

家族への過重負担がなお根強い中，介護を広義にケア概念に置き換えると，「ケアする権利」「ケアされる権利」「ケアすることを強制されない権利」「ケアされることを強制されない権利（不適切なケアを受けることを強制されない権利）」の4つから成り立つという。「ケアする権利は，その裏面にケアを強制されない権利を持つことで自発性と選択性を含み，……ケアされる権利はケアを強制されない権利と表裏で結びつくことでケアの受け手の自己決定権を保証する」と指摘されている。介護の社会化・脱家族化の過程において重要な示唆といえる。

（杉井潤子）

展，生活水準や医療技術，衛生環境の向上などの成果である。しかし，人々の関心は寿命の長さだけでなく，日常の生活の質にあるだろう。単に平均寿命が伸びるだけでなく，人生において健康に過ごせる期間がどれだけ続くかが重要である」と指摘した（p. 107）。

▷3　上野千鶴子，2006，「ケアの社会学——家族介護は「自然」か？」『at』3。

▷4　『平成12年版厚生白書』。

▷5　内閣府『平成27年度版高齢社会白書』。

▷6　日本労働組合総連合会（連合）『要介護者を介護する人の意識と実態に関する調査』（2014年2〜4月実施）など参照。

▷7　ケアの定義について，上野千鶴子は，依存的な存在である「成人と子どもを含むことで，介護，介助，看護，そして育児までの範囲をおおい，身体と情緒の両方を含むことでケアの持つ世話と配慮の両面をカバーし，規範から実践までを含む」とする。上野千鶴子，2005，「ケアの社会学——ケアとは何か」『at』1。

XI 家族であること，ひとりになること

 高齢者虐待

1 高齢者虐待とは

家庭内での暴力や虐待に関する法整備において，2000年児童虐待防止法，2001年DV防止法に引き続き，2006年に施行されたのが「高齢者虐待の防止，高齢者の養護者に対する支援等に関する法律」である。養護者による高齢者虐待および養介護施設従事者等による高齢者虐待を対象としているが，以下，ここでは家庭内での養護者による虐待にしぼることにする。主に家族関係の中で起こる高齢の親・配偶者・祖父母などに対する虐待である。

広義には「高齢者が他者からの不適切な扱いにより権利利益を侵害される状態や生命，健康，生活が損なわれるような状態に置かれること」と定義される。具体的な虐待行為は，介護場面での殴る・蹴る・無理矢理食事を口に入れる・火傷を負わせる・身体拘束などの「身体的虐待」，水分や食事を十分に与えられていないなどの「介護・世話の放棄・放任（ネグレクト）」，どなる・ののしる・悪口をいう・侮辱を込めて子どものように扱う・意図的に無視するなどの「心理的虐待」，排泄の失敗に対して懲罰的に下半身を裸にして放置するなどの「性的虐待」，日常生活に必要な金銭を渡さない／使わせないなど年金・財産の搾取などの「経済的虐待」である。

2 高齢者虐待問題の構築と対応

高齢者に対する虐待がそもそも社会問題として認識されたのは，1975年イギリスにおいてバーストンが「おばあちゃんたたき」と題する論文を発表したことにはじまる。1991年に国連で採択された「高齢者のための国連原則」において，「自立 (independence)」「参加 (participation)」「介護 (care)」「自己実現 (self-fulfilment)」「尊厳 (dignity)」という観点から，高齢者の人権擁護が取り上げられ，2002年「第2回高齢化世界会議」で政治宣言が採択され，そのなかではじめて年齢差別 (age discrimination) を含むあらゆる形態の差別の撤廃が謳われるとともに，高齢者の尊厳をあらためて認識することの重要性と，高齢者に対するあらゆる形態の無視・怠慢 (neglect) や虐待 (abuse)，暴力 (violence) を根絶していくことが強く求められた。日本においても，1981年に「老親虐待」という表題をつけて嫁の姑いびり・姑の面当て自殺という解説がなされたのを嚆矢とする。その後，1986年には『警察白書』で「高齢化の進展と高齢者

▷1 「高齢者虐待の防止，高齢者の養護者に対する支援等に関する法律」2006年4月1日施行。

▷2 厚生労働省老健局計画課認知症対策推進室「全国高齢者虐待防止・養護者支援担当者会議資料」平成18年4月24日高齢者虐待・養護者支援への対応についてより抜粋。

▷3 社会問題化のプロセスについては，杉井潤子, 1995,「老人虐待への構築主義的アプローチの適用」『現代の社会病理IX』垣内出版；杉井潤子, 2004,「老人虐待」『社会病理学と臨床社会学』学文社を参照。

▷4 Political Declaration, Article 5. Second World Assembly on Ageing in Madrid, Spain. 12 April 2002.

をめぐる諸問題の発生」と題して「高齢者の自殺者が全自殺者数の30.3％を占める」などと指摘される中で，「老親虐待」から「老人虐待」そして「高齢者虐待」へと概念が変容しながら支援の方策が検証・検討され，約30年経てようやく法整備にまで至ったのである。

③ 現状

2016年の厚生労働省の調査結果◁5によれば，養護者による虐待の種別では身体的虐待が66.9％と最も多く，次いで心理的虐待42.1％，介護等の放棄（ネグレクト）22.1％，経済的虐待20.9％，性的虐待0.5％である。被虐待高齢者は女性が77.4％，80～89歳が41.6％となっており，高齢女性の被害が多い。要介護状態区分では要介護3以上が39.5％で，認知症日常生活自立度Ⅱ以上が69.9％，障害高齢者の日常生活自立度（寝たきり度）A以上が70.1％で介護負担度が高くなっている。一方，養護者は同居が86.8％を占め，50～59歳が最も多く，息子40.3％，夫19.6％，娘17.1％，息子の配偶者（嫁）5.2％，妻5.1％，孫4.2％などの順である。さらに虐待が引き起こされた要因は，虐待者の介護疲れ・介護ストレスや虐待者の障害・疾病，経済的困窮，被虐待高齢者の認知症の症状などとなっている。

▷5　厚生労働省老健局計画課認知症・虐待防止対策推進室，2016，「平成26年度高齢者虐待の防止，高齢者の養護者に対する支援等に関する法律に基づく対応状況等に関する調査結果」。

④ 高齢者に対する虐待の理解

高齢化が急速に進行する現代社会において，高齢者介護にかかわる家族問題は切実である。虐待が起きた家族が特別ではなく，いつでもどこの家族でも起こりうる問題でもある。なかでも留意すべきは，加害・被害双方の認識・自覚の欠如である。虐待事例調査では，悪意か故意か無意識か，あるいは単に介護能力が低いのか判断が困難な状況下で，「結果として，危害を加えたり苦痛を与えることとなる，信頼関係の上に築かれた予期しうる適切な行為を欠いている事態，あるいは単一あるいは繰り返して行われる行為」(the British Charity Action on Elder Abuse 1993）が起こってしまう現実がある。高齢者虐待は「Elder abuse」という言葉で表現されることが多いが，欧米で言及される際の表現に着目すると「Elder mistreatment」（もしくは maltreatment, ill-treatment)」と記されることも多い。家庭という密室で家族ゆえの当事者双方の「許される暴力・許す暴力」「見えない・隠す虐待」という構造がある。家族だから許される，家族だから暴力を受け入れてしまって隠す，ひいては分離介入しても元に戻ろうとする親密な親子・夫婦間での閉鎖的な共依存関係が指摘できる。

介護の社会化が推進されているとはいえ，「家族さん」への社会からの暗黙の期待がなお強い中で，在宅介護場面で虐待せざるを得ないようなストレスが多い状況を理解し，養護者を支援していくことが重要である。　　（杉井潤子）

XI 家族であること，ひとりになること

 家族と墓

1 家意識が残る墓

現代日本における墓の形態は，その多くが「家族墓」で，継承者を決めて代々使用していく「継承制」をとっている。それはかつての直系制家族であるところの「家」がもつ本質的特徴でもある。「家」は，家系上の先人である先祖を祀り，世代を超えて永続することが期待され，またそれを可能ならしめる継承制に際立った特質があった。

ところが，夫婦制家族理念が根づいた現代家族は，家族の永続性を当然とする意識が希薄になった。何よりも夫婦制家族は，子どもが離家すれば「夫婦だけ」，一方が亡くなれば「独居」，最後のひとりが亡くなれば消滅する一代限りの家族である。したがって家系の存続を強く求めて後継子を養子で補充することも一般的ではなくなった。父子継承ラインは弱体化し，夫方妻方，双方の親を同等に考える**双方性**が，夫婦制家族の特徴でもある。

このように「家」と「夫婦制家族」を比較すると「連続性」と「不連続性」，「世代性」と「一代性」，「単系性」と「双方性」といったように，両者は構造的な違いがあるため，墓に付随する家的システムと整合せずに顕在化した問題が，1980年代後半から浮上してきた。

- 直系制家族（家）　　　連続性　　世代性　　単系性
- 夫婦制家族　　　　　　不連続　　一代性　　双方性

戦後家族の第2段の変化が起きた80年代以降，配偶者や子どもをもたないライフコースを選ぶ人々が増え，墓の継承問題が顕在化してきた。また少子高齢社会にあっては，夫方妻方，双方の墓の継承を期待されている夫婦が増え，妻方の墓の継承困難はより顕著になった。さらに自立的に生きようとする妻の中には，墓を通じて夫側の家への所属を強いられることに苦痛を感じる人も出てきて，夫の家の墓に入らず，自分ひとりで入る墓を買う妻の存在も明らかになった。それは「死後離婚」などといわれている。

夫婦家族制理念が定着し，男女平等意識が根づいた社会になると，父系単系で継がれてきた墓祭祀が疑問視されてきた。家意識の残存による永続規範に支えられた墓の継承制が制度疲労を起こし，さら家族が個人化するといった現代的な流れの中で，1990年前後から死者祭祀に状況適合的な変化が起こり，代替システムが登場したのである。

▷1　双方性
個々人が両親のいずれから由来し，いずれに帰属するかを規定する原則を「出自」という。生物学を前提とすれば人間は父と母の双方があって存在している。しかし実際にはどちらか一方に通じた親族関係を優先する単系出自社会が認められる。つまり出自とは単なる生物学的な血統とは異なり，個々人の親族集団への帰属を意味する規則なのである。また「系譜」とは，親族間の関係を共通の祖先に遡って具体的に表現したもの。直系制家族の典型である日本の「家」は，単系による系譜的連続性をその特徴にもっていた。一方，単系ではない非単系の形態は一様ではない。系譜意識があるものもあれば，ないものもある。夫婦制家族の，子どもにおける父母との同質の結びつきは，系譜意識がないか，あるいはごく薄いため「双系」とはいわず「双方的」といい，その特質を「双方性」とする。

▷2　井上治代，2000，『墓をめぐる家族論』平凡社。

2　1990年代に登場した代替システムの特徴

①脱継承：1980年代末に継承困難な人々の受け皿として登場したのが，家族・親族による継承を前提としない「永代供養墓」「合葬式墓地」などと呼ばれる非継承墓である。当初は4ヶ所であったが90年代に急増し，2005年で600ヶ所（六月書房調べ）になり，その後もさらに増え続けている。注目すべきは非継承墓申込者の子どもの状況である。ある調査によると，子どもがいない人は24％でしかなく，「男子がいる」ケースは48％であった（図1）。「息子がいる」という，従来の墓の継承からいえば何ら問題のないケースで，非継承墓を買う人が多いという事実は，継承制そのものが現代の家族形成理念や生活形態から遊離し，まだ一部ではあるが機能不全の状態が露呈してきたといっていいだろう。息子がいても「頼りたくない」「頼れない」「息子が未婚」「外国生活」「息子の子がみな女子」などといった理由である。

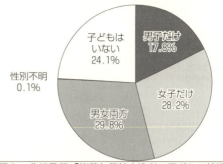

図1　非継承墓「桜葬」墓地申込者の子どもの状況
出所：「桜葬」に関する会員意識調査，井上治代，2012年。

写真1　東京都町田市にある認定NPO法人エンディングセンター「桜葬」墓地
桜の木を墓標として個別区画が隣接した集合墓。毎年，桜の咲く頃，皆が集まって合同祭祀「桜葬メモリアル」を開催。

②自然志向：1990年代には，海や山に骨灰をまいて自然に還るという「散骨」や，墓石を立てず樹木を墓標とする「樹木葬」といった自然志向の葬法が登場した。自然志向であり，さらには継承者を必要としないという点でも支持されている。

③双方化：また子どもが「娘だけ」というケースにおける継承問題の解決策として，夫方妻方の双方を1つの墓に祀った「両家墓」が増えた。

④個人化：さらに集団から個人へと価値意識が転換する中で，家族が一代限りであればこそ，自分がどう生きて，どうその生を閉じるかに関心が移行し，自分の死後を子孫に託すのではなく，自己決定して生前準備する生前墓が主流になり，「自分らしい」墓をデザインする個人化の傾向もみられる。

現代社会では，離婚単身者や生涯未婚者，子どものいない夫婦が増えて，家族員で死者儀礼の担い手を確保できない人々が増加している。非継承墓は家族も含めた不特定多数の人々とともに墓に入り，墓地運営者とともに守っていくという形態で，「ゆるやかな共同性」がその特徴である。さらにまた，葬儀や死後の事務処理等を第三者に委任する生前契約も登場している。いわゆる家族機能を補完する葬送の共同性とサポート・ネットワークが出現し，「死者儀礼の社会化」としてとらえられる事態が進んでいる。

（井上治代）

参考文献
井上治代，2003，『墓と家族の変容』岩波書店。
井上治代，2012，『桜葬——桜の下で眠りたい』三省堂。

XI 家族であること，ひとりになること

 人生の終わり方

1 人生の最期のあり方

図1は，人生最期のあり方を示したものである。「突然死（sudden death）」「病死（terminal illness）」「臓器不全（organ failure）」「虚弱（frailty）」の4つのパターンがあるといわれている。私たちはどこで終末を迎えるのだろうか。

近年，誰にも看取られることなく，亡くなったあとに発見される孤独死や無縁死がニュースで報道され，特にひとり暮らしの場合には身近に感じるようになっている。とはいえ，最期をどこで迎えたいかという希望では，長年住み慣れた「自宅」が最も多い。では実態はどうなのであろうか。2014年（平成26）人口動態統計（確定数）から，死亡の場所別にみた構成割合と年次推移をみると，2014年現在，病院や診療所，介護老人保健施設や老人ホーム等の施設で亡くなる人は85.1%，自宅で亡くなる人は12.8%ほかと，自宅での最期は少ない。1951年には病院や診療所等で亡くなる人は11.6%，自宅で亡くなる人が全体の82.5%であったことを考えると，介護や介助，またなんらかの医療を受けていた具体的な期間までは確認できないが，老後は家族に囲まれて自宅で逝くことが現実問題としてはなかなか難しいことがわかる。

内閣府高齢社会対策の基本的在り方等に関する検討会「高齢社会対策の基本的在り方等に関する検討会報告書——尊厳ある自立と支え合いを目指して」（平成24年3月発表）では，「超高齢社会において『尊厳のある生き方』を目指すためには，高齢者にとっての心豊かな人生の終わり方についても考えていかなければならないのだろう。高齢者のみならず，子どもを含めて全世代が地域社会において，人生の終わり方について考えることは，『生』を実感する機会にもなる。これは，自身の『生』のみならず，他者の『生』をも尊重する機会となり，『尊厳のある生き方』につながっていくのではないだろうか」と言及されている。看取りロボット（End of Life Care Machine）も開発されている時代にあって，自らの最期をどのように迎えるのか，生と死を合わせて考えなければならないといえる。

2 自立と要介護のはざまを生き抜く

近年，高齢者の生き方として「自立」や「介護予防」が強く意識されている。できる限り健康であり続けることを望むのは当然のことである。しかし，こう

▷1 内閣府「平成24年度高齢者の健康に関する意識調査」によると，全国の55歳以上の男女に対して，「孤独死（誰にも看取られることなく，亡くなったあとに発見される死）について，身近に感じますか」とたずねた結果，最も多いのは「まったく感じない」44.3%で，次いで「あまり感じない」35.9%であるが，「まあ感じる」13.4%，「とても感じる」3.8%となっており，2割弱の人が身近に感じている。さらに，孤独死を身近に感じる理由では「一人暮らしだから」が最も多く，27.9%である。次いで「ご近所との付き合いが少ないから」16.4%，「家族・親戚と付き合いがないから」11.8%，「あまり外出しないから」8.8%の順となっている。

▷2 内閣府「平成24年度高齢者の健康に関する意識調査」によると，全国の55歳以上の男女に対して，自宅で最期を迎えることを希望する人は54.6%（男性62.4%，女性48.2%）であり，次いで「病院などの医療施設」27.7%（男性23.0%，女性31.6%），「特別養護老人ホームなどの福祉施設」4.5%（男性3.5%，女性5.4%）などとなっている。

した志向性の高まりのなかで，要介護状態になることに不安を抱き，忌避されていることも事実である。「サクセスフルエイジング・プロダクティブエイジングのスローガンで描かれた，『自立した生涯現役』という画一的な考え方は，人の助けを必要とする高齢者を人生の落伍者のような自覚をもたせ，多くの人たちが失意のうちに最期を迎えることになりかねない」という警鐘もすでに鳴らされている。

私たちは近代化とともに価値構造において成長と老化，あるいは自立と依存を二極対比でとらえてきたと省みることができる。成長とともに「できるようになること」という正の学習を限りなく価値あるものとし，自立していることを評価する一方，老化とともに「できていたことができなくなること」を受容することが困難となり，いわば負の学習の必要性を見落とし，依存することを隠ぺいしてきたとも理解できる。「できていたことができなくな」っても，「なお，できること」のみに強迫的に固執してきたのではないだろうか。

このことは，臨床倫理学の観点から死に直面していく過程での私たちの心理を，「できることがなくなっていく私をいかに肯定するか。できるほうが良い，でもできなくても良い」と表現していることに相通じる。清水は，人ひとりの存在価値について「居ることはできる。居るのは人々の輪の中にいるということ。周囲の人から肯定され，受け容れられること」の重要性を説いている。それとともに，「私にできる社会貢献は，堂々とみなに世話をかけ，社会的資源に与り，そのようにして私たちの社会が『誰一人をも切り捨てず，仲間として支える』社会であることを，身をもって示すことである，と理解する」という。生老病死という自然の摂理は，長寿化が進行してもなお変わることがない。超高齢・大衆長寿社会において，私たちひとりひとりが老いてなお堂々と生き抜くためにバランスのとれた老いの理解とともに，価値の転換と新たな創造が急がれる。

３ リビングウィル

「終活」という言葉が生まれ，終末期医療の受け方や葬送，相続や身の回りの処理について，リビングウィルという形で残しておこうとする動きが少しずつ高まっている。とはいえ，いわゆる遺言を残すということについて，欧米に比べると，日本ではまだまだ少ないのが実情である。配偶者や子どもが自らの思い通りにしてくれるだろうと暗黙のうちに家族に期待し，頼みとする意識が根強いことの表れでもある。しかし，かかる家族任せは，裏返せば，残された家族に責任と判断を強いることにもつながる。自らの意思を表し，それを残し伝えることが重要である。

（杉井潤子）

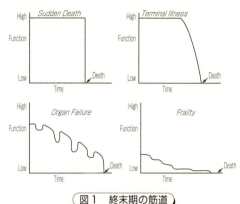

図１　終末期の筋道

出所：Lunney, JR1, Lynn J, Hogan C. "Profiles of older medicare decedents." Journal of the American Geriatrics Society 2002 Jun; 50(6): 1108-12.

▷3　秋山弘子，2010，「長寿時代の科学と社会の構想」『科学』80（1）：pp. 59-64。

▷4　清水哲郎，2011，「ケアにおける死と生の理解と価値」東京大学グローバルCOE「死生学の展開と組織化《介護・医療従事者のための死生学》基礎コース・セミナー」2010年度報告書。

第4部　家族の相対化

XI　家族であること，ひとりになること

親族扶養と相続

1　親族間の扶養義務

　一定の親族間では相互に扶養義務が課せられる。夫婦（民法752条）や，直系血族及び兄弟姉妹（民法877条1項）については，民法上，相互に扶養の義務が定められており，それに加え，家庭裁判所は，特別の事情があるときは，3親等内の親族間においても扶養の義務を負わせることができる（民法877条2項）と定めている。

　この扶養義務の内，最も重いものは，夫婦間および未成年の子に対する親の扶養義務である。これは，原則として，自己と同程度の水準まで扶養をしなければならない，という「生活保持義務」であると解釈されている。その他の扶養については，相手が生活難に陥った場合に，自己に余力があれば援助すべきという「生活扶助義務」であると解釈されている。

　扶養義務を負う者，あるいは扶養を受ける権利を有する者が複数いて，当事者の協議によって，誰が扶養をするか，その順序や方法をどう決めることができないときには，家庭裁判所に申立をし，決めてもらうことになる。裁判所は，扶養の必要性や扶養義務者の資力，扶養義務者と権利者の関係性等，一切の事情を考慮し，これらを定めることになる。そのため，例えば親族であってもまったく交流がない姻族間などであれば，裁判所が扶養を命じることは少ない。

2　親族間の扶養義務と生活保護

　これからは，少子化の影響もあり，老親の扶養をめぐる問題が増加していくことが予想され，また世代間の収入格差等から，就学を終え，成人に達した子に対する扶養についても，子から親に対する扶養の請求が増加すると思われる。

　自らで生活費を得ることができず，親族からの扶養を受けることもできなければ，生活していくことができない。そのような場合には，生活保護を受給することになる。

　生活保護の受給に際して申請者やその親族は，まず親族による私的扶養が可能かどうか，実施機関である福祉事務所から調査される。生活保護法4条2項が，「民法に定める扶養義務者の扶養は保護に優先して行われるものとする」と定めているためである。そのため，親族への調査（文書で回答を求めるもの）

▷1　親族の定義については I-5 参照。

▷2　より詳しくは，二宮周平，2013，『家族法［第4版］』新世社，pp. 248-249を参照のこと。

▷3　相続人は以下の通りである。
　亡くなった者に，子がいる場合には，子は相続人となる（民法887条）。
　亡くなった者に子がいない場合は，直系尊属（親や祖父母，曾祖父母）が，さ

がなされることをおそれ，生活保護の申請をためらう者も多い。

しかし，現在の生活保護法では私的扶養は，「保護に優先」すると規定されてはいるが，生活保護を受けるための要件ではない。つまり，扶養義務を負う者が，必ずしも扶養義務をはたしている必要はないのである。したがって，実際には扶養をしていない扶養義務者がいるということが，生活保護の受給の妨げとなってはならない。

❸ 相続

民法で定める相続人になりうる者は，子・配偶者・親・きょうだいである。これらの相続人の順位や法定相続分は，遺言がない場合について定めたものであって，遺言があれば遺言が優先する。遺言では，法定相続分と異なる割合で財産を遺すことや，上記の相続人にあたらない者にも，財産を贈与（遺贈という）すること等ができる。法律上の婚姻をしていなければ，妻や夫は法定相続人にはなれないため，遺された配偶者の生活を保障するためには，遺言の必要性がきわめて高い。

ただ，亡くなった者の配偶者・子・親については，遺留分が定められている◁4。遺留分とは，遺言に反したとしても一定の財産を相続できるという権利であって，遺された者の生活保障という側面を有する。

特定の者を相続人から除きたい場合には，裁判所に対して，相続人の廃除を申し立てたり，遺言で同様の意思表示を行ったりすることができる。しかし，廃除に正当な理由（亡くなった人に対する虐待等）があるかどうかについては裁判所が判断するため，ただの好悪の感情等のみでは，廃除はできない。

また，介護や事業における協力等によって，亡くなった者の相続財産の維持・増加に貢献した相続人がいる場合には，寄与分（民法904条の2）が認められることがある。相続人同士の協議によって寄与分の額が決められない場合には，寄与をした者の請求により，裁判所がその額を決めることができる◁5。

❹ 相続における差別の解消

最近まで，嫡出でない子の相続分については，嫡出子の2分の1と定められていた（改正前民法900条4号但書き）◁6。これは，法律婚の尊重という目的のために長年にわたり合憲とされてきたが，最高裁大法廷は，2013年9月4日，裁判官14名全員一致で，同規定が憲法14条1項（法の下の平等）に違反すると判断した（最大決平成25年9月4日『民集』67巻6号1320頁）。

そして，同決定を受けて，2013年12月5日，民法の一部を改正する法律（平成25年12月11日号外法律第94号）が成立し，上記規定は削除されるに至った。

（角崎恭子）

らに直系尊属もいない場合には兄弟姉妹が相続人となる（民法889条）。

また，亡くなった者に妻がいる場合には，妻も相続人となる（民法890条）。

各人の相続分は，以下の通りである（民法900条1号～4号）。

子と配偶者が相続人の場合は，それぞれ2分の1。

配偶者と直系尊属が相続人の場合は，配偶者が3分の2，直系尊属が3分の1。

配偶者と兄弟姉妹が相続人の場合は，配偶者が4分の3，兄弟姉妹が4分の1。

同一の者が複数いる場合には，人数で除する。

▷4 遺留分の割合は，以下の通りである。兄弟姉妹には遺留分はない（民法1028条柱書，同1号2号）。

直系尊属のみが相続人である場合には，相続財産の3分の1。その他の場合には，相続財産の2分の1。

▷5 平成30年7月の民法改正（一部を除き平成31年7月1日施行）により，配偶者の居住権の保護や，相続財産への特別の寄与について，相続人以外の親族も金銭請求ができること等が定められた。

▷6 削除された部分は，以下の文の「 」内の部分である（民法900条4号）。

子，直系尊属又は兄弟姉妹が数人あるときは，各人の相続分は相等しいものとする。ただし，「嫡出でない子の相続分は，嫡出である子の相続分の2分の1とし，」父母の一方のみを同じくする兄弟姉妹の相続分は，父母の双方を同じくする兄弟姉妹の相続分の2分の1とする。

---- **Epilogue（Exercise）** ----

1．10代のような若い年齢で結婚することについてのメリット，デメリットをグループで話し合ってみよう。

2．結婚が個人の自由となった今，出会いの機会がさまざまに演出されている。インターネットでの出会いについてグループで話し合ってみよう。

3．晩婚化といわれているが，晩婚化にともなう結婚式の変化を結婚情報雑誌で調べてみよう。

4．市町村を2つ選び，妊婦・子育て支援策と分娩可能な施設について調べ，比較しよう。

5．未婚の若者に「父になること」「母になること」を自分のライフコースの中でどのように位置づけているか，インタビューして考察してみよう。

6．諸外国の生殖技術利用の現状を調べ，日本と比較してみよう。

7．妊娠・出産・育児と就学・就労は両立するだろうか。どのような条件があれば両立するか，考えてみよう。

8．奨学金が重荷になって，返還できなくなっていることが社会問題になっている。どのくらいの奨学金が貸与されているか，返還率はいくらか，奨学金滞納問題に対する支援はされているか調べてみよう。

第 5 部

家族のこれから

> **Prologue**
>
> 血は水よりも濃い
>
> 可愛さ余って憎さ百倍
>
> 　生殖技術の発達は，人工授精や体外受精など不妊に悩む多くの夫婦に子どもをもたらし，また自分の血縁を次世代に受け継ぐことを可能にした。血縁のある人々は，他人よりも絆が強いという「血は水よりも濃い」という諺は，「子はかずがい」にもつながり，たとえ夫婦仲が悪くても，血のつながりのある子は夫婦をつなぎとめてくれるという思惑にもつながる。
>
> 　しかし，家族だからこそ期待も多く，その期待につぶされそうになることもしばしばある。「可愛さ余って憎さ百倍」は，愛と憎しみが表裏一体であることを意味している。少子化の中でひとりの子にかける愛情は深く，長くなり，その子が新しい家族をもって独立しても親の愛情が変わらない場合も多い。また，気を許せる家族だからこそ，親も子も介護やケアを当たり前と考え，背負い込んでしまう。
>
> 　家族のこれからは，このような家族の幻想を，社会も個人もどのように払拭していくかにかかっている。

第5部　家族のこれから

XII　社会が排除している家族そして個人

日本のマイノリティ家族

　国際人権法の「マイノリティ」規程に依拠すると,「マイノリティ」とはナショナリティ，エスニシティ，宗教，言語といった面において，多数派と異なる特性をもつ少数派を意味する。日本において「マイノリティ」が使用される場合は，女性や障がい者を含めた「弱者」の意味で使われることが多いが，ここでは日本のマイノリティ家族のなかでも在日外国人家族に焦点を当てて述べる。

　法務省2021年末の「在留外国人統計」によると，在留外国人の総数は，276万635人であった。2020年をピークに微減している。そのうち男性が49.1％，女性は50.9％で女性が上回っている。在留資格によって，「中長期在留者」と「永住者」といった区分がされている。「中長期在留者」は246万4,219人で，「永住者」「留学」「技能実習」「定住者」「日本人の配偶者」「家族滞在」などの細かな区分がされており，最も多いのは「永住者」の83万1,157人である。「永住者」は一定の要件を満たして永住許可申請をし，許可されて日本国に永住している外国人である。特別永住者は29万6,416人で，その大半は在日韓国・朝鮮人であるが現在ではそのほとんどは日本で生まれ育ち教育を受けた世代となった。いわゆるサンフランシスコ講和条約発効によって，「日本国籍」を喪失することになった人々とその子どもたちや孫たちである。「特別永住者」は減少の一途をたどり，反対に「中長期在留者」が増加し，特に2000年代には中国からの「永住者」が増加している。「中長期在留者」はニューカマーと呼ばれる人々であり異なる文化・習慣をもちながら，日常生活で日本人に接している。バブル期以降の入国管理法の改正が大きな影響を与えた。今後は，少子化にともなう若年労働力不足によって単純労働・興行から介護労働まで外国人の問題も複雑になるだろう。

❶ アジア系外国人に対するステレオタイプ

　明治以来の「お抱え外国人」が欧米人であったことから，欧米人のイメージはよいが，現在でも隣国のアジアの人たちに対するイメージはよくない。

　第2次大戦後，日本に永住した韓国，朝鮮，中国の人たちに対する差別もまだまだ存在し，「本名宣言」が困難な状況である。中島智子は，「在日韓国・朝鮮人は，日本人と同じ人種に属するというだけでなく，外見的にはきわめて似通っている。2世，3世ともなると日本語を母国語として日本の文化で育つ人たちが多い。社会の民族構成に鈍感な日本人には在日の人たちの存在は『見え

ない』、『見えにくい』存在であるが、少しでも差異が目立つとその民族性を排除しようとする力が働き、『見えない』差別が顕在化する」と述べている。◁1

❷「定住者」家族と日本人コミュニティの分離した関係

日本の産業を支える「定住者」は、家族を帯同して日本社会に生活をしている者も多い。マイノリティコミュニティ◁2として、多くの外国人が集い自文化を維持しているが、まだまだ日本人コミュニティとの交流がさかんであるとはいえない状況にある。また、日本文化に同化していく子どもたちに、出身国（自国）の文化を伝達することは在住期間が長くなるにつれて年々困難になる。「定住者」家族が、母国の文化を日本で維持しようとしても日本の教育機関はその役割をほとんどはたしてくれない。「定住者」家族がもつ母国の文化の維持は、日本社会への同化の圧力とともに難しくなっている。このような在日外国人を取り巻く問題は、単に在日外国人だけの問題ではない。日本人家族の文化の中で在日外国人に対するイメージがどのように伝達されているのか、どのようなステレオタイプが形成されたのかという家族の社会化過程における大きな問題でもある。

❸ 国際結婚の増加と文化的な葛藤

厚生労働省人口動態統計の国際結婚総数（2019年）では、夫日本・妻外国の組み合わせは1万4,911組、妻日本・夫外国の組み合わせは7,008組であった。夫日本・妻外国の組み合わせの中で、妻の国籍で最も多いのは中国で4,723人、次にフィリピン3,666人、韓国・朝鮮1,678人である。妻日本・夫外国の組み合わせの中で最も多い夫の国籍は韓国・朝鮮1,764人、アメリカ989人である。ここで注意を要するのは、この国籍に特別永住者が含まれていることである。つまり日本で生まれ育ち、日本の教育を受けた、国籍が韓国・朝鮮、中国といった人たちがこの数字の中に含まれている。

従来国際結婚には、「日本人女性と欧米男性の組み合わせ」のイメージがあったが、この数字のように日本人男性の国際結婚が増加している。このような増加の影には、日本男性が日本での結婚難から外国人女性との「集団見合い」や「企業のあっせん見合い」によって、短期間で結婚を決意し、まったく風土や慣習の異なる地域で生活する外国人女性（多くは東南アジア）が増えているという状況も影響している。

見合い→結婚→入国→出産→子育てにおいて、言葉の問題もともなって文化的な葛藤が起こるケースも増加している。その結果国際離婚に至るケースも多く、件数も増加している。国際離婚の増加は、一方の親による子の連れ去りや子の監護権をめぐる問題の解決を必要とし、2014年4月から「ハーグ条約」◁3が発効された。

（竹田美知）

▷1 中島智子、1996、「多文化主義としての在日韓国・朝鮮人教育」『多文化主義と多文化教育』明石書店、p. 139。

▷2 マイノリティコミュニティ
少数民族や外国人が多い地域社会をいう。2000年における人口あたりの在留外国人数をみると、3大都市圏では人口1万人あたり26.82人と地方圏の20.83人より多いが、ここ10年間の伸び率をみると地方圏での増加率が2.06倍に対し3大都市圏では1.29倍と、地方圏において在留外国人が増加していることがわかる。法務省出入国管理統計より。（国土交通省国土計画局総合計画局作成、2005、『国土のモニタリング——国際交流の動向』）。

▷3 ハーグ条約では、子を元の居住国へ返還すること、親子の面会交流の機会を確保することが原則とされている。返還することで子どもの心身に悪影響がある場合や子が返還を拒む場合（返還の例外事由である「重大な危険」）は裁判所の判断でこの返還を拒否することができる。しかしDVや子どもへの虐待から逃れた母親や子どもが、迅速な返還審理のために不利益になるのではないかという危惧ももたれている。

XII 社会が排除している家族そして個人

被差別部落の家族

1 被差別部落とは

1965年に出された同和対策審議会答申は，「いわゆる同和問題とは，日本社会の歴史的発展の過程において形成された身分構造に基づく差別により，日本国民の一部の集団が経済的・社会的・文化的に低位の状態におかれ，現代社会においても，なおいちじるしく基本的人権を侵害され，特に，近代社会の原理として何人にも保障されている市民的権利と自由を完全に保障されていないという，もっとも深刻にして重大な社会問題である」と明記している。被差別部落とは，この答申における「重大な社会問題」を被っている地域のことであり，今日なお，直接的，間接的に差別を被っている地域のことである。

総務庁「平成5年同和地区実態把握等調査」によると，被差別部落として行政指定された**同和地区**数は4,442地区，「同和」関係世帯数29万8,358世帯，「同和」関係人口89万2,751人（全人口の0.72％）となっているが，その後，全国規模の実態調査は行われておらず，実態調査を実施した自治体も多くない。

被差別部落の関係者は，近世の身分制度のもとで穢多や非人の身分におかれた人々の子孫であるといったイメージは正しくない。なぜなら，明治以降，都市化の進行や戦災などで被差別部落の境界が曖昧になったり，高度経済成長期以降，都市部では部落内外で人口の転出と転入が激増して混住化が進んだり，部落関係者と外部の人との結婚が増加したり，さらに，被差別部落で地位の上昇した人々が他出し，部落外の不安定層の人々が流入したりといった諸要因により，被差別部落の住民が大幅に入れ替わってきたからである。

しかし，今日でも，被差別部落やその住民に対する差別や偏見は根強い。

2 被差別部落（同和地区）出身者とは

2000年に大阪府が実施した「同和地区実態調査」によると，同和地区関係者のなかで，当地で生まれ育った「原住者」32.0％，現在の同和地区で生まれて，他出し，再び現住地に戻ってきた「Uターン者」15.1％，他の同和地区から現住地に移住してきた「他地区からの来住者」8.6％，そして，同和地区以外から現住地へ移住してきた「地区外からの来住者」36.7％となっている。それでは，これら住民がすべて被差別部落出身者といえるのか。同和地区住民のなかで，〈親や親戚の出生地が同和地区である〉〈自分の出生地が同和地区である〉

▷1　1961年に内閣総理大臣より同和対策審議会に対する「同和地区に関する社会的及び経済的諸問題を解決するための基本的方策」についての諮問に，同審議会が答申したものであり，部落差別の早急な解決を「国の責務」と明記し，1969年の同和対策特別措置法はじめ，その後の国，地方公共団体における同和行政に多大な影響を及ぼすことになった。

▷2　同和地区
同和地区とは，同和対策事業の対象として行政によって指定された被差別部落のことである。被差別部落のなかには未指定地区も存在しており，その実態は明らかにされていない。

▷3　部落解放研究所編，1993，『新編　部落の歴史』解放出版社。

▷4　神原文子，2011，「これからの人権教育・啓発の課題は何か——近年の地方自治体における人権意識調査結果から」『部落解放研究』193：pp. 64-84参照。

▷5　大阪府，2000，『同和問題の解決に向けた実態等報告書』（2000年5月に大阪府内の対象地域に居住する満15歳以上の男女1万人を対象に，アンケート調

〈同和地区出身者と結婚している〉〈現在同和地区に住んでいる〉〈同和対策事業を受給している〉の条件のうち、少なくとも１つでも充たしていると、「同和地区出身者」と認知している人がいる。逆に、いずれか１つの条件を充たさないことによって「同和地区出身者」と認知していない人もいる。要するに、①図１の属地類型と同和地区出身者か否かを対応づけることはできない、②同和地区出身者かどうかの判断基準は、当事者の自己認知によるしかない、③当事者が同和地区出身であると自己認知している理由は多義的であって、判断基準を特定することはできない、それゆえに、④被差別部落（同和地区）出身者とは、自らを被差別部落（同和地区）出身であると認知している人、ととらえるしかない。

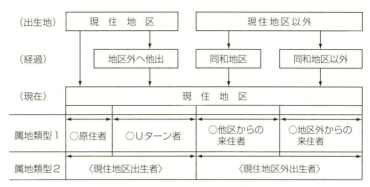

図１　被差別部落住民の属地類型

出所：神原文子, 2005,「同和行政と部落解放研究の課題」『解放社会学研究』19：pp. 44-59。

3　今日の被差別部落の生活と家族

2000年の大阪府の実態調査によると、大阪府内の被差別部落は立地条件も住民構成も規模も多様であることがわかる。しいて特徴を挙げれば、①地区には、府全体よりも、高齢者率、母子世帯率が高いこと、②年齢が下がるほど就労の不安定化が認められること、③高校進学率は地区外との開きは少ないが、大学進学率では10％以上の開きがあること、④男女とも平均初婚年齢は全国平均よりも低いこと、⑤平均世帯収入は地区外よりも相対的に低いこと、⑥年齢にかかわりなく、これまでになんらかの被差別を体験した人が40％程度存在すること、などである。近年の実証研究によると、被差別部落の女性で被差別部落外の男性と結婚したが、離婚して子どもを連れて出生地へ戻ってきたという人が母子世帯の半数近く存在する。そして、彼女たちの中で結婚前、結婚式の折、結婚後に相手の親族や夫本人から差別を被った人が少なくない。

被差別部落では、幼い頃から「差別されるかもしれない」という不安を抱きながらも、「被差別部落出身という自分の受け容れ方」や「差別とのむき合い方」を身につけつつ育ってきた人々が多い。友だち関係で、就職時に、あるいは、結婚を考えるときに、これらの課題をつきつけられる。親になれば、「"被差別部落出身"をめぐる子育て」にぶつかる。部落差別の理不尽からどのように子どもを守るのか、どのように子どもをたくましく育てるのか、その悩みは今日も続いている。それでも親たちは、部落差別と向き合う親として育ってきたことにより、親たちがつながりながら、子どもたちに「地区出身を恥ずかしく思う必要はない」と教えることのできる教育力を育んできた。　（神原文子）

査を実施。配票留置票、有効回収数7,805票、有効回収率78.1％）。

▷6　神原文子, 2005,「同和行政と部落解放研究の課題」『解放社会学研究』19：pp. 44-59。

▷7　1969年に成立した同和対策事業特別措置法のもとで、被差別部落の環境改善と差別解消を目的として行われた事業であり、幾度かの法改正を経て、2002年3月末に終結した。

▷8　▷5参照。

▷9　神原文子, 2013,「部落の母子家庭の実態と課題――大阪府連女性部調査より」『部落解放』672：pp. 71-95。

▷10　神原文子, 2014,「結婚差別の諸相」『部落解放』689：pp. 25-33。

▷11　神原文子, 2001,「部落差別と向き合う子育て」部落解放・人権研究所編『部落の21家族――ライフヒストリーからみる生活の変化と課題』解放出版社, pp. 368-413参照。

XII 社会が排除している家族そして個人

3 現代社会の貧困と家族

1 近代家族の存立基盤と家族の貧困化

　家族問題への対応は，政策主体が現状を把握し，それを社会問題と認識することによってはじめて政策課題として措定され，政策立案や制度化が志向される。貧困という事象をめぐっては，貧困の原因を個人の資質に求める視角と，貧困は社会構造的な問題であるとする視角の攻防が，近代社会の形成過程において繰りひろげられてきた。前者では貧困の自己責任論として個人や家族に自助努力が要請されるのに対し，後者は資本主義社会の構造による必然として社会による政策対応を要請する。[1]

　このような攻防への応答として，ここでは，近代家族の存立基盤という点から接近しよう。庄司洋子は近代家族の基本原理という視点から，家族の貧困化と解体化について整理している。[2] すなわち，近代的工業の発展によって推進された家族の近代化の本質的部分は，経済的機能が生産機能と消費機能とに分解し，前者が家族の外へと移行したことにある。そこでは，労働力と貨幣の交換関係を基礎とする労働者家族の登場があり，家族は消費生活を中心とする私的領域を構成し，自助原則のもとに市場論理の支配する社会から相対的に自立する。消費共同体としての家族は，その経済基盤を家族の外側の市場との交換関係に依存するという他律性を特徴とするため，きわめて不安定な存在である。また，生産機能を失った近代家族は，消費の共同の維持に必要な愛情を前提とした契約関係に依拠してその結合を維持しようとするため，人間関係の不安定性に結びつきやすい。さらに，家族が小規模化すると，家族の構成員が最大規模の機能分担を行うことによって役割分担の硬直性が生じる。それゆえ，近代家族は危機に対する脆弱性を内在する。

　このように，幾重にも不安定な家族の存立基盤は，貧困化と解体化の危機につねにさらされる存在であり，自助原則の限界性と愛情原則の幻想性という2つの原則の崩壊により家族問題の発生がはじまる，と庄司は整理している。このような観点にたつと，近代家族の存立基盤の変容に着目して，家族の貧困化をとらえる視点が重要であることがわかる。

2 現代社会の変容と貧困リスク

　ポスト工業化社会の到来，グローバリゼーションの進展といった現代社会の

▷1　岩田正美・西澤晃彦, 2005,『貧困と社会的排除——福祉社会を蝕むもの』ミネルヴァ書房。

▷2　庄司洋子, 1986,「家族と社会福祉」『ジュリスト増刊　総合特集41——転換期の福祉問題』有斐閣。

変容は，国際的な競争の加速化とともに，福祉国家の再編を推し進めてきた。従来，貧困を防御し，安定した生活基盤を提供するシステムとして，婚姻制度や雇用システムが機能してきた。しかし，離婚率の上昇や非婚化の進行といった近代家族の変容や雇用の流動化の進行により，貧困のリスク管理機能が弱体化している。またグローバル化の進展は，国境を越えた「人の移動」という新たな現象も生み出している。そこでは，所得の源泉を求めて家事労働者として国境を渡る人々など，家族を拠点とした貧困への対処が国際的に出現している。

現代の日本社会をみると，バブル経済崩壊後の長引く経済不況，その過程における規制緩和促進の政策とともに，雇用の流動化と雇用の劣化が顕著となっている。激化する競争の中で企業社会も変容し，もはや一度就職したら定年まで安定的な雇用が保障される日本型雇用システムは大きく揺らいでいる。同時に，社会の階層化が促進され，高所得階層と低所得階層の分化に象徴される格差社会の到来が指摘されている。

日本の社会政策は，1980年代にかけて「男性が主たる稼ぎ手であり，女性が家事・育児を担う」という「男性稼ぎ主モデル」を推進してきた。しかし，1990年代以降のこのような変化は，家族の生活基盤の安定を男性の経済的扶養能力には委ねられない現実を広汎に生み出している。また，若者世代の雇用の非正規化や劣化も顕著であり，経済的自立の困難が家族形成の困難に連なり，男性の結婚難として現象化している。

③ 不利の連鎖と貧困の世代的再生産

一口に貧困といっても，どのような状態を貧困とみるのか，「絶対的貧困」「相対的貧困」「相対的剥奪」など，貧困概念や測定をめぐる諸研究の蓄積がある。また，人々が直面する貧困の態様は一様でないため，貧困の深さや貧困の期間（持続的貧困・一時的貧困）など，ライフサイクルを視野に入れ貧困を動態的にとらえる重要性も指摘されている。

さらに，家族に表れる貧困は，「家族のもつ資源格差」という現実に規定されて家族成員に影響をもたらすため，貧困の世代的再生産の仕組みの解明も重要である。学歴取得や教育達成といった教育資源をはじめ，健康にかかわる資源，文化にかかわる資源，人的なネットワークにかかわる資源など，子どもが成長し発達する上で必要とする基礎的な資源は，家族を媒介して子どもに資源配分される。家族のもつ資源格差が埋め込まれている社会システムにおいては，「不利の連鎖」が組み込まれ，家族の階層序列を固定化していくのである。経済的・社会的に不利を負った階層の家族の現実には，"不利が不利を呼ぶ"形で家族の不利を継承しながら，その不利が"再生産"されていく仕組みが存在する。貧困の世代的再生産の現実は，人々にみえにくいものであるだけに，家族の自己責任という論調の罠を見破る目が必要となる。

（湯澤直美）

▷3 エスピン-アンデルセン, G., 渡辺雅男・渡辺景子訳, 2000, 『ポスト工業経済の社会的基礎——市場・福祉国家・家族の政治経済学』桜井書店。

▷4 日本の一例として，江口英一, 1979-1980, 『現代の「低所得層」——「貧困」研究の方法』（上・中・下）未來社。

▷5 青木紀編著, 2003, 『現代日本の「見えない」貧困——生活保護受給母子世帯の現実』明石書店。

XII 社会が排除している家族そして個人

 ## 障害者家族

1 「障害者家族」とは

障害者家族，というと障害をもつ子どもと，その父母（ときょうだい）という家族の形を思い浮かべる人が多いかもしれない。あるカップルの間に突然，何らかの先天的な障害をもつ子どもが生まれてくる。子どもが幼い頃に怪我や病気で障害をもつ。こうした家族は障害をもつ子どもからみると，定位家族としての「障害者家族」である。一方障害をもつ人が成長し，パートナーを得て新たにつくる家族の形態もある。親となった人が，病気や怪我により障害をもつこともある。こちらは障害をもつ親と子どもという家族の形になる。同じく障害をもつ人からみると，生殖家族としての「障害者家族」ということになる。このように，「障害者家族」の内実はさまざまである。障害をもつ人は，障害をもたない人と同じように，ライフコースの中で家族を体験する。

障害者を家族にもつ人の中には「障害者家族」という言葉に対して不快感をもち，「私の家族は『障害者家族』ではない」という人もいる。「高齢者家族」「被害者家族」などについても同じような異議申し立てが存在するだろう。これはある1つのカテゴリーで括られたくないという意思表明であるといえる。

2 社会からの排除／社会への統合

「障害者家族」が，多様でありながらも1つにカテゴリー化されることは，単なる言葉の問題にとどまらず，障害をもつ当事者を含めた家族全体がスティグマをもたされ，差異化されることを意味する。

障害をもつ人自身は，つねに特別視されるのみならず，「ふつう」とは異なるライフコースを余儀なくされる。学校，学卒後の職場，生活の場などを考えてみても，私たちの周囲にはおどろくほど「障害児・者」がいない。身体障害，知的障害をもつ子どもの約1割は家族と離れて施設に入所しており，自宅で暮らす子どもの多くも特別支援学校／学級に通う。卒業後は効率や合理性を優先させる職場からは雇用を敬遠され，作業所や通所施設に通い僅かな収入を得る。そして親が亡くなるか高齢になると遠方の施設に入所するのである。

一方親は突然，自分とは「別世界」として差異化していた「障害児」の親となる。障害児を産んだことに罪責感をもち，さらに障害児をもつことが「大きな不幸」であり，「かわいそう」といった周囲からのまなざしを受け，社会から差異

▷1 **障害者**（disabled people）
1980年代に出現した新しい学問である障害学は，障害を社会との関係でとらえている。イギリス障害学は障害者を「社会的障害物によって能力を発揮する機会を奪われた人々」とする。一方アメリカ障害学では「障害」を個人の属性と社会環境との相関としてとらえるために「people with disability」という用語が用いられ「障害者であるよりもまず人間」であることが強調される（杉野昭博，2007，『障害学――理論形成と射程』東京大学出版会）。

▷2 民間企業，国，地方公共団体は，「障害者の雇用の促進等に関する法律」に基づき，それぞれ定められた割合（法定雇用率）に相当する数以上の身体・知的・精神障害者を雇用しなければならないこととされている。しかし，2014年6月時点のデータによると，法定雇用率を達成していない民間企業の割合は55.3%にのぼる。

化されていく。この過程は親自身がもつ障害者への差別感情との闘いでもある。

同時に「障害児を世話・扶養する」役割が課せられ，生き方の選択肢が狭められる。例えば母親の場合は就労の継続や再就職という選択肢が難しくなる。既婚女性の半数が仕事に就いている現在でも，障害をもつ子どもの母親の就業率は約3割といわれている（公的な調査は存在しない）。父親も子どもにかかわる時間を十分にもとうとすると，会社のいわゆる出世コースからははずれなければならない。ただし子どものためにケアやリハビリに専念する親であれば，社会からは受け入れられる。すなわち「別世界」に暮らすという前提条件のもとではじめて社会からは「統合」されるということだ。◁3

親が障害者である子どもにも，親が目にみえる障害をもっていれば容赦ない視線が飛んでくる。何か問題を起こせば「やはり親が障害者だから」という偏見の目を向けられる。さらに「子どもがケアをするのは当然」とまなざされ，実際に制度が未整備であるため，子どもが親をケアする場合もある。

ところで，幼い頃から障害をもつ人にとって，新たに家族をもつという選択は非障害者よりも困難であることは想像に難くない。例えば稼得能力，家事能力，育児能力がない，優生思想に基づく遺伝への恐れなど。また，狭い世界で生活している上に，「親による囲い込み」が存在することは，生殖家族への移行を困難にさせる。現代社会では一般に，結婚しない・子どもをもたない選択をする人に対して厳しいが，むしろ障害者は結婚しない・子どもをもたない人生を選択することで，社会から受け入れられているともいえる。◁4

③ 障害と障害者の家族をめぐって：なにが問題であるのか

なぜこうした事態が生じているのかを考えてみたい。これまで述べてきたように，障害そのものに対する社会の否定的な見方がある。障害者は効率優先社会において「価値をもたない／生み出さない」存在としてとらえられ，憐み・保護の対象としてのみその存在が許されている。ただそこに存在することを認めないのが現在の私たちが暮らす社会である。したがって障害をもつ本人は，庇護されるものとして，家族は庇護するものとして，社会から受け入れられるのである。それゆえにこの社会では障害をもつ人への世話・手助けは家族内部で自助努力し，解決することを前提とした制度設計がなされている。

しかし，障害ゆえに否定的なまなざしで差異化され，本人や家族の生き方の選択肢が制限される社会は，障害をもつ人のみならず，もたない人にとっても決して生きやすいものではないだろう。まずはこうした状況の打破がめざされるべきである。家族の自助努力を前提とする制度ではなく，障害を有していてもひとりの子どもや大人が，個人として必要かつ十分な収入や手助けを得て暮らしていける制度の現実的なあり方を探っていくこと，同時にここから従来の価値観に対しても働きかけを行っていくことが肝要であろう。　　　（土屋　葉）

▷3　親，特に母親の愛とがんばり，子どもの成長という，社会に受け入れられる「愛と感動のストーリー」に，親自身が追い詰められることがある（福井公子，2013，『障害のある子の親である私たち——その解き放ちのために』生活書院）。

▷4　親は障害をもつ子どもを心配するあまり，その行為や意思に細部にわたって介入していき，これが親子の閉鎖的な空間をつくってしまう。さらにその行為は「愛ゆえに」という言説で正当化されていく（岡原正幸，1995，「制度としての愛情——脱家族とは」安積純子ほか『生の技法——家と施設を出て暮らす障害者の社会学』藤原書店）。子どもは，自らの意思よりも親の意思を優先し，親の了解内に自らの行為を制限し行動範囲を狭めていくことになる。

XII 社会が排除している家族そして個人

 個人と家族を排除する社会の仕組み

1 社会的排除とは

　A・S・バラとF・ラペールによると、社会的排除の概念は、従来の貧困概念よりも多元的な市民的権利の剥奪に焦点をあて、剥奪が累積されるメカニズムや剥奪の動態的過程を分析する上で有効である。神原は、「社会的排除とは、いかなる人々や家族にとっても、当該社会で暮らすために必要な最低限の経済的、政治的、社会的、文化的諸権利が不充足であったり、否定されたり、アクセス困難であったりしている状況」と定義している。

2 社会的排除のモデル

　図1は、社会システムの考え方に依拠して、社会の仕組みを、経済次元、政治次元、社会次元、文化次元に分析的に区分し、これらの区分をもとに、わが国において、排除されている人々や家族の実態を図示したものである。同時に、「排除されている」という実態に対して、誰が排除しているのか、誰が排除された状態を放置しているのかという、排除の主体を明示することをねらいとしている。さらに、経済的、政治的、社会的、文化的な排除が相互に関連して、全体として排除システムを成り立たせている様相をも示そうとしている。

　第Ⅰの円内は、当該社会において、経済的、政治的、社会的、文化的な社会的諸権利をシティズンシップとして保持しており、現状では相対的に多数派で、ある程度、安定した生活ができていて、将来にも希望をもつことができている人々や家族からなる層を意味する。「社会的に包摂されている層」ととらえておく。次に、第Ⅰ円と第Ⅲの楕円とに囲まれたドーナツ型の第Ⅱ層は、第Ⅰ層の円のいずれかの特徴を有していないことによって、第Ⅰ層が保持している諸権利を同等に保持することが、制限、剥奪、接近困難な状態にあり、にもかかわらず、公的な支援策を十分に受けることができない人々や家族からなる層を意味する。「社会的に排除されている層」である。第Ⅲ層の楕円は、第Ⅱ層の社会的排除の状態を容認、放置、隠蔽するとともに、第Ⅰ層と第Ⅱ層との格差を正当化する役割を果たす全体社会の仕組みを示しており、このような仕組みを生成、維持、容認しているのは、図の中心の現国家体制ということになる。そして、第Ⅲ層の外側は、先進諸国に共通に観察される社会的動向であり、グローバル化、雇用流動化、福祉国家の脆弱化、そして個人化などの影響要因で

▷1　バラ, A.S. & ラペール, F., 福原宏幸・中村健吾監訳, 2005, 『グローバル化と社会的排除』昭和堂。

▷2　社会的排除という観念は、1980年代以降、欧州において、経済のグローバル化、労働市場のフレキシブル化、福祉国家の崩壊、個人主義化が進行するなかで、人々の間での不平等の拡大、社会的結束の喪失、社会的、経済的脆弱さの広がり、仕事、住宅、医療サービス、教育へのアクセス困難な人々の増大など、社会的分断、剥奪、マージナル化といった社会的懸案問題への斬新なアプローチとして広まった。

▷3　神原文子, 2010, 『子づれシングル――ひとり親家族の自立と社会的支援』明石書店参照。

▷4　▷3参照。

ある。これらの社会的動向が、それぞれの国家における社会的排除の顕在化に影響する点では共通である。しかし、個々の国家施策の相違によって、社会的に排除される人々や家族の比率や排除の程度が異なるのみならず、社会的排除から社会的包摂にむかうのか、あるいは社会的排除が拡大するのかは大きく左右される。社会的包摂とは、第Ⅰ層と第Ⅱ層と間の格差や断絶を是正するとともに、社会的に排除されている人々や家族の存在が新たに明らかになった場合に、第Ⅰ層へ組み込むように積極的な支援策を講じることである。

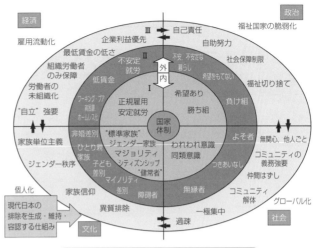

図1　個人と家族を排除する社会の仕組み

3 排除される人々や家族の特徴

　図1の第Ⅱ層には、"健常でない人々"、社会的マイノリティの人々、および貧困状態にある人々や家族、"標準ではない"家族などが含まれる。

　文化的次元では、その社会にとっての"望ましさ"からはずれる人々や家族を冷遇し、さまざまな不利益を被る。経済的次元では、非正規雇用者は、雇用が不安定で低収入であっても、最低賃金法やパートタイム法に抵触しさえしなければ"合法"として放置される。政治的次元では、少子高齢社会の到来と財政難を理由に、自己責任や自助努力が提唱され、生活保護費など福祉手当が引き下げられ、年金や医療費の負担が増える結果、社会保障制度の網の目から漏れ落ちる人々が増加している。また、社会的次元では、地域社会の人間関係において、異質を排除しつつ同類同士の結束を維持する結果、転入者は"よそ者"として、孤立しがちとなり、地域の情報網から排除されることも起こる。加えて、首都圏への一極集中により、地方は急速に高齢化と過疎化が進行して、住民の日常生活に支障をきたしていても半ば放置されている状況は、地方の排除に他ならない。

　さらに、社会的に排除された家族においては、子ども、高齢者、障がい者が排除によるしわ寄せを被りやすく、社会的に排除された家族における弱者の排除であり、しかも家族ゆえにみえにくい。

　日本が、社会的に排除された人々や家族を包摂するには、EU諸国のように、社会的排除は社会問題であり、国の責任で取り組む必要があるという社会的な合意形成がなにより重要である。

（神原文子）

▷5　日本社会における被差別部落関係者、在日外国人、性的マイノリティなど。

▷6　ひとり親家族、非婚家族、ステップファミリーなど。

▷7　無年金者、住所不定者、野宿者など。

▷8　あなたは、どのように考えますか。日本は、この先、社会的排除の拡大と再生産を食い止めるという政策目標を掲げるべきか、健康で文化的な最低限の生活保障の基準を設定し、その基準が満たされない場合にはだれにでも公的支援策を講じるべきか、家族生活に恵まれない子どもたちの夢を育むような支援策を積極的に講じるべきか。

第5部　家族のこれから

XII　社会が排除している家族そして個人

 リスク社会と家族

1　リスク社会とは

　ドイツの社会学者 U・ベックによると，現代社会はリスク社会である。「リスク社会」とは，経済と科学技術が発展し，富の生産と分配が重大な社会的論争のテーマであった産業社会に対して，富の拡大と科学技術の発展そのものから生み出されるリスクが飛躍的に顕著となって，リスクの生産と分配が重大な社会的論争のテーマとなる社会であるという。

　ベックは，新しいリスクとして，「環境と生命に関わるリスク」と「社会と人間の関係に関わるリスク」を挙げている。

　事故や災害など危険な出来事，すなわち，「危険 (danger)」は，いつの時代にも起こっていたが，なんらかの人為的な意図から帰結する危険が「リスク (risk)」である。ただし，「リスク」は，自らの選択によって被る将来的損害であり，他者の選択により被る「デンジャー」と区別する必要がある。「ある出来事・判断は，それを決定する者にとってはリスクとなるが，その決定に関与することができない被影響者にとっては危険に他ならない」。「環境と生命に関わるリスク」にあたる原発事故，環境・食物汚染，薬害などは，意思決定者にとっては「リスク」であっても，意思決定に関与することができない被害者にとっては「デンジャー」と呼びうる出来事である。人為的な意思決定が，日常的な家族の営みを根こそぎ奪ってしまう。

2　リスク社会における個人化

　ベックは，「社会と人間の関係に関わるリスク」として，個人化について論じている。ベックによると，第1の近代（産業社会）における「個人化」により，伝統的集団から個人が解放され，個々人は近代的な家族や組織へと組み込まれたという。対して，第2の近代（リスク社会）における「個人化」により，個人を包摂していたさまざまな中間集団（家族・地域・学校・組織・会社・階級・国家など）から個人は解放された。個々人は，もはやいずれにも包摂されることなく，自らの意思により生き方を選択する社会的再生産の基本的単位となったのである。

　第2の近代における「個人化」の，個々人にとってのプラス面は，価値の多様化を背景に，ひとりひとりが，自由に，個性的に，それぞれのライフスタイ

▷1　ベック，U.，東廉・伊藤美登里訳，1998，『危険社会』法政大学出版局。

▷2　三上剛史，2013，『社会学的ディアボリズム──リスク社会の個人』学文社。

▷3　 IV-1 参照。

ルを生きることができるということである。他方，マイナス面は，人生におけるさまざまな選択である教育，就職，居住，結婚，移動など，誰もが希望通りに実現するとは限らず，希望通りにいかない「リスク」を，「自己責任」として引き受けるしかないということである。経済競争と技術革新が激化するなか，たとえ大卒者であっても安定した就職が保障されるわけではない。就職できても働き続けられる保障はない。安定した仕事に就くことができなければ，結婚どころではないだろう。結婚したいと思っても，結婚したいと思える相手と出会うかどうかわからず，結婚したい相手と出会っても，相手からも望まれるかどうかはわからない。"無事に"結婚できても，ふたりを"親密に"つなぎ止める"愛"は，ダブル＝コンティンジェンシーなコミュニケーションの産物なのである。離婚のハードルも下がっている。

　地域社会は，もはや人々のよりどころではなくなっており，家族も職場も，個々人にとって持続的なよりどころとはいえなくなっている。近代社会において富の増大のもと制度化された種々の社会保障制度が脆弱化していることも，個人のリスク化を高めている。

　そして，「個人化」は，いまや不可避となっている。人生を通して自由な選択の繰り返しにより，誰にとっても，ものごとがうまくいくこともあれば，失敗することもあるということだ。そのような個々人を基本的単位とする全体社会のリスク化もさらに高まることとなる。

❸ 個人化と家族のリスク化

　現代社会において，個人化された個人と個人とが「家族」というつながりを形成し維持することは，もはや，「家を存続させなければならない」といったイエ制度や，「家族は大事である」，「離婚は望ましくない」といった価値観に頼ることができない以上，双方に多大なコストを強いることになる。ベックが指摘するように，「日常の演出，調和とバランスの曲芸」である。調和させることに失敗すると，家族は崩壊の危機にさらされる。しかし，他方で，「個人化は，親密性，近さ，安心などへのあこがれをも促すため，大半の人びとは引きつづき束縛の中で生きるのだろう」と。そして，束縛のあり方について実験を繰り返すことにより新たなスペクトルが生まれているともいう。別居しながらの共同生活，通いカップル，長距離恋愛，トランスナショナルな家族など。

　とはいえ，ひとりで自由に生活することに困らない現代人にとっては，家族に対する期待水準が高くなっており，たとえ結婚しても離婚することへのハードルが低くなっていることも併せて，家族のリスク化も高まっている。

　現代人にとって，今，一番必要なことは，リスクと向き合うこと，そして，リスク社会の生き方を探索することなのだろう。

（神原文子）

▷4　ダブル＝コンティンジェンシー
自分がどう出るかは相手の出方次第であり，相手からみても同様であるような，二重に不確定な状況をいう。

▷5　エリーザベト・ベック＝ゲルンスハイム，2011，「個人化とグローバル化の時代における家族」ベック，U・鈴木宗徳・伊藤美登里編『リスク化する日本社会――ウルリッヒ・ベックとの対話』岩波書店。

▷6　例えば以下を自らに問うてほしい。
男性ひとりの稼ぎだけで生活できるのか？
夫が長時間労働で，家事・育児を協力できなくとも，妻はひとりで家事・育児を頑張れるのか？
夫の収入が大幅に減少したり，夫が働けなくなったりしても，家計は大丈夫なのか？
誰もが定年退職まで働き続けられる保障はあるのだろうか？
夫と妻の関係がうまくいかなくなり，離婚することになっても，ひとり親として自立できるだろうか？

XIII 開かれた家族

1 家族内暴力を超える

1 さまざまな家族内暴力の防止法

2000年2001年と相次いで制定された児童虐待防止法・DV防止法に続き，2003年には高齢者虐待防止法が，2011年には障害者虐待防止法がそれぞれ制定された。このように家族内で不可視とされてきた暴力が防止法によって可視化されたことは，隠された被害者たちを救済することにつながっている。厚生労働省調査によれば24年連続児童虐待件数は過去最高を記録している[1]（図1）。しかし，1980年代からの歴史をもつDV被害者支援と児童虐待・高齢者虐待対応との協働は不十分なままである。家族内暴力を超えるとは，さまざまな暴力への統合的アプローチの可能性を探ることであり，もう1つは，被害者支援のみならず加害者対応を積極的に行うことである。また見えない暴力ともいえる，さまざまな愛情という名の支配も視野に入れてくことである[2]。

▷1　DV防止法は内閣府，虐待防止法は厚生労働省所轄である。

▷2　信田さよ子，1998，『愛情という名の支配──家族を縛る共依存』海竜社。

2 DVと虐待の統合的アプローチ

暴力という定義を用いることは，被害者・加害者・目撃者という三者の立場が想定される。いじめにおける傍観者はいじめに無縁な存在ではなく，それをみながら何もしなかったという点において加害者に間接的に加担することを意味するが，家族内暴力も同様である。その場に居合わせたのであれば，中立・客観はありえず，加害者か被害者のいずれかにならざるを得ない。ところが親のDVを子どもが目撃した場合，子どもは傍観者＝加害者ではなく，目撃者＝被害者として定義されるのである。それは面前DVという心理的虐待として位置づけられ[3]，相談対応件数としては身体的虐待に迫る勢いとなっている。DV通報を受け駆けつけた警察官は，その場に子どもがいた場合心理的虐待として児童相談所に通報することが求められる。従来のDVと虐待の分断を前提とした支援が新たな局面を迎えている。

▷3　2005年，児童虐待防止法改正時に新たに付け加えられた。

3 被害者支援の一環としての加害者対応

DV被害者は逃げるしかない，なぜなら加害者は変わらないし危険な存在であるという従来の被害者支援の限界もみえてきた。それらの前提が加害者対応の無策と連動し，悲惨な事件の続発を生む危険性もある。同居を続行しながら加害者の暴力的言動の修正をはかるほうが，被害者や子どもは失うものが少な

くなるだろう。DV加害者プログラムは欧米や東アジアの一部ではすでに実施されており，精緻な研究成果も明らかになっている。リスクアセスメントの実施，プログラムにおけるアプローチの多様化は日進月歩の様相をみせている。しかし最も重要な点は，被害者支援の一環であることだ。加害者支援・加害者治療といった表現は，その点で基本的原則を外れることになる。

4 母の愛のもつ加害性

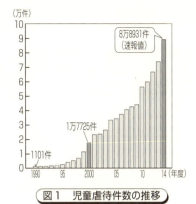

図1　児童虐待件数の推移

出所：時事ドットコム：時事通信社。
注：2010年度は福島県分を除く。

身体的暴力や暴言といった顕在化した暴力は，家族における支配の一部に過ぎない。夫婦のみならず，親子関係における力の非対称性に基づく支配は，しばしば愛情と読み換えられる。なかでも母親という存在は，母性信仰に裏打ちされているために，それに抗ったり抵抗することは子どもの側に問題があるとされてきた。母が愛情を注いでいるつもりなら，子どもは支配されていると感じてはいけなかったのである。「母が重い」という娘たちの言葉が共有されたことは，娘の立場から母を定義することがはじめて認められたことを意味する。こうして母の愛の暴力性・加害性が公認されたことで，子どもたちの被害者性も明らかになったが，母との関係を切断することはほぼ不可能であり，母の愛に異を唱えることは娘に深い罪悪感をもたらす。DVや虐待の被害者支援においても，被害者が抱く罪悪感をどう方向づけるかは大きな課題となる。

▷4　信田さよ子，2008，『母が重くてたまらない──墓守娘の嘆き』春秋社。

5 加害者臨床というアプローチ

犯罪における被害・加害とは異なり，家族内暴力において被害者と加害者を永久に切断することは非現実的だ。鍵となるのは加害者がどのように変化し被害者に責任をとるか，自らの加害をどこまで自覚するかという点になる。そのためには，援助者は被害者支援の一環に，加害者臨床というアプローチを組み入れる必要がある。従来は司法機関（警察，裁判所など）が中心的に担ってきた役割を，心理・福祉の専門家も積極的に実践していく必要がある。

▷5　ジェンキンス，A.,高野嘉之・信田さよ子訳，2014，『加害者臨床の可能性──DV・虐待・性暴力の被害者に責任をとるために』日本評論社。

母の愛のもつ無自覚な加害性に対してどのようにかかわるかという臨床的課題と，DVや虐待の加害者へのアプローチは根底でつながっている。被害者支援の一環という視点は，親子関係における親，なかでも母という無謬性に満ちた存在に対して，子どもの立場に立脚した援助をしなければならないということを示唆している。加害者臨床の基本は弱者，被害者の立場に立つというポジショナリティ（位置取り）にあり，それを通じて家族内暴力を超えることが可能になるのだと考える。和解や赦しといった言葉はその先に生まれるものなのだろう。

（信田さよ子）

XIII 開かれた家族

2 ケアの社会化

1 dependent と家族・社会

　高齢化は，従来にない新しい課題を次々と社会に突き付けている。その最たるものが，生活する上でなんらかの形で他者の援助を必要とする人々（dependent）のカテゴリー（病人，障害者，精神病者等）に高齢者が加わることとなり，それまで限られた人々の問題と考えられていた社会による生活援助の問題が一挙に社会全体の問題に，さらには社会を構成する人々すべてに該当する問題になったことであろう。

　近代の社会では，人々の「生活」は private に（家庭領域で）営まれることが前提とされており，家庭領域は privacy と independent の拠点としてきわめて重要な地位を与えられている。しかし高齢による退職が即 independent から dependent への生活の転換となるような就業構造，また必然的に高齢者だけが取り残される結果となる家族のあり方等，現代社会に特有な社会状況の中で，public（国家，地方自治体，近隣，企業，専門家集団等）による，医療や年金などの生活支援が不可欠となっている。

2 施設ケアから家族／コミュニティ・ケアへ

　社会によるケアの歴史は，施設への収容に始まる。病人，孤児他，なんらかの事情で家庭で生活できない人々は，施設に収容された。日本社会でいえば1963年に制定された老人福祉法も，従来の経済的事情に加えて，家庭の事情（子どもがいない，子どもと一緒に住めない等）による高齢者層の救済が課題となり，老人ホームの体系を改編したものであった。

　家庭でのケアを基軸としそれを社会が支援する必要性（在宅医療，在宅福祉）は，地域医療の現場から主張された。1970年代，すでに高齢者が地域医療の中核を占めているといわれ，寝たきり老人や「社会的入院」などの問題が提起された。ホーム・ヘルプ，デイ・ケア，ショートステイ，レスパイト・サービス等，今日の地域福祉の施策が次々と具体化したのは，1990年代のことである。国，地方自治体，民間企業，ボランティア等によって，コミュニティ・ケアが展開された。

　しかしコミュニティ・ケアには，看過することのできない問題点がある。それはコミュニティ・ケア政策が，家庭の中では女性の無給労働への，家庭の外

▷1　核家族はその原理からして，ファミリーサイクルの最後の段階に高齢者の夫婦家族あるいは高齢者の単身世帯を生み出すのであり，dependent group としての高齢者層は，まさに核家族の必然的な産物といってよい。

▷2　一番ケ瀬康子，2006，「介護福祉思想への助走」一番ケ瀬康子・黒澤貞夫監修『介護福祉思想の探求』ミネルヴァ書房，p. 2。

▷3　増子忠道，2002，『介護保険はどう見直すべきか』大月書店。

では女性の低賃金労働への依存を断ち切れないことである。家庭でのケアと区別して「介護」の語を当てたのには、介護の専門性を確立しようとの強い思い入れがあったようである。しかし専門職としての介護職の成立も、ジェンダーによって規定される賃金の低さには勝てなかったといわざるを得ない。

3 ケアと女性

　ジェンダーに基づく差異は、ケア自体にもみることができる。ケアはしばしば care for（世話をするという課題に関するもの）と care about（気にかけるという感情に関するもの）とに区分して論じられるが、これをジェンダーに適用してみよう。男性がケアの担い手となる場合、ケアの具体的な仕事（care for）が期待されることはまれである。男性のケアとは、責任を放棄することなく、家族メンバーの dependent を気にかけ（care about）、具体的には財政的な負担を引き受けることであることが多い。それに対して、care for dependent は、子どものケアから容易に想起される女性のイメージであり、女性たちはそこから「ごく自然であるかのごとくに」子ども以外の dependent のケアラーとしても期待されることとなる。

　ケアが社会問題として重要視されるに至った時期が、女性雇用の進展が一応の成果を上げた頃であったことは興味深い。先進諸国において1970年代、80年代当時、職業進出をめざしていた女性たちの家族役割との葛藤で主張されていたのは、家庭内での権力、分業をめぐる夫との確執であり、ケアで重要視されていたのは、子どものケアであった。批判的な言い方をするならば、care for dependent が子どものケアを超えることはなかった。女性たちが労働市場に進出したにもかかわらず、家庭内のジェンダー構造に根底的な変化はみられず、当時でさえ、子どものケア、家事労働、職業労働の三重苦がいわれたが、今日これに高齢者のケアが加わるならば、四重苦である。生身の人間のキャパシティを超えている。女性たちが放り出せば終わりである。dependent（高齢者、子ども、病人、障害者等）は路頭に迷うだけであろう。

4 ケアの社会化

　高齢者世帯のみならず近年の単身世帯、ひとり親家族の増加は、家族を人々の生活の単位として前提とすることを困難にし、女性雇用の進展は、家庭内での女性のありようにも確実に変化をもたらした（もはや care for dependent の余力はない）。ケアの社会化は、このような家族の現実の揺らぎ、弱体化の帰結である。にもかかわらず、在宅ケアの強化等にみられるように、社会的ケアはあいかわらず家族に依拠し、家庭内外のケア役割を女性に割り当て続けている。今日ケアの領域ほど、従来通りの「家庭の理想」が強固な領域は他にないといってよいかもしれない。

（天木志保美）

▷4　「専門的な介護現場の介護、介護福祉は、一般の人たちの家族介護で行ってきた介護（世話）とは異なる場で成立し、その専門性を示す専門的な概念として生まれたという事情を持つ」。太田貞司, 2006,「日本における介護福祉思想の起点」一番ヶ瀬康子・黒瀬貞夫監修『介護福祉思想の探求』ミネルヴァ書房, p. 24。

▷5　介護保険制度の発足（2000年）に関しては「介護の社会化」が議論され、女性たちの介護からの解放がテーマとなった。

第5部　家族のこれから

XIII　開かれた家族

社会的格差を超える家族支援とは

1　子どもの貧困問題

　格差がまったくない理想的な平等社会を構想することはできないが、衣食住の基本的ニーズさえ満たされない人々がいる社会を放置するわけにはいかない。放置できない大きな格差問題を貧困問題と呼ぶ。近年日本では、アメリカと並んで、子どもの貧困問題の解消が重要な課題になっている。

　子どもの貧困問題と家族は深いつながりがある。まず、貧困は家族を媒介として世代間連鎖する。貧しい親のもとに生まれた子どもは、養育環境に恵まれず、十分な教育を受けられないことが多く、成人後も貧困に陥りやすい。次に、家族が安定せず変化することで貧困に陥るリスクがある。性別分業家族の場合、稼ぎ手の夫と離死別した母子世帯は、たちまち所得水準が下がってしまう。阿部彩の計算によれば、日本の母子世帯の貧困率は66％にもおよび、父子世帯19％、両親と子のみ世帯11％、三世代世帯11％と格段の差がある。◁1

　子育てを支援する社会政策は、子どもの貧困問題を解消していく方向で打ち出されなければならない。子どもの貧困を縮小することができれば、大人の貧困の効果的な予防策になるからである。そのためには、育児費用の再分配システムの構築と幼児期の保育・教育への社会的投資が、重要な戦略となる。

2　育児費用の再分配システム

　次世代を産み育てることが社会の存続にとって不可欠な重要課題であるという認識が広がるにつれて、育児の費用を社会全体で担うべきだという考え方が支持されるようになってきた。育児費用の再分配制度としては、児童・家族給付と税金控除がある。

　北欧などの社会民主主義諸国では、子どもがどんな環境のもとに生まれても最低限の豊かな生活ができるようにするために、親の所得水準に関係なく普遍主義的に給付される児童手当制度が発達している。またアメリカ合衆国などの自由主義諸国では、児童・家族手当は存在しないが、子どもをもつ世帯への税金控除の制度が発達しており、それによって子育て世帯が享受する育児費は北欧の児童手当なみの金額になるという。◁2 日本では、普遍主義的児童手当を実現しようと政権が動いたことはあるが、基本的には所得制限のある児童手当で、財政的な限界からつねに折衷的な金額にとどまっている。

▷1　阿部彩, 2008,『子どもの貧困』岩波新書。数値は2004年版国民生活基礎調査より算出されている。

▷2　度山徹, 2005,「年金・社会保障制度と少子化のなかの子どもたち」杉山千佳編『現代のエスプリ457　子どものいる場所』至文堂：p. 217。

離婚後の子どもの養育費については，多くの国でひとり親手当を制度化し，別れた親から養育費を確保する制度を構築している中で，日本では事実上養育費の不払い問題が母子世帯に大きな問題としてのしかかっている[3]。子どもの養育を「家」の中の問題としてとらえるのではなく，これからは，家族の多様化と貧困リスクをこえて，未来への公的な社会投資の対象として育児費用を保障していくことが求められる。

3 保育・教育システム

日本の保育所は，1948年の児童福祉法により「保育に欠ける」子どもを措置する福祉制度であったが，次第に共働き世帯の子どものための施設へと変化していき，1997年の児童福祉法改正を経て，育児支援センターとしての役割も与えられるようになった。保育ニーズは年々高まり，待機児の増加が社会問題化している。歴史的に幼稚園は文部科学省管轄の幼児教育施設，保育所は厚生労働省管轄の福祉施設と異なっていたが，少子化のもとで私立幼稚園では預かり保育を付加サービスとして行うようになり，2015年4月からスタートした「子ども・子育て支援新制度」では，内閣府に子ども・子育て本部が設置され，両者の統合にむけてさまざまな試みが行われている。

まず，幼稚園と保育所の良いところを併せ持つ施設として「認定こども園」が推進されている。次に，地域の実情にあわせた多様な小規模保育の仕組みが強化される。さらに，介護保険制度にならって保育の必要性の認定が行われ，基本的に子どもに補助金がつく形で，保護者と施設が契約を結ぶ。

諸外国の例をみると，スウェーデンでは，1996年に保育問題担当を社会省から教育省に移し，1998年には生涯教育のスタートラインとしての1歳からの就学前教育カリキュラムを制定し，1歳以上のすべての子どもに保育・教育を保障している。異年齢交流や自然の中での遊びを大切にした「乳幼児期の教育とケア（Early Childhood Education and Care）」のモデル例として知られる[4]。

フランスでは，3歳未満は家庭的保育と保育所，託児所など多様な選択肢があり，3歳以降は教育省が統括する無料の幼児学校と朝・夕の保育サービスが，子どもの育ちを保障する。3歳を境に異なるシステムをつないでいる[5]。

アメリカでは，貧困層に対してヘッドスタートプログラムと呼ばれる公的保育システムが用意され，中間層以上については，自由なサービス市場で，ナニー（ベビーシッター）や家庭的保育や私立保育園を利用して各家族がやりくりする[6]。ただし，保育費の一部が労働必要経費として控除される税制がある。

OECD（経済開発協力機構）によると，「乳幼児期の教育とケア」は貧困な環境に置かれた子どもの発達を支援し，貧困問題の縮小効果があることが明らかになっている[7]。日本も次世代育成に対する社会的投資をもっと増やしていくべきだろう。

（舩橋惠子）

▷3 下夷美幸，2008，『養育費政策にみる国家と家族——母子世帯の社会学』勁草書房。

▷4 白石淑江，2009，『スウェーデン——保育から幼児教育へ』かもがわ出版。

▷5 舩橋惠子，2013，「保育制度——社会全体で子どもを育てる多様な仕組み」石田久仁子・井上たか子・神尾真知子・中嶋公子編『フランスのワーク・ライフ・バランス』パド・ウィメンズ・オフィス。

▷6 深堀聰子，2008，「アメリカ——学力の底上げをめざすユニバーサルな政策へ」泉千勢・一見真理子・汐見稔幸『世界の幼児教育・保育改革と学力』明石書店。

▷7 OECD編著，星三和子・首藤美香子・大和洋子・一見真理子訳，2011，『OECD保育白書——人生の始まりこそ力強く』明石書店。

XIII 開かれた家族

 多様なライフスタイルを生きる

1 ライフスタイルとライフチャンス

　高度情報化，グローバル化，個人化が進行し，価値観が多様化するなかで，現代人は，家族，学校，企業といった特定の集団や組織にだけ所属するのではなく，さまざまな集団や組織やソーシャル・ネットワークと選択的に関わりながら，それぞれの「自分らしい」生き方をめざすことが可能になった。

　ライフスタイルとは，個々人が生活者として，自らの生活課題の達成をめざして組み立てる生活システムの特徴的な組み立て方である。そして，ライフスタイルという考え方を支えているのは，次のような生活原則である。

①個々人が自らの生活を自ら組み立てるという〈生活の主体化〉である。
②"自分にとって有意味"な生活を志向する〈生活の有意味化〉である。「仕事優先」か「家庭生活優先」かに限らず，「仕事も家庭生活も優先したい」や「仕事も家庭生活も個人の生活も優先したい」も選択可能なのである。
③私的な生活領域での自由を権利とする〈私事化〉である。私生活への干渉や介入には，たとえ相手が職場の上司や，あるいは国家でも拒否してよい。
④"自分らしい"ことに価値をおき，"個性"的であるとは，"本来の自分""ありのままの自分"を生きることを意味する〈生活の個性化〉である。

とはいえ，個々人が求めるライフスタイルが，単なるプランニングではなく具体化できるかどうかは，ライフチャンスによって左右される。「ライフチャンスとは，ライフスタイルの実現を左右する，社会の側の客観的な諸条件と生活者側の主観的および客観的な諸条件からなる実現可能性」である。

　例えば，地方出身の若者が大学卒業後は郷里で職住近接のくらしをしたいと希望する場合，そのライフスタイルの実現を左右するライフチャンスとして，就職できることが重要な条件の1つである。求人が限られているのは社会の側の条件であり，職種を事務や営業職に限定するのは生活者側の条件である。

　結婚しても子どもができても働き続けたいと希望する女性の場合，そのようなライフスタイルの実現を左右するライフチャンスとして，就職先が産休や育休を取得しやすい企業であることや育休中の所得保障制度や育休明けの保育所入所可能性などは社会の側の条件であり，働き続けやすい職種や企業の選択，共働きに協力的なパートナーの選択，双方の家事能力，種々の援助を期待できるネットワークなどは，生活者側の条件である。

▷1　神原文子, 2004,『家族のライフスタイルを問う』勁草書房；神原文子, 2015,「生活者と家族ライフスタイル」清水新二・宮本みち子編著『新訂　家族生活研究——家族の景色とその見方』放送大学出版会, pp. 173-194。

▷2　▷1参照。

2 生活者にとっての家族ライフスタイル

個々の生活者がそれぞれのライフスタイルの実現を志向すれば、期待する家族のあり方も、ライフスタイルに適合するようなスタイルになりやすい。生活者自らの生活諸欲求の充足やライフスタイルに応じて志向される家族のあり方を、家族ライフスタイルと呼ぶことができる。▷3

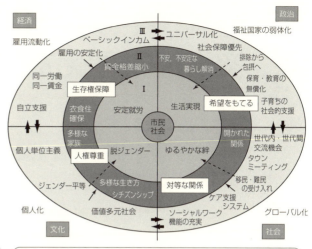

図1 多様なライフスタイルの平等化にむけた包摂型社会モデル

ⓐ個々の生活者が、仕事、家族生活、個人の生活などに、どれくらいの時間、エネルギー、資源を配分するかによって、生活者にとっての家族とのかかわり方が異なってくる。結婚するかしないか、どのようなパートナーを選ぶか、子どもが欲しいかどうかなども含めて「生活者中心の家族ライフスタイル」である。

ⓑ個々の生活者が、所属する家族の成員として、他の家族成員との間で合意し、存続させる家族関係のあり方は、さまざまなパターンを取り得る。「家族関係にみられる家族ライフスタイル」と呼ぶ。▷4

ⓒ現行法では制度化されていなくとも、個々の生活者が、自分らしく、自分たちらしい生き方として選択する共同や共棲のあり方、例えば非法律婚カップル、婚外子とその親、同性カップルなどを当事者が自分たちの"家族"と呼ぶなら、それを「脱制度の"家族"ライフスタイル」ととらえよう。

ⓐⓑⓒのような家族ライフスタイルが、単なる願望ではなく、具体化できるかどうかはライフチャンスの問題であるが、とりわけ、「脱制度の"家族"ライフスタイル」が「家族ライフスタイル」となる上で、日本の場合、民法改正や新たな法律の制定が必要であり、待たれるところである。

3 多様なライフスタイルの平等化と包摂型社会

誰もが多様なライフスタイルを選択できる機会の拡大を是とするならば、個々の生活者が、単身を選ぼうと、他者との共棲を選ぼうと、それぞれの選択に対してなんら不利益を被らないことが不可欠な条件である。実は、ライフスタイルの多様化を論じるときに、最優先に尊重されなければならないのは、子どもの人権であり、さまざまな障がいのある人々の人権であり、社会的マイノリティの人々の人権である。この点を確認した上で、法制度の改正、社会保障の改定、住宅政策の充実も含めた社会の側のライフチャンスの整備が重要となる。とりわけ、図1のような包摂型社会の実現を、EU諸国のように国家の重要な政治課題として位置づけることが期待される。▷5

（神原文子）

▷3 ▷1参照。

▷4 例えば「いつも一緒」の凝集型、「成員それぞれがマイペース」の個別型、「ある時は一緒、ある時は別々」の混合型、あるいは「夫は仕事、妻は家事育児」の性別分業型、「夫も妻も仕事も家事も育児も」のジェンダー平等型、「夫も妻も仕事、家事育児は有償で」の仕事優先型などの家族ライフスタイルがありうる。

▷5 Ⅰの円内は、社会的に包摂されている人々の生活諸条件である。ドーナツ型のⅡ層は、社会的に排除されている人々が包摂されるための課題である。ドーナツ型のⅢ層には、社会的包摂化にむけて必要な諸施策の例示である。

XIII 開かれた家族

次世代の家族法とは

1 求められる家族像

　男女の雇用形態および賃金の格差はあっても、少子高齢化の中で女性の雇用が後退することはない。女性の経済的な自立の傾向はさらに進み、家族の生活や人々のライフスタイルは多様化するだろう。こうした現実の変化の方向をふまえるとき、夫婦と子から構成される婚姻家族をモデルとすることから、多様な家族生活やライフスタイルの多様なニーズに応えるものに、家族の法制度を転換していく必要がある。

　すでに1994年、国連国際家族年において、家族は定義不能とされていた。時代、社会、人によって家族のとらえ方が異なり、多様だからである。そのときの標語は「社会の核に民主主義を打ち立てよう（building the democracy at the heart of society）」だった。家族を「社会の核」ととらえ、当事者の合意によって結びつき、構成員が個人として尊重され、対等な関係となり、当事者の話し合いによって生活が営まれることを「民主主義」と表したのである。

　これからも、人がパートナーと出会い、出産や養子縁組などによって子をもうけて育てたり、病気になった者、障がいのある者、高齢者などの世話をすること（ケアという）は続くだろう。あえて家族を定義すれば、ケアを担い、分かち合う信頼と協力関係にある特定の人の継続的な集まりであり、安心と安全を確保する場であろうか。親密圏あるいはホーム（home）という表現もある。家族という概念を用いることが、血縁重視、「男は仕事、女は家庭」という性別役割分業、ケアを家族に強制することに結びつくおそれがあるためである。

2 家族の中の個人の尊重

　次世代家族法では、家族を構成するひとりひとりが個人として尊重される。この理念を示すのが**選択的夫婦別氏制度**である。氏名は、社会からみれば、個人を識別する呼称だが、個人からみれば、人が個人として尊重される基礎であり、その個人の人格の象徴である。人は人格にかかわる権利として、自己の氏の変更を強制されない権利がある。夫または妻の氏のどちらかを夫婦の氏としなければならない夫婦同氏強制制度（民法750条）は、夫も妻も自己の氏の変更を望んでいない場合に、どちらかに変更を強制するのだから、人格にかかわる権利を侵害している。したがって、夫婦別氏を選択できる制度が必要である。

▷1　**選択的夫婦別氏制度**
婚姻に際して、夫婦同氏、夫婦別氏（夫も妻も婚姻前の氏を称すること）を選択できる制度。夫婦同氏を強制する国は日本だけである。民法改正を考える会、2010、『よくわかる民法改正』朝陽会、pp. 9-21参照。

▷2　最高裁判所1988年2月16日判決。

第2に戸籍の個人単位化である。戸籍は，人の出生年月日，国籍，家族関係などを証明する制度だが，現在の戸籍は，1組の夫婦と，氏を同じくする子を単位として編製されている。▷3 そのため戸籍に記載されている者が家族だと思う人も多い。離婚・再婚が日常化し，ひとり親家庭や婚外子も生まれ，家族が多様化している現在，戸籍も家族単位ではなく，ひとりずつ作成すべきである。これによって，個人が家族の中に埋没するのではなく，各自が人生の主人公であることが明確になる。韓国では，戸籍が廃止され，個人単位の家族関係登録制度となっている。▷4
　第3にLGBT▷5に対する偏見や差別を除去することである。性的指向も性自認も人の個性の1つであり，それぞれの生き方を尊重すべきである。婚姻は，共同生活やケアの安定性を保つ仕組みの1つなのだから，同性カップルも異性カップル同様，婚姻を選択できて当然である。すでに20数ヶ国で同性カップルの婚姻が認められている。▷6 それは同性カップルをはじめ，性の多様性の社会的承認につながるものである。

3 血縁と婚姻の枠を超えた子育てへ

　次世代の家族法では，子育ては，婚姻と血縁の枠を超える。現在は，父母が婚姻中の場合は父母の共同親権だが，▷7 離婚や婚外子の場合は，父母どちらかの単独親権となる。しかし，婚姻しているかどうかにかかわらず，親には子を養育する責任があり，子には親から養育される権利がある。したがって，離婚，婚外子の場合も，父母の共同親権（親責任）を原則化する必要がある。離婚後の親子の交流，養育費の分担は，その実践である。
　他方で，子育てを担うのは親だけではない。例えば，親の離婚の場合，子から見ると，同居している親の新しいパートナーとその子どもたちも（融合家族 blended families），別居している親の新しいパートナーとその子どもたちも（拡大家族 extended families），大切な家族である。子は，血縁の親（同居している親，別居している親）からも，親の新しいパートナーからも養育を受けることができる。子の養育にかかわる大人，保護者は複数いてよいのである。家族と社会的支援（保育所や育児休業など）の組み合わせによる子の養育の多層化であり，みんなで子育てをすることから，開かれた家族が生まれてくる。
　ここに，第三者から精子や卵子の提供を受けて子をもうけたり，自分たちの受精卵を第三者の女性に出産してもらう生殖医療と，▷8 親が子を適切に育てることができない場合に結ばれる養子縁組が加わる。不妊の当事者にとって子をもうけ育てる選択肢となる。この選択肢を，法律上，婚姻の手続とらないカップル（事実婚）や同性カップルにも保障する。精子・卵子の提供者も，代理出産した人も，依頼したカップルも，実親も養親も子育てにかかわることになれば，▷9 家族はさらに開かれたものとなる。

（二宮周平）

▷3　Ⅲ-7 参照

▷4　韓国では，父系の長男が家を継ぐ戸主制が存続していたが，憲法裁判所の憲法不合致判決を受けて，2005年3月，廃止された。これにともない，2008年1月から戸籍も廃止された。

▷5　Ⅳ-4 参照

▷6　オランダ（2001年），ベルギー（2003年），スペイン，カナダ（2005年），南アフリカ，ノルウェー，スウェーデン（2006年），アルゼンチン，ポルトガル，アイスランド（2010年），メキシコ（2011年），デンマーク（2012年），ウルグアイ，ニュージーランド，英国，フランス，ブラジル（2013年），アイルランド（2014年），ルクセンブルク，フィンランド，米国（2015年），コロンビア（2016年），マルタ，ドイツ，オーストラリア（2017年）。三成美保編，2015，『同性愛をめぐる歴史と法――尊厳としてのセクシュアリティ』明石書店参照。

▷7　親権とは，未成年の子の監護・教育と子の財産の管理をする権利のこと。

▷8　日本産科婦人科学会は，法律婚，事実婚カップルに限定して，第三者からの提供精子による人工授精を認める。日本学術会議法学委員会，2012，『生殖補助医療と法』日本学術協力財団参照。

▷9　前提として，生まれた子に，自己の出自を知る権利を保障する必要がある。

XIII 開かれた家族

 # 「家族」が変わる？「家族」を超える？

1 近代家族から現代家族へ

近代家族から現代家族へ，どのように変化してきたのだろうか？

表1は，近代家族，現代家族，これからの「家族」，さらに「家族」とみなすかどうかにこだわらない関係性まで視野に入れて，それぞれの家族を構成する諸要素の特徴を整理したものである。

社会全体として，高度情報化，グローバル化，個人化，価値の多様化などの変化にともなう，現代家族の現在進行形の変化として確認できることは，①個人本位の家族選択が進行してきたこと，②家族のライフスタイル化が進行したこと，③「恋愛-婚姻-性関係」の三位一体が崩れて，「恋愛-性関係-婚姻」が広まったこと，④「離婚は問題である」から，「離婚は人生のやり直し」へとらえ方が変化してきたこと，そして，⑤育児や介護の社会化が進行してきたこと，などである。

2 これからの「家族」は？

近年，現代家族に，次のような新たな様相が付け加わっている。①ひとまとまりの集団としての家族に加えて，複数の生活拠点を有する家族やネットワーク家族の出現である。②夫婦同姓だけではなく，日本以外の国々では，夫婦別姓が認められてきている。③共働きの一般化にともなう住宅など家族財産の共有（名義）化や預金口座の個別（名義）化である。④欧米での非婚カップルの制度化である。⑤同性カップルの制度化である。日本においても，一部の地方自治体で条例が制定されてきた。⑥生殖医療による非血縁親子の容認化である。⑦離婚，再婚の増加によるステップファミリーの増加も指摘できる。

他方，近代家族から現代家族へ，変化したとはいえない様相もある。

例えば，①異性にせよ同性にせよ，「恋愛」重視の結婚であること，②一対一の関係であること，③結婚している妻が出産した子は夫の子（嫡出子）と推定すること，④親が子どもの第1の養育責任者であること，そして，⑤親と子どもの情緒的な絆が重視されていることなどである。

3 どこまでが「家族」か？

この先も，家族はますます変化し多様化していくだろう。ただ，どこまでが

▷1 Ⅲ-2 参照。

▷2 夫は東京勤務，妻と子どもは大阪在住といった「コミューター家族」，平日は都心で，週末は田舎で暮らす家族など。

▷3 パートナー以外の卵子や精子の提供を受けて受精することや妻以外の女性による代理出産など。

XIII-6 「家族」が変わる？「家族」を超える？

表1　近代家族，現代家族，そして，これからの家族の変容は？

	近代家族		現代家族		これからの「家族」は？	どこまでが「家族」か？
集団か個人か	集団本位	→	個人本位	→	「私」本位	
家族の境界	集団としての家族	＋	家族のライフスタイル化		一人ひとりのライフスタイルに応じた「家族」選択	単身者とペット
			ネットワーク化 生活拠点の複数化			
家族の姓	夫婦同姓	＋	夫婦別姓		夫婦創姓？	
家族資源	財産の世帯主名義	＋	共有財産と個人財産の区別		分有財産と個別財産	シェアハウスの同居人
夫と妻	恋愛―婚姻―性関係	＋	恋愛―性関係―婚姻			性関係，婚姻，出産の分離 別居・性愛パートナー関係 同居・セックスレスカップル 手段的パートナー関係
			性関係―同棲―出産 非婚カップルの制度化			
	異性カップル	→	異性カップル	→	異性カップル	
			同棲カップルの制度化 オープンマリッジ			脱・一対一関係
			婚姻―体外受精―妊娠 →			
				＋	非婚―体外受精―妊娠	
				＋	単身―体外受精―妊娠	
				＋	体外受精―代理妊娠	
	コンパニオンシップ 永続重視 離婚は問題である	＋ → →	パートナーシップ 夫と妻関係は有限化 離婚は人生のやり直し	→ →	フレンドシップ？ 夫と妻関係の有期契約化 婚姻の簡略化	
			非婚カップルの離別 ステップファミリーの増加			
役割分担	性別役割分業	→	性別役割分業の多様化			
			男女協働化 家事の外部化	→	男女協働の多様化	
			家事のロボット化			
親と子	実親―実子関係重視 嫡出原理 親の子への愛情重視	→ → →	実親―実子関係 嫡出原理 親の子への愛情重視	＋ → →	体外受精―被血縁親子の増加 DNA鑑定 親の子への愛情重視	
家族ケア	実母による育児重視 家族介護	→ →	実父母による育児重視 育児の社会化，外部化 介護の社会化，外部化	＋ ＋ ＋	養父母による育児増加 子育ち支援ネットワーク 介護支援ネットワーク	代理育児？ 育児ロボット 介護ロボット

注：表中の「→」は移行を意味する。「＋」は付け加えることを意味する。

「家族」なのかといえば，日本家族社会学会においてさえ，学会共通の「家族」の定義がもはや存在しえない状況にあり，今後さらに，家族か家族でないかという線引きは曖昧になるに違いない。あるいは，「家族」は主観的に定義してよいと制度化された場合，10人いれば10の定義が存在することになる。すなわち，表1に例を挙げているが，①単身者とペット，②シェアハウスの気心の知れた同居人，③別居の性愛関係にあるふたり，④3人以上の男女の同棲について，「家族」とみなす人がいても，「家族」とはみなさない人がいても問題ないということである。

主観的な「親しい間柄」でありさえすれば，いずれも「家族」と呼びうるならば，この先も，「家族」は，アメーバーのように様相を変えながら，個々人の多様なライフスタイルを具現しながら，存続することになるだろう。

ただし，今後，個々人のライフチャンスに応じて，「家族」の選択可能性における格差が拡大し，主観的な「家族」選択の予測不能さが進行すると，社会全体のリスク化が加速することになる。

（神原文子）

▷4　XIII-4 参照。

参考文献
比較家族史学会編，2015，『現代家族ペディア』弘文堂。

─ Epilogue（exercise）─

1．今後，都市部でも高齢化した壮年期のシングル男性が親のケアを行うケースが増加してくることが予想される。未婚の男性が仕事と親の介護を両立するにはどうしたらいいか，このような場合の社会的支援についてグループで話し合ってみよう。

2．非正規雇用の若者の増加により，親が若者の生活費を長年負担し続け，子どもが親の年金を頼りに生活しているケースも少なくない。新聞などで報道された親と子の生活困窮問題を取り上げ，その背景について考えてみよう。

3．身の回りにいる異文化出身の人たちの家族の文化を知るために，家族の行事や大事にしている習慣などをインタビューしてみよう。また日本の文化をどのように見ているかも聞いてみよう。その結果，文化が家族に及ぼす影響についてレポートに書いてみよう。

4．移住や赴任をしたい外国を選ぼう。その国について，インターネットを使って，下記の情報を集めよう。
　①結婚できる年齢
　②主な宗教
　③国籍の取得方法
　④就労・滞在ビザの種類
　⑤在留日本人の人口
　⑥就学年齢・教育システム
　⑦医療制度
　⑧離婚の方法
　⑨生活保護の状況
　⑩年金
　⑪選挙権

人名さくいん

あ行
- 秋山弘子　154, 161
- アリエス, P.　70
- 安藤博　66
- 池岡義孝　20
- 池本美香　135
- 石原邦雄　16
- 巌本善治　32
- 上野千鶴子　20, 23, 47, 155
- ウェルマン, B.　44
- オークレー, A.　33
- 落合恵美子　28, 46

か行
- ガット, A.　68
- 鎌田とし子　60
- 川添登　32
- 黒田俊夫　153
- 小山静子　33, 34
- 権田保之助　35

さ行
- 沢山美果子　32, 57
- ジェンキンス, A.　179
- 清水哲郎　161
- 庄司洋子　170

た行
- 千本暁子　33
- チョドロウ, N.　133
- 土屋葉　19
- 寺出浩司　33

な行
- 内藤朝雄　68, 69
- 中島智子　166
- 西岡八郎　21
- 西川祐子　28
- 二宮周平　162

は行
- パーク, R.E.　52
- パーソンズ, T.　44, 46
- バラ, A.S.　174
- 広井良典　11
- ピンカー, S.　68
- 藤見純子　21
- 藤本信子　150

- ショーター, E.　46
- ジンバルドー, P.　69
- ジンメル, G.　52
- セジウィック, E.K.　109

- ブルデュー, P.　140
- ペイマー, M.　108
- ベック, U.　176
- ペンス, E.　108
- ボウルズ, S.　68
- ボス, P.　19
- ボット, E.　44, 46
- 本田由紀　57

ま行
- マードック, G.P.　8, 116
- 牧野カツコ　134
- 宮本常一　34
- 牟田和恵　33
- 目黒依子　46, 6

や行
- 山極寿一　4, 116
- 山田昌弘　5, 6, 18, 20, 46, 47

ら行
- ラター, M.　137
- ラペール, F.　174
- リンドファス, R.　17

事項さくいん

あ行

アイデンティティコンフリクト 53
足入れ婚 126
アセクシュアル 49
アベイラビリティ（availability） 7
イエ／家 26, 30
　——制度 12, 30, 38, 90, 148, 152
育児
　——援助ネットワーク 45
　——費用の再分配制度 182
　——不安 134
いじめ 68, 69
慰謝料 113
異性愛者 48
異性カップル 94
一億総中流 60
一家団欒 32
一般世帯 9
イデオロギー 15, 22, 23
意味学派 18
遺留分 163
姻族 12
インターセックス 49
エイセクシュアル 49
エスノメソドロジー 18
エロス的結合 98
援助交際 78
エンパワメント 67
オイルショック 33
オープン・リレーション 94
親 95, 123, 128
　——による囲い込み 173

か行

介護 181
　——殺人 155
　——心中 155
　——の社会化 155, 157
　家族—— 154
皆婚規範 92
外婚・内婚規制 90
会社人間 58
階層差 60

加害者臨床 179
核家族 9, 15
格差社会 60, 61
学制 34
家計管理 103
家事 100
家政 33
稼得責任 102
過疎 50
家族 8
　——意識 16, 20, 22
　——イメージ 15, 123
　——規範 14
　——境界 19
　——形成規範 4
　——構成 15, 16, 18
　——ストレス論 19
　——団欒 35
　——賃金 54
　——的責任を有する労働者条件 13
　——内地位 100
　——認知 16, 20
　——の戦後体制 46
　——の範囲 20
　——への不干渉規範 150
　——モデル 122, 123
　——ライフスタイル 185
　——らしさ 14
　拡大—— 187
　教育—— 57
　近代—— 28, 30, 46, 56, 57, 133, 188
　現代—— 188
　混合—— 122
　再婚—— 124
　初婚—— 123
　生殖—— 172, 173
　直系家族制—— 4
　定位—— 172
　ひとり親—— 142
　標準—— 46, 47
　夫婦家族制—— 4, 148
　複合家族制—— 4

　融合—— 187
家長権 27
学校 68, 69
　——外教育費 141
カップル 94
　——関係 94, 98
　同性—— 95
家庭
　——教育 10
　——裁判所 97, 112, 113, 144, 145, 162
　——雑誌 33
　——養護 74
　——領域 33
過密 50
カミング・アウト 49, 95
カラオンナ 126
からだの性別 48
簡易生命表 146
監護権 95
完璧な親なんていない！ 135
キオンナ 126
偽記憶 139
企業別組合 58
帰国子女 82
疑似他人関係 98
虐待 138
客観的家族 18
教育
　——格差 140, 141
　——家族 57
　——する母 29
　——戦略 57
強制異性愛社会 95
共生的結合 98
居住距離 149
近親婚禁止規則 90
近代家族 29
近隣 44, 45
クィア 49
グローバルエリート層 81
グローバル化 52
クロス・ドレッサー 49
群生秩序 68, 69

ケア　129, 155, 171, 180
　　――の社会化　181
　　コミュニティ・――　180
　　施設――　180
ゲイ　48, 94
継親子関係　122, 123
継子　122, 123
継親　122, 123
継父　123
継母　123
血縁関係　5
結婚　89, 90, 92, 94
　　――観　88
　　――生活　106
　　――退職制　58
　　――満足度　104
　　国際――　82
　　妊娠先行型――　92
血族　12
原因説明図式　89
嫌悪犯罪　49
限界集落　51
健康寿命　154
後見　13
工場労働者　33, 35
公正証書　95
構造的育児困難　134
高度経済成長（期）　8, 33, 46, 47, 58
高齢社会対策大綱　151, 152
高齢者虐待　155
　　――の防止，高齢者の養護者に対する支援等に関する法律　156
高齢者のための国連原則　156
高齢人口　8
コーホート　146
国際家族デー　10
国民生活基礎調査　8
国民生活白書　8
国連国際家族年　186
ココロ主義　78
こころの性別　48
戸主権　30, 37
戸主制度　12
互助的結合　98
個人化　19, 42, 46, 176
　　――する家族　42
　　家族の本質的――　6

戸籍　29, 37, 38, 95, 120, 124, 187
孤独死　47, 160
子ども
　　――虐待　138
　　――・子育て支援新制度　135, 183
　　――差別　66
　　――中心主義　56, 57
　　――との同居率　148
　　――の権利条約　66, 121
　　――の最善利益　95
　　――の人権　66
子どもの貧困
　　――対策の推進に関する法律　73
　　――問題　182
子供の貧困対策に関する大綱　73
個別化　43
コミュニティ　44
　　マイノリティ――　167
孤立　44, 45
コレクティブハウジング　47
婚姻　12, 95, 96, 98, 120
　　――届　26, 86, 96
　　――届出主義　96
コンヴォイ（護衛艦）　11
婚外子　121

さ行

再婚　47, 122, 123
　　――禁止期間　96
財産分与　113
作業所　172
里親　10
差別　67
　　――意識　67
　　――学習　67
3歳児神話　136
三大民衆娯楽　35
サンボ　94
シェアハウス　47
ジェンダー　100, 181
　　――・ニュートラル　132
　　――化された存在　133
　　――関係　100
　　――間職業・職務分離　59
　　――社会化機能　133
　　――平等　101
　　トランス――　48, 94
時間意識　34

仕事と生活の調和　147
私事化　19, 43, 184
事実婚　10, 94-96
シスジェンダー　48
シティズンシップ　174
児童・家族給付　182
児童虐待防止法　13, 138, 156, 178
私秘化　43
シビル・ユニオン　94
地元仲間　80
社会化　64
　　将来を見越した――　65
　　第1次――　64
　　第2次――　64
社会システム論　46
社会制度　123
社会的排除　174
社会的包摂　175
社会的養護　74
若年退職制　58
就学率　34
重婚　96
終身雇用　58
住民票　39
出産至上主義　92
出自を知る権利　187
出生動向基礎調査　8
主婦之友　35
受容的結合　98
障害学　172
障害児　172, 173
生涯未婚率　47, 92
少子化　114, 126
　　――社会対策大綱　7, 23
少子高齢化　8
少年警察活動規則　71
少年法　70
消費管理権　103
情報化　53
初婚年齢　47, 92
女性
　　――雇用の進展　181
　　――の活躍　59
新居制　148
シングル　47
シングルペアレント　10
親権　95, 117, 122, 123
　　――者　112, 144
　　共同――　144, 187

──単独── 144, 187
人口
　　──政策確立要綱 7
　　──変動 8
　　年少── 8
人工妊娠中絶 117
人生上の重要な他者 77
親族 18, 44, 45
　　──関係 16
　　──世帯 9
新中間層 33, 35
親密圏 186
スタンフォード監獄実験 69
ステップファミリー 10, 47, 122, 123
ステレオタイプ 166
主観的家族 18
性 48
生活
　　──システム 184
　　──の個性化 184
　　──の主体化 184
　　──の有意味化 184
　　──扶助義務 162
　　──保持義務 145, 153, 162
　　──保障 163
生活保護 162
性教育 78
税金控除 182
性
　　──行動 78, 79
　　──自認 48
　　──中立化 94
　　──的関心 79
　　──（的）指向 48
　　──的少数者 48
　　──的多数者 48
　　──転換手術 48
　　──役割 133
生殖
　　──医療 187
　　──技術 118
　　──補助医療 95
性同一性障害 49
　　──特例法 49
　　──に関する診断と治療のガイドライン［第4版］ 49
青年期 76
　　ポスト── 77

成年後見 95
性分化疾患 49
性別
　　──違和 48
　　──適合手術 48
　　──の社会化 132
性別役割分業 33, 46, 54, 56, 58, 147
　　──意識 102
セクシュアリティ 48
セクシュアル・マイノリティ 48
世帯 5, 8, 16, 32, 149
　　──主宰権 103
　　──主 39
　　3世代── 9
　　単独── 9, 16
　　共働き── 102
　　非親族── 9
　　ひとり親── 9
　　夫婦のみ── 16
　　父子── 143
　　母子── 143, 182
世代の再生産 171
専業主婦 29, 36, 55
　　──世帯 102
全国家族計画世論調査 153
全国家族調査（NFRJ） 21
全国家庭動向調査 21
選択可能性 46
選択的夫婦別氏制度 186
相互主観的 18
草食化 78, 79
草食男子 78
相続 13, 163
相対的貧困率 72
続柄 39
ソーシャルネットワーク 146
双方性 158
祖親性 150
祖父母 150

た行

第14回出生動向基本調査 88
待機児童 9
大衆消費社会 35
代理出産 187
脱家族化 11
脱制度化 15, 19
ダブル＝コンティンジェンシー 177

多様化 15, 19, 23
男女共同参画社会基本法 59
男女雇用機会均等法 59
単身化 47
男性稼ぎ主モデル 171
地域子育て支援拠点 135
地縁共同体 80
父親 116
血のつながり 124
地方消滅 51
嫡出子 90, 163
中間集団 28
長時間労働体制 59
調停 112, 144
　　──前置主義 112
通所施設 172
通名相続 26
できちゃった婚 114
DINKS 9
同居 16, 20
　　──親 122, 123
　　晩年── 150
同棲 16, 86, 93
同性
　　──カップル 47, 94, 187
　　──婚 10, 94
ドゥルースモデル 108
登録パートナーシップ制度 94
同和対策審議会答申 168
同和地区 168
特別支援学級 172
特別支援学校 172
都市自営業 35
　　──層 33
都市中間層 36
都市労働者家族 54
ドメスティック・パートナー制度 94
ドメスティック・バイオレンス 108, 142
トランスヴェスタイト 49
トランスセクシュアル 48

な行

内縁 96
ナンパ 78
偽記憶 139
日本家族社会学会 189
「日本型福祉社会」論 55
日本国憲法 120

――第24条　90
日本人の国民性調査　22
日本創生会議　51
日本的雇用慣行　58
ニューハーフ　49
乳幼児期の教育とケア　183
認知症　157
認定こども園　183
ネグレクト　138
寝たきり　157
ネットワーク　17, 44, 45
　　――論　19, 44, 46
　　社会的――　11, 44
年功賃金　58
年齢構成　8
年齢差別　156

は行

ハーグ条約　167
パートタイム　33
パートナー　94
パートナーシップ関係　16
配偶者　95
　　――選択　88, 90
　　――ビザ　95
　　――からの暴力の防止及び被害者の保護に関する法律（DV防止法）　13, 156, 178
バイセクシュアル　48
母親業　133
半陰陽　49
晩婚　47
　　――化　23, 88, 114, 127
非血縁　124
非婚　47
被差別部落　168
非親族　45
非正規雇用問題　61
非嫡出子　131
筆頭者　39
ひとり親家族　142
貧困　170
　　――化　170
　　――階層の世代間再生産問題　61
　　――の世代的再生産　171
ピンピンコロリ（PPK）運動　154
貧民層　54
ファミリィ・アイデンティティ　20
夫婦
　　――関係満足度　104
　　――財産契約　97
　　――同氏強制制度　186
　　――同姓　90
　　――別産制　97
　　――別姓　26, 38
フェミニズム　19
フォビア　49
福祉
　　――国家　54
　　――事務所　162
　　――企業――　55, 58
夫妻
　　――関係　98
　　――間コンフリクト　106
不妊　118
扶助義務規範　150
扶養義務　145, 162
プライド　49
プライバシーの観念　29
平均寿命　146
平均世帯人員数　8
ヘイト・クライム　49
別居親　122, 123
ペットの家族化　18
ヘテロセクシズム　49
ヘテロセクシュアル　48
ベビーX実験　132
俸給生活者　35
包摂型社会　185
法定同性　94
法律婚　94, 163
ホーム　32
保護処分　71
保護命令　109
母子及び父子並びに寡婦福祉法　142
母性　136
　　――意識　137
　　――神話　136
　　――剥奪理論　137
母体保護法　114
ボックリ信仰　154
ホモソーシャル　109
ポリアモリー　94

ま行

マイノリティ　166
　　――コミュニティ　167
マイルドヤンキー　80, 81
孫　149, 150
マージナル・マン　52
未婚　10, 47
　　――化　88
民事的結合　94
民事連帯契約　94
民法　116
民法典論争　30
無縁死　160
無国籍・無戸籍　125
明治民法　12, 26, 30, 90, 110
面会交流　112, 122, 145
面前DV　139, 178
モデル現象　68, 69
モラトリアム期　76

や行

役割期待　105
役割認知　105
役割分業　188
ヤンキー　80
友人　44
優生思想　173
有責配偶者　113
養育費　112, 145, 183
　　――の分担　187
養護
　　――問題　74
　　社会的――　74
養子縁組　10, 95, 135, 187
余暇調査　34
嫁入り婚　90

ら行

ライフイベント　92, 105
ライフコース　64, 87
　　――論　19
ライフスタイル　184
　　――化　19
ライフチャンス　184
離婚　10, 13, 47, 120, 122, 123, 144
　　――観　111
　　――原因　112
　　――件数　110
　　――後の親子の交流　187
　　――率　110, 143
　　協議――　112, 144
リスク　176

──アセスメント　179
　　　──化　42
　　　──社会　176
リビングウィル　161
リプロダクティブ・ライツ　129
良妻賢母　29, 37
　　　──主義　56
両立支援政策　59
レインボー　49
歴史社会学　46
レズビアン　48, 94
レディネス　99
老親扶養　153
老老介護　155
ローカルエリート層　81

わ行

「若者の性」白書　78
ワーキング・プア　60
ワーキングクラス　80, 81
ワーク・ライフ・バランス　147
和楽団欒　32

A-Z

DINKS　9
DP制度　94
DV加害者更正プログラム　108
DV防止法　→配偶者からの暴力
　　の防止及び被害者の保護に関
　　する法律
Elder abuse　157
Elder mistreatment　157
FTM　48
GID　49
IDAHOT　48
IPS　68, 69
Iターン　51
LGBT　48, 187
LGBTIQ　48
MTF　48
PACS（パックス）　93, 94
SAMBO　93
SNS　81
SOGI　48
stepfamily　122
Uターン　51

執筆者紹介 (氏名／よみがな／現職／業績／執筆担当／現代家族について学ぶ読者へのメッセージ)　　＊は編著者

阿部真大 (あべ・まさひろ)
甲南大学文学部教授
『居場所の社会学——生きづらさを超えて』(単著, 日本経済新聞出版社, 2011年)
『地方にこもる若者たち——都会と田舎の間に出現した新しい社会』(単著, 朝日新聞出版, 2013年)
Ⅵ-8　Ⅵ-9
子どもは社会を映す鏡。その鏡を見ながら自らの行いを改めていくことが, よき社会へつながる道だと思います。

天木志保美 (あまき・しほみ)
元同志社大学文学研究科教授
G. アラン『家族生活の社会学』(翻訳, 新曜社, 2015年)
『いまを生きるための社会学』(共著, 丸善出版, 2021年)
ⅩⅢ-2
何かと問題の多い現代家族ですが, 現代社会の中で自分であることの拠点という意味を掘り下げたいと思っています。

和泉広恵 (いずみ・ひろえ)
元日本女子大学人間社会学部准教授
『里親とは何か——家族する時代の社会学』(単著, 勁草書房, 2006年)
「『痛み』と共にある支援——東日本大震災における親族里親等支援事業の意義」(『家族問題研究学会』2014年)
Ⅸ-6　Ⅸ-7
里親家族・養親家族・ステップファミリーなど, 血縁のない親子が抱える問題について深く学んでください。

井上治代 (いのうえ・はるよ)
東洋大学現代社会総合研究所客員研究員
『墓と家族の変容』(単著, 岩波書店, 2003年)
『叢書宗教とソーシャル・キャピタル2——地域社会をつくる宗教』(共著, 明石書店, 2012年)
ⅩⅠ-7
個人化した家族の実態は, 墓を通して分析すると, 夫婦・親子といった関係性の変化が浮き彫りになり興味深い。

大山治彦 (おおやま・はるひこ)
四国学院大学社会福祉学部教授
「日本の男性運動のあゆみⅠ」(共著『日本ジェンダー研究』2号, 1999年)
『社会学ベーシックス5　近代家族とジェンダー』(共著, 世界思想社, 2010年)
Ⅳ-4　Ⅶ-5
セクシュアリティは, 私たち一人ひとりの生き方に深く結びついています。一度, 正面から見つめてみてください。

角崎恭子 (かどさき・きょうこ)
弁護士／女性共同法律事務所
『知っておきたい！　養育費算定のこと——貧困母子世帯をなくすために』(共著, かもがわ出版, 2013年)
Ⅰ-5　Ⅲ-7　ⅩⅠ-9
家族に関する法律上の規定を見てみると, 日常生活の中での実感とは, 全く異なったものが見つかるかも知れません。

＊神原文子 (かんばら・ふみこ)
社会学者
『子づれシングルと子どもたち——ひとり親家族で育つ子どもたちの生活実態』(単著, 明石書店, 2014年)
『子づれシングルの社会学——貧困・被差別・生きづらさ』(単著, 晃洋書房, 2020年)
Ⅳ-1　Ⅵ-1　Ⅵ-2　Ⅶ-2　Ⅶ-3　Ⅷ-1　Ⅷ-2　Ⅷ-5
Ⅷ-7　ⅩⅡ-2　ⅩⅡ-5　ⅩⅡ-6　ⅩⅢ-4　ⅩⅢ-6
激動の現代社会を揺れ動いているちっぽけな「家族」の行く末を, 一生活者としてこれからも見据えていきましょう。

木村涼子 (きむら・りょうこ)
大阪大学大学院人間科学研究科教授
『学校文化とジェンダー』(単著, 勁草書房, 1999年)
『〈主婦〉の誕生——婦人雑誌と女性たちの近代』(単著, 吉川弘文館, 2010年)
Ⅴ-2　Ⅹ-1
家族は私たちにとって大きな存在です。考察の対象としても興味深いものだと思います。

木本喜美子 (きもと・きみこ)
一橋大学名誉教授
『地方に生きる若者たち』(共著, 旬報社, 2017年)
『家族・地域のなかの女性と労働』(編著, 明石書店, 2018年)
Ⅴ-1　Ⅴ-3　Ⅴ-4
家族という, 多くの人が自明視する対象に研究の目線をあてることは, 時には痛みをともなう, しかし心躍る作業です。

＊杉井潤子 (すぎい・じゅんこ)
京都教育大学教育学部教授
『家族社会学を学ぶ人のために』(共著, 世界思想社, 2010年)
『現代家族ペディア』(共著, 弘文堂, 2015年)
Ⅰ-1　Ⅰ-2　Ⅰ-4　Ⅶ-4　ⅩⅠ-1　ⅩⅠ-2　ⅩⅠ-3
ⅩⅠ-4　ⅩⅠ-5　ⅩⅠ-6　ⅩⅠ-8
家族のいまを考えることは, 2050年, 2100年の日本の家族のありかたをつくることにつながります。

執筆者紹介（氏名／よみがな／現職／業績／執筆担当／現代家族について学ぶ読者へのメッセージ）　　＊は編著者

＊**竹田美知**（たけだ・みち）
元神戸松蔭女子学院大学人間科学部教授
『グローバリゼーションと子どもの社会化［改訂版］――帰国子女・ダブルスの国際移動と多文化共生』（単著，学文社，2015年）
Ⅳ-6　Ⅵ-1　Ⅵ-7　Ⅵ-10　Ⅻ-1
いろいろな文化の中で，家族の形が異なるように，個人が経験する家族もそのライフコースの中で変化します。広い視野で家族について考える機会を本書が提供できればと願っています。

田渕六郎（たぶち・ろくろう）
上智大学総合人間科学部教授
Changing Families in Northeast Asia.（共編著，Sophia University Press, 2012）
「少子高齢化の中の家族と世代間関係」（『家族社会学研究』2012年）
Ⅱ-1　Ⅱ-2　Ⅱ-3　Ⅱ-4　Ⅱ-5
家族は身近に見えますが，研究の対象としては複雑で，捉えどころのない存在です。

玉里恵美子（たまざと・えみこ）
高知大学地域協働学部教授
『高齢社会と農村構造――平野部と山間部における集落構造の比較』（単著，昭和堂，2009年）
『社会学と社会システム』（共編著，学文社，2021年）
Ⅳ-5
過疎地域で暮らす人々の家族や価値観に関心を持つことで，日本社会の"もう一つの顔"が見えてきます。

田間泰子（たま・やすこ）
大阪府立大学名誉教授
『問いからはじめる家族社会学――多様化する家族の包摂に向けて』（共著，有斐閣，2015年）
『岩波講座　日本歴史　第19巻　近現代5』（共著，岩波書店，2015年）
Ⅸ-1　Ⅸ-2　Ⅸ-3　Ⅸ-4　Ⅸ-8
日本社会も世界も，常に変化し，家族もまた変化せざるを得ません。そのなかで何を大切にすべきでしょうか。

土屋　葉（つちや・よう）
愛知大学文学部教授
『被災経験の聴きとりから考える――東日本大震災後の日常生活と公的支援』（共著，生活書院，2018年）
『往き還り繋ぐ――障害者運動 於＆発 福島の50年』（共著，生活書院，2019年）
Ⅻ-4
「障害者家族」は，現代社会における家族を映し出す鏡のひとつとして捉えることができると思います。

都村聞人（つむら・もんど）
神戸学院大学現代社会学部准教授
『豊かさのなかの自殺』（共訳，藤原書店，2012年）
「学校外教育の活動タイプと支出格差」（『現代社会研究』神戸学院大学現代社会学部，2015年）
Ⅹ-5
本書を読むことを通じて，現代の家族について多様な角度から考えてみましょう。

内藤朝雄（ないとう・あさお）
明治大学文学部准教授
『いじめの社会理論』（単著，柏書房，2001年）
『いじめの構造』（単著，講談社，2009年）
Ⅵ-3
学校で集団生活を送っていたとき別のモードで「私」がつくられていなかったか。この強制インストールされた〈常駐ソフト〉が生きづらさと全体主義への脆弱性を生まないか。

永井暁子（ながい・あきこ）
日本女子大学人間社会学部准教授
『対等な夫婦は幸せか』（共著，勁草書房，2007年）
『結婚の壁』（共著，勁草書房，2010年）
Ⅷ-3　Ⅷ-4
日常の風景やメディアで取り上げられる事件の背景に家族が抱える問題があることを考えてみてください。

二宮周平（にのみや・しゅうへい）
立命館大学法学部教授（法学博士）
『家族法［第4版］』（単著，新世社，2013年）
『離婚紛争の合意による解決と子の意思の尊重』（共編著，日本加除出版，2014年）
XIII-5
人の顔かたちは十人十色，みんな個性があります。ひとりひとりを大切に尊重し合う社会をめざしてみませんか。

野沢慎司（のざわ・しんじ）
明治学院大学社会学部教授
『ネットワーク論に何ができるか――「家族・コミュニティ問題」を解く』（単著，勁草書房，2009年）
『ステップファミリー――子どもから見た離婚・再婚』（共著，角川新書，2021年）
Ⅳ-2　Ⅳ-3
個人的・社会的に，「家族」についての思い込みを解きほぐし，家族関係を柔軟にすることが求められています。

執筆者紹介 (氏名／よみがな／現職／業績／執筆担当／現代家族について学ぶ読者へのメッセージ)　＊は編著者

信田さよ子（のぶた・さよこ）
公認心理師・臨床心理士
原宿カウンセリングセンター顧問
『DVと虐待——家族の暴力に援助者ができること』（単著，医学書院，2001年）
『アディクション臨床入門——もうひとつの家族援助論』（金剛出版，2015年）
Ⅷ-6　Ⅹ-4　ⅩⅢ-1
家族内暴力にはさまざまなものがあるが，被害者支援に加えて，加害者へのアプローチが必要であることを理解してもらいたい。

乘井弥生（のりい・やよい）
弁護士／女性共同法律事務所
『ひとり親家庭を支援するために——その現実から支援策を学ぶ』（共著，大阪大学出版会，2012年）
Ⅶ-6　Ⅷ-8　Ⅹ-7
家族に関わる法律は変わりつつあります。自分たちの生活に直結するものとして，とらえていきましょう。

林　浩康（はやし・ひろやす）
日本女子大学人間社会学部教授
『子どもと福祉』（単著，福村出版，2009年）
『ファミリーグループ・カンファレンス入門』（単著，明石書店，2011年）
Ⅵ-6
家族の大切さが意識されると共に，それに苦しめられている人への社会的支援について考えることが大切に思います。

舩橋惠子（ふなばし・けいこ）
静岡大学名誉教授
『育児のジェンダー・ポリティクス』（単著，勁草書房，2006年）
『国際比較にみる世界の家族と子育て』（共編著，ミネルヴァ書房，2010年）
Ⅹ-2　Ⅹ-3　ⅩⅢ-3
子育てが社会全体で支えられるような仕組を考えていきましょう。

舞田敏彦（まいた・としひこ）
武蔵野大学・杏林大学兼任講師
「地域の社会経済特性による子どもの学力の推計」（『教育社会学研究』第82集，2008年）
『教育の使命と実態』（単著，武蔵野大学出版会，2013年）
Ⅰ-3
社会現象を「数」でとらえ，グラフで「見える化」してみて下さい。官庁統計は誰でも利用できます。

水島かな江（みずしま・かなえ）
元徳島文理大学教授
『大正期の家庭生活』（共著，クレス出版，2008年）
「明治期の家政書からみた庭と家族に関する研究」（『生活学論叢』15，日本生活学会，2009年）
Ⅲ-4　Ⅲ-5
家族のあり方が，法制度や政策のほか産業構造や技術にも深く関わることを，資料をもとに考えてみましょう。

山本　功（やまもと・いさお）
淑徳大学コミュニティ政策学部教授
『方法としての構築主義』（共著，勁草書房，2013年）
『逸脱と社会問題の構築』（単著，学陽書房，2014年）
Ⅵ-4
何が犯罪・非行として扱われるかも時代や社会によって異なります。相対化してみる目線も大事です。

雪田樹理（ゆきた・じゅり）
弁護士／女性共同法律事務所
『知っておきたい！　養育費算定のこと——貧困母子世帯をなくすために』（共著，かもがわ出版，2013年）
『性暴力と刑事司法』（共著，信山社，2014年）
Ⅵ-11　Ⅸ-9
家族のあり方は生き方の基本です。学びながら自分の生き方を見つけていってください。

湯澤直美（ゆざわ・なおみ）
立教大学コミュニティ福祉学部教授
『子どもの貧困——子ども時代のしあわせ平等のために』（共編著，明石書店，2008年）
『対論　社会福祉学2　社会福祉政策』（共著，中央法規，2012年）
Ⅵ-5　Ⅹ-6　Ⅻ-3
「私の幸せ」が「私たちの幸せ」であるような社会を創っていくために，一緒に家族を科学していきましょう。

米村千代（よねむら・ちよ）
千葉大学文学部教授
『岩波講座日本の思想　第6巻　秩序と規範』（共著，岩波書店，2013年）
『「家」を読む』（単著，弘文堂，2014年）
Ⅲ-1　Ⅲ-2　Ⅲ-3　Ⅲ-6
家族にかかわる意識や規範を，多角的，歴史的に見つめ直すことのおもしろさを味わってください。

やわらかアカデミズム・〈わかる〉シリーズ
よくわかる現代家族 [第2版]

2009年4月30日	初　版第1刷発行
2015年1月30日	初　版第7刷発行
2016年5月10日	第2版第1刷発行
2022年12月30日	第2版第7刷発行

〈検印省略〉

定価はカバーに
表示しています

編著者　神原　文子
　　　　杉井　潤子
　　　　竹田　美知

発行者　杉田　啓三

印刷者　坂本　喜杏

発行所　株式会社　ミネルヴァ書房
〒607-8494 京都市山科区日ノ岡堤谷町1
電話代表 (075) 581-5191
振替口座 01020-0-8076

©神原・杉井・竹田, 2016　冨山房インターナショナル・新生製本
ISBN 978-4-623-07683-3
Printed in Japan

やわらかアカデミズム・〈わかる〉シリーズ

よくわかる社会学	宇都宮京子・西澤晃彦編著	本体	2500円
よくわかる家族社会学	西野理子・米村千代編著	本体	2400円
よくわかる都市社会学	中筋直哉・五十嵐泰正編著	本体	2800円
よくわかる教育社会学	酒井朗・多賀太・中村高康編著	本体	2600円
よくわかる環境社会学	鳥越皓之・帯谷博明編著	本体	2800円
よくわかる国際社会学	樽本英樹著	本体	2800円
よくわかる宗教社会学	櫻井義秀・三木英編著	本体	2400円
よくわかる医療社会学	中川輝彦・黒田浩一郎編著	本体	2500円
よくわかる産業社会学	上林千恵子編著	本体	2600円
よくわかる福祉社会学	武川正吾・森川美絵・井口高志・菊地英明編著	本体	2500円
よくわかる社会学史	早川洋行編著	本体	2800円
よくわかる現代家族	神原文子・杉井潤子・竹田美知編著	本体	2500円
よくわかる宗教学	櫻井義秀・平藤喜久子編著	本体	2400円
よくわかる障害学	小川喜道・杉野昭博編著	本体	2400円
よくわかる社会心理学	山田一成・北村英哉・結城雅樹編著	本体	2500円
よくわかる社会情報学	西垣通・伊藤守編著	本体	2500円
よくわかるメディア・スタディーズ	伊藤守編著	本体	2500円
よくわかるジェンダー・スタディーズ	木村涼子・伊田久美子・熊安貴美江編著	本体	2600円
よくわかる質的社会調査 プロセス編	谷富夫・山本努編著	本体	2500円
よくわかる質的社会調査 技法編	谷富夫・芦田徹郎編	本体	2500円
よくわかる統計学 I 基礎編	金子治平・上藤一郎編	本体	2600円
よくわかる統計学 II 経済統計編	御園謙吉・良永康平編	本体	2600円
よくわかる学びの技法	田中共子編	本体	2200円
よくわかる卒論の書き方	白井利明・高橋一郎著	本体	2500円

―― ミネルヴァ書房 ――
https://www.minervashobo.co.jp/